만나요약설교 Ⅲ

김명규 목사 지음

예루살렘

만나요약설교 3

1판 1쇄 발행	2004. 7. 25.
1판 5쇄 발행	2018. 2. 20.

엮은이	김명규
펴낸이	박성숙
펴낸곳	도서출판 예루살렘
주소	(10252) 경기도 고양시 일산동구 고봉로776-92(설문동)
전화 | 팩스	031-976-8972 / 031-976-8974
이메일	jerusalem80@naver.com
출판등록	1980년 5월 24일(제 16-75호)

ISBN 978-89-7210-397-4 03230
책값 뒤표지에 있습니다.

ⓒ 이 출판물은 저작권법에 의해 보호를 받는 저작물이므로
무단 전재와 복제를 할 수 없습니다.

도서출판 예루살렘은 하나님을 사랑하며 하나님 말씀대로 순종하며 살기를 원하는
청소년, 성도, 목회자들을 문서로 섬기며 이를 위하여 기도하며 정성을 다하여
모든 사역과 책을 기획, 편집, 출판하고 있습니다.

오직 성령이 너희에게 임하시면 너희가 권능을 받고
예루살렘과 온 유대와 사마리아와 땅끝까지 이르러 내 증인이 되리라(행 1:8)

머리말

　세상에서 제일 귀하고 축복된 책으로 말한다면 단연 하나님의 생명의 말씀인 성경이다. 이런 사실은 세상에서 1년에 제일 많이 팔리고, 제일 많이 사람들에게 읽혀지고 하는 소위 베스트셀러가 되어서가 아니다. 성경이 오류가 있고 인위적인 책이라면 그렇게 많은 핍박과 어려움 속에서 지금까지 성경의 권위를 지켜올 수 있었는가? 책의 수명이 25년을 지나는 것이 희소하며, 무려 1세기를 내려오며 생존되는 책이 없다고 하는데 성경의 역사성을 생각해 보았는가?

　1778년 죽은 불란서의 무신론자 볼테르(Voltaire)는 자기의 생존시부터 100년 내에 기독교가 사멸할 것이라고 예언한 사실을 주목해 본다는 것은 흥미로운 일이다. 어떻게 되었는가? 볼테르의 예언대로 되기는커녕 그가 죽은지 겨우 25년 후에 영국 불란서 성경협회가 창립되고 볼테르의 무신론적 문헌을 인쇄하던 바로 그 인쇄소에서 계속 성경을 인쇄하였다.(신약개론, 김명규, 도서출판 예루살렘, 1994, p11)

　성경은 하나님이 인간에게 구원의 복음으로 주신 책이요, 오직 이곳에만 영원한 생명의 샘이 흐르기 때문이다. 그래서 종교개혁자 마틴 루터(Martin Luther)는 '하나님께서 인간에게 주신 축복 중에 큰 축복의 하나가 하나님의 말씀을 인간의 언어로 성문화(成文化) 시켜서 주신 것이다'고 하였다.

　이 성경을 어린시절인 유치부 때부터 교회생활을 시작해서 초등학교 4학년 때에 영적 체험으로 방언의 은사와 함께 읽어왔고, 이 복음의 책 속에서 영생과 생명을 얻게 되었고 이제 이 복음을 전파하고 설교해온 지도 30년은 족히 넘은 것 같다.

　세상의 그 어떤 일은 하면 할수록 능수능란하여 소위 기술자가 되지만, 성경을 가르치고 설교한다는 것은 하면 할수록 산넘어 산이요, 하면 할수록 더욱 두렵게 느껴짐은 나만의 일인가?

언제나 준비하고 기도하며 강단에 올라갈 때마다 약한 자신의 모습은 처음이나 지금에 와서나 같은 마음임을 고백하지 않을 수 없다. 그러함에도 불구하고 성도들이 이 설교를 통해서 회개의 역사와 함께 은혜를 받게 되고, 영적 역사를 체험하게 됨은 분명하게 설교를 나만의 사역(事役)이 아니라 성령께서 역사하시는 성역(聖役)이라고 믿는 것이다. 다만 나는 '그분께서' 써주시기를 바라고, 고대하며 성령의 도구로, 말씀의 도구로, 복음의 도구로 쓰임받게 해 달라고 기도할 뿐이다. 그런 가운데에서도 설교를 마친 후의 행복감은 세상에 그 어떤 경제적 가치로도 환산할 수 없으리라.

> 성경은 분명히 자체적으로 신적인 권위와 명료성과 충족성 그리고 역사적권위 가운데 모든 시대, 모든 사람들에게 전파하여 왔다. 아마 주님이 재림하실 때까지 이 복음은 뽑힌바 된 종들을 통해서 전파될 것이 분명하다(렘 1:3~4). 그리고 부족한 본인도 지금까지와 같이 때가 될 때까지 계속해서 쓰임 받으리라 확신하며, 설교를 듣는 모든 성도들에게 주 안에서 감사함을 표한다.

세 번째 요약설교를 내면서 본인은 역시 장문의 전문(全文) 설교보다는 짧게, 일목요연하게 볼 수 있는 요약설교 쪽으로 더 매력을 느끼는가 보다. 세 번째 요약설교에서는 이해를 돕기 위해 영어성경구절을 참고로 삽입하였다(현대인을 위한 Good News Bible, Today's English Version, 그리고 최고로 보수적이라는 흠정역 King James Version과 대체로 영어가 쉽게 되었다는 New International Version을 주로 사용하였음을 밝혀둔다).

나의 하나님께서 이 책을 주셨음을 감사드리고, 이 책이 나올 때까지 뒤에서 기도하며 설교를 가늠해주는 아내이자 동역자인 유미자 사모가 빨리 건강한 가운데 갱년기의 시절을 벗어나주기를 바라고, 금년에 80세를 맞이하신 부모님, 김형창 집사님과 김복춘 권사님, 그리고 결혼해서 지금까지 27년 가까이 함께 사신 90세 노령의 장모, 이월식 권사님의 영원한 축복을 기도한다.
 개척한 지 벌써 24년을 지나서 25년을 향해 가는 아름다운 牧場, 은평교회가 하나님 말씀의 살진 꿀을 섭취하여 건강한 교회, 모범적인 교회로 발전, 성장해 가는 것에 대해 하나님께 감사를 드린다.
 그리 유명한 목사도 아니요, 이름을 날리는 사람의 설교는 아니지만, 이 설교집에서 조금이라도 진주를 캐듯이 발견해서 설교나 신앙생활에 유익을 얻는 동역자들이나 신앙의 동지들이 전화나 대화를 통한 표현에 대해서는 그저 하나님께 감사할 뿐이다.
 끝으로 세 번째 설교집을 내주신 예루살렘 출판사의 윤희구 사장님께 감사드린다.

2004. 7월
천문학적인 숫자의 돈을 들여서 옛날보다도 훨씬 깨끗해지고,
물고기가 다시 찾아오며, 이따금씩 백로가 거니는
안양천변 목양실에서
小石 金明圭 牧師

목차

머리말/3

축복

- 하늘문이 열리는 사람(창 28:10~19) 14
- 복되고 형통한 축복(시 128:1~6) 17
- 우리교회에 주신 열린 문의 축복(계 3:7-8) 20
- 생각 밖의 축복을 받은 사람들(눅 5:1-11) 24
- 성일을 존귀히 여기는 자의 받을 복(사 58:13~14) 27
- 오병이어 축복의 요건(요 6:1~14) 30
- 나아만이 큰 은혜 받았던 비결(왕하 5:8~14) 33
- 가나 혼인잔치의 기적과 축복(요 2:1~11) 36
- 약속의 땅에 들어가는 복(민 14:1~10) 39
- 예수 그리스도의 복된 신부들(아 6:8~10) 42

감사

- 한번 더 참아 주시는 은혜(맥추감사절)(눅 13:6~9) 45
- 다니엘을 통하여 배우는 감사(단 6:10~28) 48
- 주신 은혜와 축복을 감사하라(고후 9:6~15) 51
- 한나를 통하여 배우는 감사절(삼상 2:1~10) 55

시험

- 시험을 이기는 신앙(창 3:1~6) 58
- 고난 중에서 얻은 영적 유익(시 119:66~79) 61
- 왜 염려하고 두려워 하느냐(마 6:25~34) 64
- 유라굴로 풍랑과 닻(행 27:9~44) 67
- 큰 폭풍의 원인(욘 1:1~10) 70
- 고통에도 뜻이 있습니다(전 7:8~14) 73
- 왜 우리가 근심하지 말아야 합니까?(요 14:1~3) 76
- 시험당할 때 기억할 일(고전 10:12~13) 79
- 골짜기에 가득한 뼈들(겔 37:1~10) 82

믿음

- 이상적이고 좋은 믿음(눅 5:1~11) 85
- 믿음을 생활 속에 보여라(고후 13:5~10) 88
- 생명의 길은 오직 하나(민 35:9~15) 91
- 위대하신 하나님의 복음의 능력(롬 1:15~17) 94
- 이보다 큰 것도 하리니(요 14:12~18) 97

가정

- 위대한 믿음을 남긴 부모님들(딤후 1:3~5) 100
- 축복된 자녀로 키우라(딤후 1:3~5) 103
- 즐거움을 부모님과 함께 하라(잠 23:22~26) 106
- 질그릇 속에 담긴 보배(고후 4:7~15) 109

교회

- 좋은 소문이 각처에 퍼진 교회(살전 1:1~10) 112
- 좋은 교회의 모델(행 11:19~26, 13:1~3) 115
- 모범적인 데살로니가 교회처럼(살전 1:1~10) 118
- 우리교회에 보내신 주님의 편지(계 3:14~22) 121
- 수문 앞 광장에서의 은혜로운 성회(느 8:1~12) 124
- 부흥을 위하여 힘쓰는 교회(행 2:37~47) 127

국가

- 한 사람의 존재 가치와 국가(렘 5:1) 130
- 하나님께서 주시는 복의 비결(신 28:1~6) 133
- 히스기야 왕이 맞은 환난 때의 밤(왕하 18:1-7,19,35~19:1-3) 136
- 유다 백성들의 불행의 원인(렘 5:1) 140
- 이스라엘이 사는 길, 한국이 사는 길(암 5:1~6) 143
- 저울로 달아보시는 하나님(단 5:22~31) 146
- 공산주의를 조심하라(계 12:7~9) 149
- 진리가 자유케 하리라(요 8:31~36) 152

구원

- 삭개오의 변화된 모습(눅 19:1~10) 155
- 하나님께서 부르시는 음성(창 3:1~10) 158
- 예수님을 만나면(눅 7:11~17) 161
- 소돔과 고모라의 물결 속에서의 구원(창 19:29) 164
- 구원받은 사람만이 할 수 있는 축제(신 16:5~17) 168

전도/선교

- 하나님이 세상을 이처럼 사랑하사(요 3:14~16) 171
- 빌립과 내시를 통한 교훈(행 8:26~40) 174
- 전도 선교 명령 준행의 해(마 28:18~20) 177

예수

- 왜 예수를 바라보아야 합니까?(히 12:1~2) 180
- 그리스도로 옷 입은 자(갈 3:26~29, 창 37:3~4) 183

부활

- 예수님의 부활, 나의 부활(요 11:25~26) 186
- 예수님이 지신 십자가(마 27:45~56) 189
- 예수 그리스도의 부활과 우리의 신앙(마 28:1~15) 192
- 영원의 세계가 있습니다(계 21:1~7)_천국 195
- 영원의 세계가 있습니다(계 21:1~8)_지옥 198

재림

- 예수 그리스도의 재림과 성도의 생활(눅 21:34~36) ········· 201
- 말세 때의 성도의 생활상(빌 4:4~7) ········· 204
- 아멘 주예수여 오시옵소서(계 22:16~21) ········· 207
- 말세 성도에게 필요한 습관(히 10:19~25) ········· 210
- 영적 유예기간(겔 7:1~9) ········· 213
- 인생들에게 제일 중요한 문제(히 9:27~28) ········· 216
- 그물 비유에 담겨진 천국 복음(마 13:47~50) ········· 219

비유

- 누룩의 비유에서 보는 성도의 영향력(마 13:33)) ········· 222
- 가라지 교훈을 통하여 주는 교훈(마 13:24~30) ········· 225
- 부자와 나사로를 통해 배우는 인생론(눅 16:19-31) ········· 228
- 성도들을 향하신 나무 비유(시 92:12~15) ········· 231

일꾼

- 잠잠하지 않는 파수꾼(사 62:6-9) ········· 234
- 하나님의 참 일꾼들(딤후 2:15) ········· 237
- 주님께 칭찬 받은 사람들(눅 10:1~10) ········· 240
- 고넬료를 배우라(행 10:1~8) ········· 243
- 빌립과 안드레를 통한 교훈(요 6:1~14) ········· 246
- 두 아들을 통한 영적 교훈(마 21:28~32) ········· 250

신년
- 하나님이 인도하시는 현장(민 9:15~23) 253

성도의 삶
- 성도의 삶의 중심을 어디에 두어야 하는가?(눅 9:28~36) 256
- 반석 위에 집을 건축하라(마 7:24~29) 259
- 예수를 잃어버리면(눅 2:41~52) 262
- 예수님을 따르는 자의 자세(눅 9:57~62) 265
- 예수 그리스도가 중심인 사람(잠 4:1~9) 268
- 성도가 지켜야 할 신앙적 의지(단 1:8~16) 271
- 좋지 못한 물을 변화시킨 소금(왕하 2:19~22) 274
- 작은 아이의 헌신의 결과(요 6:1~5) 277
- 여호와의 산에 오를 자(시 24:3~4) 281
- 위대한 영적 승리의 현장(수 6:1~11) 284
- 성도의 궁극적인 푯대(빌 3:10~16) 287
- 최후까지 길이 참는 자(약 5:7~11) 290
- 제단에 불이 꺼지지 않게 할지니(시 6:9~13) 293
- 스데반이 보았던 것처럼(행 7:54~60) 296
- 육체의 남은 때의 생활관(벧전 4:1~11) 299
- 하나님께서 우리와 함께 하시는 방법(신 32:9~12) 302
- 죽은 자를 다시 살리시는 바람(겔 37:1~10) 305
- 그리스도께서 주신 자유(갈 5:1) 308
- 하나님께 인정받은 룻의 봉사(룻 1:15~18) 311
- 내가 원하노니 깨끗함을 받으라(마 8:1~4, 눅 5:12~13) 315
- 골짜기에 개천을 많이 파라(왕하 3:13~20) 318

만나요약설교 Ⅲ

축복/교회

하늘문이 열리는 사람
창세기 28:10~19

우리 모든 인간은 매사에 길이 열리고 문이 열리게 될 때에 성공적인 인생을 살아 갈 수가 있습니다. 사도 바울은 고백하기를 공효를 이루는 문이 내게 열리고 했는데, 이 문은 복음을 전하는 말씀의 문, 믿음의 문(골 4:3, 고후 2:12)을 의미하기도 합니다. 산모가 출산하기 위해서는 태의 문이 열리듯이 하나님께서 하늘의 문을 열어 주시겠다고 약속하셨습니다(말 3:10).

이스라엘은 대대로 장자가 모든 축복권을 이어 받도록 되어 있는데 에서대신 야곱이 아버지 이삭의 축복권을 모두 받아 가로채게 됩니다. 이로 인해 에서가 야곱을 죽이려고 할 때 야곱은 에서의 칼을 피하여 하란으로 도망하게 되는데 한곳에 이르러 잠이 들게 되고 꿈속에서 사닥다리가 내려오게 되었고 하늘문이 열리면서 하나님께서 야곱에게 축복을 약속하시는 장면이 전개됩니다. 본래 그곳 이름은 '루스' 라는 곳인데 '황당하다' 는 뜻입니다. 3번씩이나 '내가 보니' 라고 하신 하늘문이 열리는 축복 끝에 20년간 외삼촌 집에서 승리했던 야곱의 축복이 임하시기를 바랍니다. 영적 의미를 몇가지 소개하겠습니다.

첫째, 하나님의 교회는 예수 안에서 위로의 집입니다.

'벧엘' 은 하나님의 집인 동시에 '위로의 집' 이란 뜻도 있습니다.

1) 예수님의 몸인 교회는 예수 안에서 위로하고 위로가 넘치는 곳이 되어야 합니다.

황당한 '루스' 와 같은 어두운 세상에서 시달리는 영혼들이 위로받습니다. 그래서 교회는 '하나님의 집' 이라고 합니다.

① 하나님이 교회는 예수 안에서 진정으로 위로가 있습니다.

세상 물을 마시면 다시 목마르지만 예수 안에서의 물은 다시 목마르지 않는 샘이 됩니다(요 4:3). 전쟁에 시달리던 삼손이 마셨던 물(삿 15:16)이요, 수고한 인생들이 나와야 되는 곳입니다(마 11:28).

② 하나님의 교회는 위로하는 곳입니다.

옛날보다 모든 것이 월등하게 좋아진 현대 사회의 구성원들은 마음이 고달프고 병들어 있습니다. 키에르케고르(Kierkegaad soren Abge 1813-1855)가 말했듯이 죽음에 이르는 병에 모두 걸려 있습니다. 이사야 선지자는 예수 그리스도를 예언하면서 위로의 복음을 전했습니다(사 40:1, 51:11~12). 그러므로 하나님의 교회는 위로가 넘쳐야 합니다.

2) 세상에는 궁극적으로 위로하는 곳이 없습니다.
세상 어디에 가서 위로 받겠습니까? 휴가철을 맞이하여 산과 바다를 향해 떠나 보지만 끝나고 보면 허탈과 공허와 피곤만 쌓이지 않습니까?
① 이 세상의 것은 그 어떤 곳에서도 우리 영혼을 궁극적으로 위로할 수 없습니다.
목마르다고 해서 바닷물을 마시면 바닷물은 몸의 7배에 해당하는 염분이 있기 때문에 죽게 됩니다. 예수님이 주시는 위로와 평안이 필요합니다(요 14:27).
② 예수 안에서만 평안과 기쁨과 참 소망이 있습니다. 야곱은 벧엘에서 약속받고 20년간 라반의 집에서 승리했습니다. 벧엘에서 나올 때에는 큰 축복의 사람이 되었습니다(창 31:40~). 우리의 보호자는 여호와 하나님 뿐입니다(시 121:1~6).

둘째, 하나님의 교회는 축복의 집입니다.

벧엘은 하나님의 교회요, 하나님이 함께 하시는 곳입니다. 외로운 밤이었지만 미래의 축복을 약속받은 곳입니다.

1) 교회는 축복받는 곳입니다.
① 먼저 하늘의 신령한 복이 있는 곳입니다. 세상의 복, 땅에 속한 복이 아닙니다. 하늘에 속한 복입니다. 이것은 예수 믿고 구원 받는 예정의 복입니다(엡 1:3~14).
② 세상에 살 동안 필요한 것을 주시고 채워 주십니다. 이미 축복을 약속해 주셨고 주셨습니다(창 1:28, 고후 8:9).

2) 야곱은 벧엘에서 이 축복을 받은 장본인이 되었습니다.
① 자손에 대한 복을 약속받았고 그대로 되었습니다. 12지파의 아버지가 되었습니다.

② 빈손으로 나갔으나 돌아올 때에는 큰 복의 사람이 되었습니다.
광야와 같은 세상에서 우리는 하늘문이 열리는 복을 받아야 하겠습니다. 예수님이 가난하게 되심은 우리로 부요케 하시기 위해서였습니다(고후 8:9).

셋째, 루스(황량한 곳)가 하늘문이 열리는 벧엘(하나님의 집)이 되기 위해서 해야 할 일이 있습니다.

1) 야곱은 하늘문이 열리기 전에 한 것이 있습니다.
① 기도했습니다. 외로운 밤에 기도했습니다.
 기도의 문이 열리게 될 때에 하늘문이 열리게 됩니다.
 기도했던 사람들은 하늘문이 열리게 되었습니다(왕상 18:36, 삼상 7:5-12, 마 7:7, 약 1:5, 5:17). 기도는 전쟁터의 무전기와 같기 때문에 무전기가 열려(open) 있어야 합니다. 무선 전화기는 열어 놓아야 벨이 울립니다.
② 이곳에는 믿음과 순종이 동반되어야 합니다.
 믿음과 순종은 하나님의 역사를 체험케 합니다. 아브라함을 보십시오(창 12:1, 창 21:14, 창 22:1).
2) 이 세대에 야곱이 되시기 바랍니다.
 내 힘대로 산다고 해서 되는 것이 아닙니다.
① 하늘문이 열려야 합니다. 하나님은 약속해 주셨습니다.
② 우리 교회 성도들에게 축복이 나타나서 이와 같은 영육간의 역사가 충만하게 되시기를 축원합니다.

결론 · 하늘문은 열립니다.

복되고 형통한 축복
시편 128:1~6

이 세상 지구촌에 살아가는 모든 사람들이 바라는 것은 복을 받고 살아가는 일입니다. 그래서 매사가 복 받기 원하는 일로 연관이 되어 있습니다. 어떤 종교의식이 있고 각종 축문들이 난무합니다. 그러나 분명한 것은 인생의 생사화복은 하나님께 있다는 사실을 잊지 말아야 합니다(삼상 2:6). 결국 인생 삶의 주권자는 하나님이심을 깨우쳐주는 말씀입니다. 어제의 영웅이 오늘의 역적이 되고 모든 일들이 많이 일어났습니다.

"내 사전에는 불가능이란 단어를 빼라"던 영웅이던 나폴레옹도 말년에 센트헬레나 성에 유배되어 쓸쓸히 죽어갔습니다. 세상을 떠들썩하게 했던 이라크의 사담 후세인도 도피 중에 땅굴 속에서 잡히게 되었습니다. 세계는 지금도 부글부글 끓는 요지경 속에서 살아가고 있습니다. 전에 없던 환난들이 일어나게 되고(단 12:1, 마 24:21), 종말 현상들이 많이 일어나게 되는 때에 하나님의 축복이 복되고 형통하게 임하는 한 해가 되시기 바랍니다.

첫째, 하나님께서 주시는 복 받는 비결을 알아야 합니다.

하나님께서는 창세기에 벌써 축복을 약속하셨습니다(창 1:28). 생육하고 번성하여 땅에 충만하고 땅을 정복하고 다스리게 하셨습니다.

1) 이제 복 받는 비결은 예수 안에 있을 때에 가능합니다.

"여호와를 경외하며" 했는데, 영어성경에는 주님으로 번역되었습니다. (Blessed are all who fear the Lord, who walk in his ways)

① 예수 안에 살아갈 때에 복이 있습니다.

예수 안에서 영원히 사는 영생(Eternal life)이 있습니다. 영생의 복은 예수 안에만 있습니다. 이것이 하늘에 속한 신령한 복입니다(엡 1:3, 요 20:31, 요일 5:11~13). 믿는 자에게 주시는 형통의 축복 역시 하나님께서 주시는 복입니다. 예수님이 창조자로서 가난하게 되심은 믿는 자를 부요케 하시기 위해서였습니다(고후 8:9).

② 예수 안에서 복을 약속하셨습니다.
이는 변치 않으시는 하나님의 말씀에 약속하신 복입니다. 세계지도(World map)를 펴고서 살필 때에 선진국이 된 나라들은 예수 복음을 일찍 받았거나 지금도 복음이 성행하는 나라들이 부요한 나라인 것이 그 때문입니다.

2) 복을 받는 비결을 바르게 알아야 합니다.
"그 도에 행하는 자마다"라고 했습니다. (who walk in his ways)
① 하나님 말씀을 귀담아 듣고 행하는 자에게 주시는 축복의 약속입니다(신 28:1~14). 모세를 통해서도 약속하셨습니다. 복 받는 자손들은 성경에 약속한 말씀을 따라가는 사람입니다.
② 구체적으로 몇 가지만 보겠습니다.
십일조의 생활입니다(말 3:7~10). 십일조는 축복입니다. 주일성수입니다. 창세기에서 시작하여 계속적으로 축복을 약속하셨습니다(창 2:1~2, 사 58:13). "야곱의 업으로 기르리라" 했습니다. 그밖에 삼만 가지 이상의 축복을 성경에서 약속으로 약속했으니 성도는 말씀 따라가서 복 받는 생애가 되어야 합니다.

둘째, 축복의 내용은 "형통하리라"는 내용입니다.

형통의 내용을 열어보면 아름답고 화려한 복이 되겠습니다.
1) 손으로 심는 것마다 아름답게 열매로 맺혀지게 됩니다.
기한 전에 열매가 떨어지지 않으며 황충을 금해 주십니다(말 3:11).
① 내가 손으로 행한 대로 열매로 맺혀지게 됩니다.
현대어로 의역해보면 부도나는 일이 없도록 막아주시겠다는 축복입니다. 병원에 갈 일이 없게 해 주시겠다는 말씀입니다.
② "네가 복되고 형통하리라" 하셨습니다.
내가 복되고 형통한 축복을 받게 되면 시편 84편 5절과 같이 눈물 골짜기로(바카골짜기) 다닐지라도 그곳으로 많은 샘의 곳이 되게 하시겠다고 약속하셨습니다. 다윗은 원수 앞에서 상을 베푸신다고 하셨고 내 잔이 넘치나이다(시 23:5~6) 했습니다.
2) 형통한 축복을 받는 성도는 가정에서부터 문이 열리게 됩니다.

여기 가정의 행복을 말씀했습니다. 금년 표어대로 가정의 교회화, 가정의 천국화가 이루어지는 해가 되시기 바랍니다.
① "네 집 내실에 있는 네 아내는 결실한 포도나무 같으며" 했습니다.
   가정이 깨지는 시대에 성도의 가정이 받아야할 축복입니다.
② "네 상에 둘린 자식들은 어린 감람나무 같으며" 했습니다.
   하나님이 주신 자녀는 여호와의 주신 기업인데(시 127:3~5, sons are a heritage from the Lord), 하나님이 자녀를 축복하실 때에 자식이 바르게 성장합니다(잠 10:1, 17:25).

셋째, 예수 안에서 이와 같이 복을 얻으리라 했습니다.
(4절) "여호와를 경외하는 자는 이같이 복을 얻으리라" 했습니다.

1) 예수 안에서 바른 믿음을 지켜 나갈 때에 주시는 복입니다.
① 예수 잘 믿게 되면 평안의 복이 있거니와 물질에 대한 축복도 외면할 수 없습니다. 지구촌에 수많은 성도들의 간증 소리를 듣습니다. 예컨대 미국 교회의 와나메이커(Warnamaker), 콜게트(Callgate), 록펠러(Rockpeller) 등 수없이 봅니다.
② 예수 믿는 사람이 축복을 받아야 선교의 중심에서 일을 할 수 있기 때문에 중요합니다. 마음이 있어도 물질이 없으면 일을 할 수 없습니다.

2) 성도는 또한 자녀들에게 축복을 물려줄 수 있어야 합니다. 보이는 것만 아니라 보이지 않는 무형의 축복권입니다.
① 새해에 성도의 가정에 자녀들에게도 축복이 임하기를 소원합니다. 그래서 자녀들이 잘되어야 합니다.
② 주의 종이 손들고 기도할 때에 성도들이 받게 됩니다. 이는 모세를 통해서도 약속하신 축복권입니다(민 6:22~27). "그들은 이같이 내 이름으로 기도할지니 내가 그들에게 복을 주리라" 하였으니 이 말씀대로 영육 간에 복이(요 3서 ~2) 임하기를 축원합니다.

결론 · 예수 안에서 준비된 복이 임하시기를 바랍니다.

 우리교회에 주신 열린 문의 축복
요한계시록 3:7~8

일반적으로 문이라고 할 때에 문은 들어오기도 하고 나가기도 하는 통로 역할을 하는 것이 문이라고 정의할 수 있습니다. 성경에는 문을 소재로 하는 교훈들이 기록되었습니다. 그리고 그 문에 대한 신앙적인 원리를 말씀했습니다. 문에 들어가며 나가게 되는데 어떤 문으로 들어오며 나가게 되느냐가 관건이요, 숙제입니다. 이 문은 교회에 대한 교훈이요, 성도에 대한 교훈들이 대부분입니다.

본문에서 초대교회 소아시아 일곱 교회 중에 여섯 번째로 등장하는 빌라델비아 교회에 대해서 말씀하신 것인데 우리는 이 시대에 우리에게 주시는 영적 깊은 은혜를 받게 됩니다. 다른 교회들은 책망과 권고가 칭찬과 함께 기록되었으나 서머나 교회와 더불어서 칭찬만 기록되었습니다. 경제적으로 풍부하였던 사데 교회와 라오디게아 교회는 책망만 들었으니 맘모스적인 교회 시설이나 재정적 능력 문제가 아니라 영적 상태가 어떤가가 중요합니다. 빌라델비아 교회는 다윗의 열쇠를 주셨다고 했습니다. (He has the key that belonged to David and when he opens a door, no one can close it and when he close it, no one can open it)

빌라델비아 교회에 주신 열린 문의 축복의 내용이 무엇이겠는가 생각해 봅시다.

첫째, 하나님께 대한 문이 언제나 열려 있는 것이 축복의 문입니다.

어떤 사람은 세상에 대하여는 문이 열려 있지만 하나님께 대한 영적인 모습은 닫혀 있는 사람들이 있습니다. 하나님께 대한 문이 열려져 있어야 합니다.

1) 성경에서 소개하는 문들을 보겠습니다.
성경에는 문들이 많이 기록 되었는데 이 때마다 의미가 있습니다.
① 산상보훈의 결정체인 이 말씀은 생명의 문과 멸망의 문이 있다고 했습니다(마 7:13~14). (the gate to life is narrow the gate to hell is wide) 이 길

은 넓기 때문에 가기가 쉬운 길입니다. (the road that leads to it is easy)
② 예수님은 양의 문이라고 하였습니다(요 10:1~8).
(I am the gate for the sheep) 예수님만이 양의 문이 되십니다.
③ 시편 기자는 "의의 문을 열찌어다" 했습니다(시 118:19).
"내게 의의 문을 열찌어다 내가 들어가서 여호와께 감사하리로다" 했습니다. (Open to me the gates of the Temple I will go in and give thanks to the Lord) 예수 그리스도는 우리의 성전이 되고 의가 되십니다.
④ 시온의 문이 있습니다(시 9:14). "시온에서 주의 구원을 기뻐하리로다" 했는데 주의 교회는 구원의 방주입니다.
⑤ 존귀한 자의 문이 있습니다(사 13:2). "너희는 자산 위에 기호를 세우고 소리를 높여 그들을 부르며 손을 들어 그들로 존귀한 자의 문에 들어가게 하라" 했는데 이스라엘을 영적으로 볼 때에 존귀한 자이듯이 주의 성도는 존귀합니다.
⑥ 위에 있는 문이 있다고 했습니다(사 24:18). "…이는 위에 있는 문이 열리고 땅의 기초가 진동함이로다" 했는데 언제나 하나님의 보호와 능력의 문이 열리어야 합니다.
⑦ 하늘 문이 있습니다(말 3:10). "…그것으로 나를 시험하여 내가 하늘 문을 열고 너희에게 복을 쌓을 곳이 없도록 붓지 아니하나 보라" 했습니다. 십일조는 축복의 문이 열리게 하는 열쇠입니다.
⑧ 전도할 문이 있습니다(골 4:3). "…하나님이 전도할 문을 우리에게 열어주나 그리스도의 비밀을 말하게 하시기를 구하라" 했습니다. 교회 존재 목적은 전도요 선교의 사명에 있습니다.
⑨ 믿음의 문이 있습니다(행 14:27). 믿음의 문이 열리게 될 때에 이방인들이 믿게 되었듯이 믿음의 문이 열리게 될 때에 믿게 됩니다. 왜냐하면 믿음은 모두의 것이 아니기 때문입니다(살후 3:2).
⑩ 예수님이 고난당하신 성문 밖이 있습니다(히 13:12). 예수님은 성문 밖에서 고난을 당하셨습니다.
2) 이 문들이 열리기 위해서는 우선 해야 할 일이 있습니다.
① 먼저 믿음의 문이 열리어야 합니다(행 14:27).
자주(紫紬)장사 루디아에게 믿음의 마음 문이 열리게 되었습니다(행 16:14). 그리고 빌립보 교회가 세워질 때에 큰 역할을 했습니다.

② 하나님께 대하여 문이 닫히게 되면 멸망이요, 사망에 이릅니다. 영원한 불행이요, 따라서 세상 출세보다 하나님께 문이 열리게 해야 합니다.
3) 무엇이 하나님과의 관계에서 문이 닫히게 합니까?
① 하나님과 막히는 것은 죄 때문입니다.
죄가 하나님과 사이를 내었다고 했습니다(사 59:2).
② 하나님의 은혜의 자리에 세상 것이나 다른 것이 채워지게 될 때에 막히게 됩니다. 라오디게아 교회를 향한 책망입니다(계 3:20).
4) 하나님과의 사이에서 문이 닫히게 되면 어떻게 됩니까? 개인이든 국가든 마찬가지였습니다.
① 저주가 임하여 비가 내리지 아니했습니다. 하늘이 닫혔다고 했습니다(왕상 17, 눅 4:25). 하늘이 닫혔습니다.
② 책망을 받게 됩니다. 사데 교회와 라오디게아 교회의 모습입니다.

둘째, 불신 세상을 향하여 언제나 영혼 구원의 문이 열려야 합니다.

(10절) 인내의 말씀을 지켰은즉 "Because you have kep my command to endurance"
1) 교회의 사명은 전도하며 선교하라는 말씀을 지켜 나가야 합니다.
① 교회의 사명은 전도 선교하는 지상 명령의 사명에 있습니다.
② 이 복음 전도의 사명은 언제나 열리는 것이 아니라 닫힐 때가 있습니다.
노아의 방주 (창 8:16) (마 25:10) 혼인 잔치와 같습니다.
2) 전도 명령은 지상 명령입니다.
① 교회의 사명입니다.
② 이것은 교회에 대한 축복입니다.
빌라델비아 교회와 같이 이 문이 활짝 열려야 하겠습니다(행 13:1~3).

셋째, 장차 나타날 모든 축복의 문이 언제나 열려 있어야 합니다.

1) 세상에서도 축복의 문이 열려야 합니다.
① 하나님께 문이 열리면 세상에서도 문이 열리게 됩니다(말 3:10, 눅 4:25, 욜 2:23~26, 대상 4:9~10)

② 성도는 생활 속에서도 축복의 문이 열려야 승리하게 됩니다.
2) 성도에게는 이미 축복의 문이 시작되었고 약속되었습니다.
① 하늘에 속한 복입니다(엡 1:3~14, 행 7:56).
② 예수님은 다윗의 열쇠를 가지고 오셨습니다. 아무도 근접할 수 없는 열쇠가 주님의 손에 있습니다.
   우리 모두 말씀 행하여 이 축복의 역사 속에 승리하기를 축원합니다.

결론 · 성도는 이 세상 살면서 문이 열려야 합니다.

 생각 밖의 축복을 받은 사람들
누가복음 5:1~11

요즈음 젊은이들이 예식장에서나 교회에서 잘 부르는 노랫말 가운데 "당신은 사랑받기 위해 태어난 사람"이라는 부분이 있습니다. 사람은 누구나 사랑받기 원하고 축복을 받기 원합니다. 그러나 사람마다 축복받고 살고 사랑과 존귀함을 받고 살지는 못하는 것이 현실이요, 이 세상입니다. 이것은 아담 이후에 이 땅에 있는 모습이요, 현실입니다.

하나님께서는 창조하실 때부터 축복을 약속하셨지만(창 1:28) 인간은 죄 때문에 하나님의 축복과 멀어지게 되었습니다(사 59:1~2). 이것은 하나님의 본래의 본심(本心)이 아닙니다(렘애 3:33). 세상에 온통 저주와 죄의 결과들이 가득해서 살아가기에 피곤하지만 여기에 축복의 말씀이 우리에게 전해졌습니다. 예수님께서 아침에 빈 그물을 씻고 있는 시몬에게 다가가셔서 역사하셨던 말씀인데 이런 일이 어떻게 이런 일이 일어나게 되었는지 본문에서 생각해 보고 생각 밖에 축복 받는 사람이 되어야 하겠습니다.

첫째, 시몬은 보이는 육신적 물질의 축복을 받게 되었습니다.

밤이 맞도록 빈 그물뿐이요 그 빈 그물을 씻고 있는 힘이 없던 저들이었듯이 사업과 직장들이 힘이 없는 때가 아닙니까? 실업자가 많아지고 고급 인력들이 설 자리가 없는 때입니다.

1) 눈에 보이도록 어떤 축복을 받았습니까?

① "고기가 에운 것(잡은 것)이 심히 많아"라고 했습니다. (And when they had this done they inclosed a great multitude of fishes) 고기는 어부들에게 재산이요, 수입원이 됩니다. 자기 배뿐 아니라 타인의 배까지 채우게 되었습니다. 내가 잘되면 옆 사람도 그 덕을 보게 되는 축복된 그리스도인이 되어야 합니다. 이삭은 한 해 동안에 백배나 얻게 되었고(창 26:12), 거부가 되었습니다.

② 그물이 찢어질 정도로 축복이 왔습니다(6절 下). "그물이 찢어지는지라" (And their net broke) 성경에서 볼 때에 야베스는 지경이 넓혀지는 축복을 받게 되었고(대상 4:9~10), 다윗은 양떼와 짐승들이 들에서 천천만만으로 떼를 이루게 되었는데(시 144:13), 이것은 약속된 축복들입니다(말 3:10~). 야곱은 라반의 집에서 거부가 되었습니다(창 31:1~). 미국이 부호였던 록펠러(Rockpeller), 와너메이커(Wannermaker), 콜게트(Callgate) 같은 사람들은 가난에서 일어난 축복의 사람들입니다.
③ 옆의 사람에게 도와달라고 할 정도로 복을 받았습니다(7절). "이에 다른 배에 있는 동무들을 손짓하여 와서 도와달라 하니" 했습니다. 소비성이 아니라 날마다 생산적인 축복을 받아야 합니다
④ 두 배에 가득하게 잡히는 축복을 받았습니다. 우리교회 성도들에게 이 축복이 있게 되기를 기도합니다. (~네 의로운 집으로 형통하게 하실 것이라 네 시작은 미약하였으나 네 나중은 심히 창대하리라)(욥 8:7) 했습니다.(Though thy beginning was small yet thy latter end should greatly increase) 부자도 두 가지가 있는데 하나는 하나님 없는 어리석은 부자와 (눅 12:20~21) 주님 복음 위해서 쓰임 받는 부자(마 27:57)가 있습니다. 이런 부자는 되지 말아야 합니다(잠 23:4).
2) 놀라운 일이 일어나는 축복의 현장이 되었습니다(9절)
"……자기와 및 함께 있는 모든 사람이 고기 잡힌 것을 인하여 놀라고…" 했습니다.
① 축복과 기적의 장소에서 자기도 놀라게 되었습니다.
② 함께 있던 사람들도 놀라게 되었습니다.
③ 동업자인 세베대의 아들 시몬의 동업자인 야고보도 놀라게 되었습니다. 그 업종에서 지금까지 생긴 일이 없는 최초의 사건이 된 축복입니다. 우리교회 성도들에게 이 축복이 열리기를 축원합니다.

둘째, 생각 밖에 영적인 축복을 받게 되었습니다.

만약 이들에게 눈에 뵈는 물고기가 많이 잡힌 것으로 끝이 났다면 이것은 복이 될 수 없을 것입니다. 5절, 8절을 보면 예수님께 대한 호칭이 다르게 기록되었습니다. 5절에는 존칭어로서 선생이여(Master) 했으나 8절에는 주(Lord)라고 했습니다. 예수님께 관한 시각이 바뀌게 되었습니다.

1) 예수님께 대한 영적인 믿음이 바뀌게 되었습니다. 그리고 마태복음 16장에서 고백이 나오게 됩니다(마 16:16).
① 예수님께 대한 고백이 바뀌었습니다. 축복입니다(롬 10:10).
② 자기 자신이 죄인임을 깨달았습니다(8절). "나는 죄인이로소이다" 했습니다. (O Lord, I am a sinful man)
2) 사도의 직분을 받게 되었습니다(마 4:18).
① 어부가 사도가 되었습니다. 복중에 복입니다.
② 천국에서 제일 상이 큰 복음 전도자 순교자가 되었습니다.
영적인 축복은 예수 안에만 있습니다.

셋째, 이와 같은 축복을 받을 조건은 오직 순종입니다.

이스라엘의 초대왕인 사울은 불순종 때문에 망했습니다(삼상 15:22~23).
1) 순종할 때는 조건 따라서 순종이 아니라 무조건적 순종입니다.
① 시간과 장소적으로 순종이 어려운 때였습니다.
바닷가에서 아침에 그물을 씻는 파장의 시간이었습니다.
② 육신적으로 순종이 어려운 시기였는데 밤을 새웠기 때문에 지쳐 있었을 것입니다.
③ 경험상으로 볼 때에 어려운 조건입니다.
왜냐하면 그들은 그곳에서 잔뼈가 굵어왔기 때문입니다.
2) 기적의 체험은 무조건 순종생활이 필수입니다.
① 성경은 진리요 하나님 말씀이기 때문입니다.
② 진리의 말씀은 살아 있습니다(히 4:12).
기적의 축복받는 생애가 되시기를 예수 안에서 축원합니다.

결론 · 게네사렛 호숫가의 기적은 지금도 있습니다.

성일을 존귀히 여기는 자의 받을 복
이사야 58:13~14

사람은 이 세상에 태어나서 시간 속에서 살아갑니다. 그런데 그 시간이 끝나면 모래시계가 끝이 나듯이 세상의 시간이 끝이 납니다. 하나님께서 각자마다 정해진 시간 속에서 살게 하셨습니다. 한 시간의 개념은 60분이지만 똑같은 60분이라도 예배 시간과 세상에서의 시간은 보이지 않는 큰 시간차가 있습니다. 세상적 시간을 모두 산 이후에 하나님 앞에 섰을 때에 반드시 시간 사용에 대한 계산대에 서게 될 것입니다. 누구나가 지나간 과거는 지난 시간이기에 투명하지만 미래의 시간은 불투명해서 전혀 알 수가 없습니다. 내 인생의 모래시계가 그 수명이 언제 다할는지 아무도 알 수 없기 때문입니다. 시간(hour), 하루(one day), 1주일(one week), 1개월(one month), 1년(one year)이 중요합니다.

1주일 내내 자신을 위해서 살다가 하루 주일을 하나님께 나와서 예배해야 합니다. 물질의 주인이신 하나님께 드리는 것이 십일조이며 헌물이라면 시간의 주인이신 하나님께 드리는 것이 주일 성수입니다. 불란서의 무신론자 볼테르(Aroquet Voltaire 169401778)는 자기가 50년 내에 기독교를 말살시키기 위해서 주일을 파괴시키겠다고 했습니다. 그래서 일주일이 아니라 10일만에 쉬게 했지만 결국 능률이 떨어지게 되어 결국 일주일로 되돌아 왔습니다.

5일 근무제가 도입되면서 주일 성수가 문제가 되는 것처럼 보이나 참된 백성들은 세태의 흐름에 요동되지 않고 의연한 태도가 있어야 하겠습니다.

첫째, 주일 성수하는 것은 사람이 정해 놓은 것이 아니라 하나님께서 정하신 날입니다.

주일은 시대의 변화에 따라서 변해지거나 수정, 가감하는 문제가 아니라 지켜져 나가는 문제입니다.

1) 주일은 태초부터 하나님께서 사람들에게 은혜와 축복을 주시기 위해

서 지키라고 명령하신 날입니다.
① 창조 때에 약속하셨습니다(창 2:3~). 그러므로 이 날은 존귀하게 지켜져야 합니다(사 58:14).
② 모세 율법에 하나님에 관한 계명으로서 명령했습니다(출 20:8). '너희 하나님 여호와의 안식일인즉' 했습니다.
③ 안식일(주일)에 관한 문제는 하나님과의 사이에서 자녀된 표징이라고 했습니다(출 31:12, 겔 20:11). 그러므로 주일 성수는 하나님의 자녀, 성도만이 할 수 있는 권한이요 축복입니다.
④ 구약에는 안식일이지만, 신약에는 주일 성수 못하면 심령이 상하고 영혼에 손상을 입습니다.

2) 신약시대의 주일은 우리 구원이 완성된 날입니다. 구원 받은 성도의 기본 신앙은 주일 성수입니다.
① 구약의 안식일은 마지막 날이었지만 신약의 주일은 첫날이요 주님 부활하신 날입니다(마 28:1).
② 구약의 모든 것 중에 안식일 문제는 개혁될 때까지입니다. 예수님 부활하심으로써 안식일이 주일이 되었습니다(히 9:10, 히 4:7~8, 7:18). 이것은 기독교역사 2000년간 지켜왔습니다(마 28:1, 행 20:7, 계 1:10).
③ 예수님이 부활하시고 제자들에게 보여 주실 때마다 주일날이었습니다. 그러므로 주일은 말씀을 통해서 주님을 만나는 날입니다.
④ 주일은 성령이 강림하신 날입니다(행 2:10). 약속하신 보혜사 성령이십니다(요 14:16,26).
⑤ 이 날은 초대교회가 떡을 떼며 교제(communication)를 이룬 날이요, 모이는 날입니다(행 4:4~, 행 20:1).
⑥ 사도 요한이 밧모(Patmos)섬에서 요한 계시록 받은 날이 주일입니다(계 1:10).
⑦ 이 날은 인간이 임의로 왈가 왈부(평론)할 문제가 아닙니다(골 2:16). 칼빈(Calvin)은 '주일성수는 하나님의 은혜다' 라고 했습니다.
⑧ 주일성수는 장차 천국에 들어가서 쉬는 영생의 표징입니다(히 4:8). 천국백성은 주일 연습부터 바르게 해야 합니다.

둘째, 주일은 존귀한 날로 지켜 나가야 합니다.

1) 믿는 성도들에게는 이 날이 일요일(Sunday) 개념이 아니라 '주일' (Load day)개념입니다. 유럽이나 미국 교회들이 5일 근무제도로 인해서 교회에 큰 타격을 입게 되었지만 한국교회는 달라야 합니다.
① 육신적인 일에 치우치면 곤란합니다. 믿음의 영웅들은 이 날을 지키기 위해서 평생을 헌신했습니다.
② 주일에는 여행이나 오락을 해서는 곤란합니다(사 58:13).
2) 불신앙들을 본받지 말고 역대 믿음의 성도들을 본받아야 합니다.
① 비행기를 발명한 라이트 형제(Wilbur Wright)는 황제 앞에서까지 주일이기 때문에 이 날은 선보이는 일을 사양해서 박수를 받았다고 합니다.
② 미국 역대 대통령 중에 워싱턴 대통령의 독립 전쟁이나 링컨의 남북 전쟁 때에는 주일은 전쟁을 쉬었습니다. 믿음의 사람들이 세태에 흔들리지 않고 바르게 서면 결국 세상이 교회를 본받게 될 것입니다.

셋째, 재림 때가 될수록 모이기를 더욱 힘써야 합니다.

세상 사람들이 세상적이요, 육적인 자세로 나간다고 해서 믿음의 사람이 요동될 이유가 없습니다.

1) 주일은 몸된 교회에서 모여야 합니다(히 10:24). 모이기를 힘쓰라 했습니다.
① 예수님의 경고에 귀담아 듣고 처삼촌 벌초하듯이 주일을 소홀히 하면 안 되겠습니다.
② 주일을 바르게 지키는 것이 정상적인 신앙입니다.
   대형사고들이 대부분 주일에 일어나는 통계도 주시해야 합니다.
2) 주일성수할 때에 축복이 옵니다.
① 영혼이 잘됩니다. 그러나 세속주의로 나가면 영육이 망합니다.
② 야곱의 업으로 키우리라 했습니다. 똑같은 시간이지만 세속주의적인 개념에서 주일을 보내지 말고 믿음의 행동이 따라야 합니다.
   주일 성수에서 하늘과 땅의 복을 받기를 축원합니다.

결론 · 주일은 축복의 날입니다.

오병이어 축복의 요건
요한복음 6:1~14

우리가 세상을 살아갈 동안에 내 계획과 내 능력에 의해서 살아가는 것 같지만 하나님께서 축복해 주시지 아니하면 살 수가 없습니다. 마치 하늘에서 단비가 촉촉하게 내리게 될 때에 땅이 소산물을 낼 수 있는 것과 같습니다.

잠언 16:1,3에 "마음의 경영은 사람에게 있어도 말의 응답은 여호와께로서 나느니라. 너의 행사를 여호와께 맡기라 그리하면 너의 경영하는 것이 이루리라" 하였습니다. 학개 1:3~4에는 유다 백성들이 바벨론에서 돌아와 살 때에 하나님의 일인 성전 짓는 일에는 무관하게 자기들에게 주어진 성전 짓는 사명을 망각하여 살게 될 때에 책망이 임하였습니다. 먹어도 배부름이 없고 농사를 지어도 수익이 없게 되는 채찍이 오게 될 때에 학개를 통해서 깨우치는 말씀을 주셨습니다. 본문 말씀은 우리가 잘 아는 소위 오병이어의 기적의 이야기가 기록되었습니다.

벳세다(Bethsaida) 즉 '어부의 집'이란 이곳에서 이루어진 이 사건을 통해 현대판 오병이어의 축복의 요건을 배울 수가 있겠습니다. 예수님의 하나님 되신 신성을 보여주신 이 사건 속에서 축복의 요건을 배우게 됩니다.

첫째, 시험이 왔을 때에 시험을 이겨야 합니다.

(5절) "우리가 어디서 떡을 사서 이 사람들을 먹게 하겠느냐" 하였고 (6절), "빌립을 시험코자 하심이라" 하였습니다.

1) 시험을 이겨야 합니다(Test).
① 세상에는 각종 시험이 많이 있는데 시험을 통과할 때에 한 계단 올라가게 됩니다.
② 그런데 이 시험은 정신만 바르게 차리고 있으면 이기도록 되어 있습니다. 어린아이처럼(고전 3:1~) 되지 말고 시험을 이기는 사람이 되어야 합니다(고전 10:13).
③ 하나님 말씀에 바로 귀를 기울이면 이기게 됩니다. 마귀가 주는 시험

(Temptation)도 이겨야 합니다.

2) 시험에 이기게 될 때에 축복이 옵니다. 여기에 영적 성숙과 함께 한 계단 상승하게 됩니다.
① 아브라함도 시험(Test)을 이겼고 통과하게 될 때에 축복이 현실로 오게 되었습니다(창 22:1~22).
② 믿음이 있으면 시험을 이기게 됩니다(갈 3:9). 욥도 시험(Temptation)을 이겼습니다(욥 1:12~4:12). 모든 시험은 정신 차리고 믿음 가운데 서게 될 때에 이기게 됩니다.
본문에서 빌립을 시험코자 하실 때에 빌립은 부족한 자세 가운데 빠져서 '숫자'만 헤아리는 가운데 있었지만 안드레는 작은 소년이 가져온 '오병이어'를 소개하게 됩니다. 여기에서 해결책이 나오게 되었습니다.

둘째, 정성을 요구하시는 주님 앞에 응하시기 바랍니다.

작은 아이가 자기가 먹으려고 가져 왔던 작은 물고기 두 마리와 보리떡 다섯 개의 정성이 주님 앞에 드려지게 되었습니다. 결과적으로 보면 예수님이 축사하사 떼어 주실 때에 5000명이 먹게 되었고 부스러기가 12바구니에 차게 되었습니다.

1) 때때로 하나님께서는 성도들에게 정성을 요구하십니다.
① 아브라함에게는 생애에 제일 귀한 존재인 자식을 요구하셨습니다(창 22:1).
② 처음 익은 열매와 네 소산을 드리라고 합니다(잠 3:9, 말 3:8~12, 말 1:8).
③ 이 정성은 그 대상이 무엇이든지 지금도 주께서 요구하실 때에 주께 드려야 합니다(마 21:31).

2) 오늘날에도 주께서 정성을 요구하십니다.
① 내가 드릴 수 있는 때에 정성을 다해 헌신해야 합니다. 많이 거두기 위해서는 많이 뿌려야 합니다(고후 9:6).
② 하나님께서는 독생자까지 아낌없이 주셨습니다(요 3:16). 오병이어의 기적과 축복의 원리(原理)는 여기에 있습니다. 축복의 원리(Priciple)를 알아야 합니다.

셋째, 오병이어의 기적은 하나님의 영광이 그 목적입니다.

이 일로 인하여 제자들이 믿게 되었고 하나님의 영광을 나타내 보였습니다 (14절).

1) 오병이어의 기적 속에는 예수님이 예수님으로 인정되는 목적이 깃들여 있었습니다.
① 창조주 하나님이 되시는 예수님의 존재성이 입증되었습니다. 구약에서의 여호와는 신약에 와서 예수 그리스도입니다.
② 예수님이 인정될 때에 하나님의 영광이 나타나게 되었습니다.
2) 성경은 우리에게 명령합니다.
① 무엇이든지 하나님의 영광을 나타내야 합니다(고전 10:31).
② 우리는 무엇을 통해서 하나님께 영광을 돌릴 수 있겠습니까? 매사에 하나님 영광 위에서 헌신하게 될 때에 가능합니다.

우리의 삶의 현장 가운데서 오병이어의 축복이 계속 나타날 수 있게 되시기를 원합니다.

결론 · 오병이어의 역사는 현대에도 얼마든지 가능합니다.

나아만이 큰 은혜 받았던 비결
열왕기하 5:8~14

축복

사람이 세상에서 어떤 일을 하게 될 때에 그 일에 대하여 잘되기 위해서는 그 일에 대한 비결, 성공의 비결(the secret of success)이 반드시 있기 마련입니다. 사업 성공, 공부에 대한 성공 등 각 분야마다 성공의 비결이 있습니다. 마찬가지로 신앙에도 성공한 사람들은 나름대로의 성공의 비결이 있습니다. 안타까운 일이 아닐 수 없습니다. 세상적인 일에도 성공해야 하겠지만 영적이고 신앙적인 일에도 기필코 승리해야 하고 성공의 열매를 거두어야 합니다. 세상적인 실패는 다시 재기의 기회가 있지만 신앙적이고 영적인 일에는 한번 지나간 이후에 하나님 앞에 설 때에는 다시 재기의 기회가 없기 때문입니다. 인생은 1회 밖에 없습니다. 그래서 인생은 연습(Training)이 없습니다.

본문에서 주인공 나아만 장군은 아람 나라가 앗수르 제국과의 전쟁때 전쟁영웅이지만 불행하게도 문둥병자였습니다. 다행히 히브리에서 잡아온 소녀의 소개로 이스라엘에 오게 되고 결국 엘리사에게 나아가 치유받게 되었습니다. 여기에서 우리가 큰 은혜 받는 비결을 배우게 됩니다.

첫째, 큰 은혜 받기 위해서는 은혜 받는 길로 인도하는 사람을 잘 만나야 합니다.

나아만은 사람을 잘 만났습니다. 학생은 선생님을 잘 만나야 하고 선수는 감독을 잘 만나야 하듯이 신앙의 사람도 신앙적인 입장에서 사람을 잘 만나게 될 때에 신앙의 큰 일을 합니다.

1) 신앙의 협력자, 신앙의 동지를 잘 만아야 합니다. 나아만은 신앙의 협력자를 잘 만났습니다. "우리 주인이 사마리아에 계신 선지자 앞에 계셨으면 좋았겠나이다" 했습니다.
   ① 나아만에게는 최고의 기쁜 소식(Good News)이었습니다. 세상에서 인생들에게 제일 기쁜 소식이 무엇이겠습니까? 복음입니다. 우리는 이스라엘의 소녀와 같이 내가 알고 내가 믿는 복음을 전해야 합니다. 이것이

또한 지상에서 믿는 자가 해야 하는 급선무입니다(요 1:46, 롬 10:13).
② 전도하는 일은 때와 장소가 따로 없습니다. 문둥병자 나아만과 같이 세상에는 멸망의 죄에서 헤메이는 사람들이 가득합니다. 저들에게 예수 복음 소개하는 영적 안내자가 되어야 합니다. 예수는 누구입니까? 예수님은 우리의 구원주가 되십니다(마 1:21). 세상에서 구원 받을 이름은 오직 예수 이름뿐입니다(요 14:6, 행 4:12).
2) 히브리 소녀에 관해서 생각해 봅니다. 아람 나라가 이스라엘의 전쟁에서 잡아온 소녀입니다.
① 비록 포로로 잡혀 왔지만 타국 땅에서도 하나님을 잊지 않고 하나님의 능력이 살아있는 조국과 엘리야 선지자를 소개했습니다. 성도는 세상에 대해서 기죽지 말고 예수 이름을 전해야 합니다.
② 우리는 믿음의 사람으로서 언제 어디서나 내가 믿는 예수 그리스도에 관해서 전해야 하겠습니다. 여기에 파숫군의 사명, 전도자의 사명이 있습니다(겔 33:3, 딤후 4:1).

둘째, 큰 은혜 받고 축복 받기 위해서는 자기가 사는 길로 끝까지 포기하지 않고 찾아갔습니다.

나아만은 극복해야 할 난제들이 많이 있었습니다. 이 난제를 극복해야 합니다.
1) 몇 가지 난제들을 소개합니다.
교회에 나오면서도 난제 극복에 실패한다면 영적으로 승리할 수 없습니다.
① 히브리 나라와 아람 나라는 보이지 않는 적국이요 적대관계인데 국방 장관이 넘나들기에는 난제가 큽니다. 그러나 난제를 넘었듯이 교회에 등록 이후에 난제들이 있지만 잘 극복할 때에 성공합니다.
② 국방장관은 한나라의 공인입니다. 공인된 입장에서의 난제도 이겼습니다.
③ 무엇보다 나아만 장관은 나환자였습니다. 국가의 체면과 개인의 체면은 그만 두고라도 나환자는 밖에 나가면 돌에 맞아 죽는 시대였습니다.
2) 큰 은혜 받기 위해서는 이 모든 난제를 이기고 극복해야 합니다.
① 나아만은 극복했습니다.
② 삭개오도 극복했습니다(눅 19:1~10).

③ 혈루병 여인도 극복했습니다(막 5:25~34)
④ 한 중풍병자도 극복했습니다(막 2:1~5).
⑤ 성도 여러분은 난제가 있거든 극복하시기 바랍니다.

셋째, 큰 은혜 받고 성공하는 사람들은 어떤 벽에 부딪쳐도 그 벽을 뛰어 넘어서 이기는 사람들입니다.

1) 나아만은 벽에 부딪쳤지만 이겼습니다.
① 자기 자신의 신분에 대한 벽이었습니다. 내가 누군데… 학벌, 돈, 사회적 위치… 이 모든 것들은 벽입니다. 그것이 벽이 되어서 예수님께 갈 수 없게 만듭니다. 그래 보았자 결국 나아만이 문둥이였듯이 인간은 하나님 앞에 죄인임을 깨달아야 합니다. 예수님은 죄인의 친구이십니다(마 9:12). 차라리 죄인이라고 고백하면 죄를 사하건만 죄를 고백치 않으니 그저 죄인입니다(요 9:41).
② 말씀하시는 상대방의 신분을 낮추는 장벽에 부딪쳤습니다. 그러나 은혜 받기 위해서는 말씀 앞에 자기를 낮추어야 합니다. 니느웨 성에서는 왕까지도 회개했습니다(마 12:41, 욘 3:5).
③ 나아만은 전달 받은 말씀에 대해서 벽에 부딪쳤습니다. 이성주의(理性主義) 내지는 합리주의 때문이었습니다. 그러나 말씀은 이 모든 것을 초월합니다.

2) 나아만은 결국 모든 장벽을 이기고 깨끗함을 받았습니다.
① 이때에 조언자가 매우 중요합니다.
② 일곱 번 씻었더니 깨끗하게 변화되었습니다. 그래서 육신이 변화되었고 신앙이 변화되었고 정신자세나 신관(神觀)이 변했습니다.
　이런 은혜를 받기를 축원합니다.

결론 · 지금도 은혜 받기 위해서는 원리는 같습니다.

 가나 혼인잔치의 기적과 축복
요한복음 2:1~11

사람은 이 세상을 살아가면서 자기의 힘으로 살아갈 듯이 살지만 사실 혼자의 힘으로 살아갈 수 없는 일들이 많습니다. 여기에 절대적인 주권자 되시는 하나님의 도우심과 축복이 따라야 합니다. 이 세상은 천국이 아니요, 광야와 같은 세상이기 때문입니다. 광야와 같은 세상이지만 하나님께서 함께 하실 때에 여러 가지 기적 속에서 만나와 메추라기가 내리고 반석에서 물(water)이 나는 역사들이 나타나게 됩니다.

여기에는 한 개인(an indvidual), 한 가정(housekeeping), 한 국가(a country)적 차원에서 볼 때에 모두 그렇습니다.

오늘 본문 말씀은 유명한 가나혼인잔치에서 일어났던 사건입니다. 가나혼인잔치에 예수님께서 계셨고 제자들도, 마리아도 있는 모습을 보아서 친척집으로 생각됩니다. '가나'는 갈릴리 가나로서 나사렛 북쪽으로 13km 떨어진 곳입니다. 예수님의 첫 번째 기적이요, 왕의 신하의 병을 고치신 곳이며(요 4:46~54), 나다나엘의 고향이기도 합니다(요 21:2). 물이 포도주가 된 사건에서 몇가지 은혜를 받습니다.

첫째, 절대적으로 예수님이 모셔져야 합니다.

혼인잔치에 문제가 생기듯이 인생들이 문제투성이인데 이곳에 예수님이 절대적으로 계셔야 합니다.

1) 잔치 집에는 많은 종류의 사람들이 있습니다.
① 초청 받은 사람이 있습니다. 상좌에 앉은 연회장과 같은 사람들입니다.
② 일하는 일꾼들입니다. 마리아를 비롯해서 친척들이며 일하는 하인들도 있습니다.
③ 동네 사람들이며 아이들이며 지나는 거지도 있습니다. 별의 별 사람들이 모두 모여 드는 곳이 잔치 집이듯이 사람이 살아가는 삶의 현장이 그러합니다.

2) 그러나 제일 중요한 일은 그 집에 예수님이 계셨다는데 있습니다. 그 어떤 사람도 위기 때에 도움이 될 수 없듯이 내 인생에 문제가 발생하면 예수님 외에는 구세주가 없습니다.
① 예수님은 누구입니까(예수님을 바로 알아야 합니다)
그 분은 창조주이십니다(요 1:1~3, 골 1:16, 히 1:2).
창조주이시기 때문에 못하심이 없으시며 구세주이십니다.
우리 구세주가 되십니다.
영원한 죄와 사망에서 우리를 구원하신 구원주이십니다.
② 예수님이 가시는 곳에는 언제나 능력이 나타났습니다. 중풍환자, 귀신들린 자가 낫게 되고 온갖 능력이 나타나게 되었습니다(막 2:5, 막 4:37~41, 막 5:1, 5:25, 5:36, 요 11장, 막 6:37, 7:27, 8:22등).
③ 예수님은 우리 인생문제의 모든 일을 해결해 주시는 해결자요, 중보자가 되십니다(마 11:28).
④ 예수님은 우리에게 영생이요 생명이 되십니다. 이 예수님이 개인과 가정과 국가에 모셔져야 합니다.

둘째, 절대적으로 예수님의 말씀을 앞세워야 합니다.

(6절) "너희에게 무슨 말씀하시든지 그대로 하라"했습니다. 여기에 기적과 능력이 있습니다.

1) 주께서 하라고 하신 말씀대로 해야 합니다.
① 두세 통 드는 돌 항아리 여섯이 놓여졌는데 그곳에 아구까지 채워 놓았습니다.
② 그 물을 연회장에 갖다 주었습니다. 여기에 기적이 일어나게 되었습니다. 주님의 말씀은 이러합니다. 생명의 말씀(히 4:12), 영생의 말씀(빌 2:16), 능력의 말씀(마 8:8, 요 11:43), 완전한 말씀(시 19:7), 순결한 말씀(시 119:8), 소생케 하는 말씀(시 119:154), 위로함의 말씀(시 119:52), 소망의 말씀(시 119:49), 구원의 말씀(시 119:50), 불과 같고 방망이 같은 말씀(렘 23:29), 양식의 말씀(마 4:4)이 말씀 속에서 역사가 나타납니다.
2) 예수님 말씀을 앞세우면 역사가 나타납니다.
① 맹물이 변하여 가장 좋은 포도주가 되었습니다.

② 쓸모없고 무익한 인간이 유익한 존재로 변화받습니다(몬 1:11).

셋째, 예수님만 절대적으로 믿고 순종해야 합니다.

또한 제일 중요한 것은 믿고 순종해야 한다는 사실입니다.

1) 예수님을 믿고 순종한 하인들을 보십시오.
① 예수님의 말씀대로 그대로 순종만 했습니다.
 마치 아브라함의 순종과 같습니다(창 12:1, 21:14, 22:1).
② 불순종은 패망의 결과가 나옵니다(시 155:22).
 사울의 예에서 잘 나타납니다(삼상 15:22~23).
③ 기독교는 체험의 종교입니다(9절).
 '물떠온 하인들은 알더라' 했습니다(though the servants who had drawn the water knew).
 우리 모두 가나혼인잔치와 같은 생애가 되기를 원합니다.

결론 · 예수님 모신 곳에는 축복이 따릅니다.

약속의 땅에 들어가는 복
민수기 14:1~10

복이라고 하는 복(福)은 세상 사람이라면 누구나가 다 받기를 바라고 소망하는 것이 모두의 마음입니다. 그래서 서양에서도 "하나님께서 당신에게 복 주시기를 원합니다."(God bless to you) 하게 될 때에 좋아합니다. 또한 하나님께서 주신 복을 잘 간직한 사람과 그렇지 못한 사람도 있습니다. 예컨대 에서와 야곱의 경우입니다(말 1:2~3, 히 12:32~). 에서는 말과 행동에 있어서 복을 차버리는 사람이 되었습니다. 오늘 본문에서 이스라엘 백성들은 애굽에서 나와서 가나안을 향해하는 길에서 정탐군의 부정적인 말을 듣고 그만 가나안 땅의 주인공이 될 수 없었던 사건이 본문에서 후세대 사람들에게 크게 교훈하여 줍니다. 영적으로 보고 들었던 사람들은 가나안의 주인공이 되었지만 육적인 눈으로 보고 들었던 사람들은 광야에서 모두 죽게 되었습니다(갈 6:8).

현대에 와서도 천국의 복을 받고 천국의 주인공 될 사람과 그렇지 못한 사람은 구분되어 있습니다. 본문에서 우리는 이 세대에 약속한 땅인 천국에 들어갈 복받은 사람이 어떤 사람인가를 분명하게 그 해답을 보게 됩니다.

첫째, 약속한 땅 천국에 들어갈 사람은 복된 눈이 있는 사람입니다.

가나안 땅은 아무에게나 주어지지 아니했듯이 천국의 복도 또한 그러합니다.

1) 축복된 눈을 가진 자에게 주어지는 은혜입니다.
12명이 똑같이 보고 왔지만 어떤 눈은 복있는 눈이 아니었습니다.
① 축복받지 못할 사람에게는 부정적으로 밖에 볼 수 없었습니다.
악평했다고 했습니다(민 13:31~33). 거민을 삼키는 땅이요 신장이 장대한 네피림 족속이요. 우리는 메뚜기와 같다고 했습니다.
② 축복받은 사람은 보는 눈이 다릅니다. 엘리사를 보십시오.
(왕하 6:16~17) (민 14:9~) 오직 여호와를 거역하지 말라 그 땅 백성을 두려워 하지 말라. 그들은 우리의 밥이다. 그들의 보호자는 떠났다. 여호와 우리 하나님께서 우리와 함께 하신다고 했습니다.

2) 축복받은 사람은 사물을 보는 눈이 매사가 다릅니다.
① 애굽 군사가 약해서 이스라엘이 해방 되었던가요(출 14:27). 그리고 모두가 홍해 바다에 수장되었지 않습니까.
② 골리앗이 다윗보다 힘이 약해서 다윗에 의해서 목이 잘리게 되었습니까?(삼상 17:45~) 약했던 다윗이 대승리를 거두었고 블레셋은 패하게 되었던 것을 보아야 합니다.
3) 우리가 여기에서 분명하게 인식해야 하는 것은 영적 눈입니다. 믿음이 없으면 눈이 어두울 수밖에 없다는 사실입니다.
① 결국 10명의 정탐꾼은 믿음이 없었습니다.
(사 6:9) "여호와께서 가라사대 이 백성에게 이르기를 너희가 듣기는 들어도 깨닫지 못할 것이요 보기는 보아도 알지 못하리라" 했습니다. (And he said, Go and tell this people. Hear ye indeed, but understand not and see ye indeed, but perceive not) 예수님께서도 세상에 계실 때에 이 사야의 이 예언의 말씀을 인용하셔서 말씀하셨습니다(마 13:14).
② 믿음의 눈을 가진 사람만이 하나님의 영광을 보게 됩니다.
(요 11:40) "내 말이 네가 믿으면 하나님의 영광을 보리라" 하셨습니다. (Jesus saith unto her said I not unto thee that if thou woulest belive thou shoulest see the glory of God)
영적인 눈이 떠진 사람만이 천국을 바라보며 복을 받게 됩니다. 일반적으로도 사업가는 사업에 눈이, 학생은 공부에 눈이 떠야 성공할 수 있게 됩니다.

둘째, 약속한 땅 천국에 들어갈 복이 있는 사람은 입이 복되어야 합니다.

10명의 정탐꾼은 입이 복되지 못했습니다.
1) 입에는 부정적인 입과 긍정적인 입이 있습니다.
마음에서 나오는 것이 입으로 표현되기 때문에 입이 중요합니다.
① 입술의 열매가 중요합니다.
믿음의 사람은 믿음의 열매를 맺기 위해서 힘써야 합니다. 입술의 시인이 중요하기 때문입니다(롬 10:10, 히 13:15, 눅 17:15~19).
② 복 받지 못한 사람은 입술이 부정되며 믿음과 거리가 멀게 말하며 살아

갑니다. 그래서 더러운 말은 입 밖에도 내지 말아야 합니다(엡 4:29).
2) 부정적인 입과 긍정적인 입의 열매는 그 결과가 다른 사람들에게까지 영향이 돌아갑니다.
① 부정적인 사람은 자기만 죽이는 것이 아니라 타인도 죽게 합니다.
하나님의 진노가 같이 임합니다(고전 10:10). 우리의 거울입니다(고전 10:11).
② 긍정적인 사람의 입은 다른 사람까지 살게 합니다.
예수 안에서 복된 입이 되어 전도해야 합니다(엡 4:29). 듣는 자들에게 은혜를 끼치게 하라고 했습니다.

셋째, 약속의 천국에 들어갈 복이 있는 사람은 복된 귀가 있는 사람입니다.

사람의 신체 기능 가운데 맨 마지막으로 죽는 기관이 귀입니다. 하나님께서 끝까지 복음을 듣도록 만드셨다는 증거입니다.

1) 성도의 귀는 복된 귀가 되어서 듣는 것에 분별력이 있어야 합니다. 부정적인 것은 듣지 말아야 합니다.
① 신앙이 아니고 성경이 아닌 것은 듣지 말아야 합니다.
망할 사람들은 다 듣다가 망합니다.
② 귀가 부정되면 가나안에 들어갈 수 없었듯이 천국에 들어갈 수 없습니다. 지금은 첨단 과학장비들이 발달한 시대입니다. 사탄이 이를 악용하는데 조심해야 합니다.
2) 바른 귀를 가지고 바르게 듣게 될 때에 천국의 주인공이 됩니다.
① 귀와 천국과는 깊은 관계가 있기에 예수님이 강조했습니다(계 2:7, 마 13:9). 복이 있는 귀가 되어야 합니다.
② 복된 귀는 분별력이 있습니다.
예수님 말씀에 "이 백성이 그 귀에 듣기에 둔하다"(마 13:15)고 했습니다.
천국의 주인공들은 귀, 입, 눈이 복을 받아야 합니다.
우리교회 성도들이 복된 사람이 되시기를 축원합니다.

결론 · 천국은 아무나 들어가는 곳이 아닙니다.

 # 예수 그리스도의 복된 신부들
아 6:8~10

여인이 세상에서 제일 아름다운 순간들을 말해 본다면 신부로서 최대의 단장을 하고 웨딩마치를 기다리는 신부 대기실에서의 순간일 것입니다. 이때는 신랑을 기다리는 신부(a bride)로서의 최고의 시간입니다. 신부로서의 역사적으로 거슬러 올라가보면 하나님께서 에덴에서 아담에게 하와를 붙여주신 때부터 일입니다. 영적으로 예수님을 우리 인간의 믿음의 성도에게 있어서는 신랑이 되시며 모든 성도는 그의 신부입니다. 이것이 성경의 기록입니다(호 2:2,7,16). 그래서 예수님도 예수님의 재림을 10처녀의 비유로써 말씀하셨고(마 25:1~), 바울도 예수님께 중매하는 사람이라고 했습니다(고후 11:2). 본문에서 아가서의 솔로몬은 왕중에 왕이요 부귀와 권세가 뛰어난 예수 그리스도의 예표로써 말씀 하셨고 술람미 여인은 그 많은 여인 중에 아프리카 흑인 여인을 사랑한 것은 죄인 중에 괴수인 우리를 사랑하시는 하나님 사랑의 예표요 그림자가 됩니다. 이제 우리는 그 사랑에 의해서 하나님의 자녀가 되었고(요 1:12), 예수 그리스도의 영적 신부들입니다. 그래서 본문에서 복된 자라고 하였습니다(9절). 왜 복된 여자, 복된 신부입니까?

첫째, 많은 여자들 중에 뽑히고 선택된 신부이기 때문입니다.

지혜와 부귀의 왕 솔로몬 곁에는 왕후가 육십이요 비빈이 팔십이요 시녀가 무수했지만 나의 비둘기, 나의 완전한 자는 술람미 여자 하나뿐이라고 했습니다(8:9).

1) 술람미 여자 하나 밖에 없듯이 우리는 예수 그리스도의 선택된 영적인 신부들입니다.
① 수많은 인생들 중에서 특별히 뽑힌바 된 신부들입니다.
인류학자들에 의하면 이 땅에 90억명이 살다가 죽었고 현재 60억이 넘게 살아가고 있습니다. 그중에서 사방팔방에서 부르셨습니다(시 50:1, 113:3).

② 구약에도 신약이 선택된 사실을 분명히 해주었습니다.
아브라함을 택하셨고(창 12:1), 이스라엘 백성을 많은 인류 중에서 택하시고 부르셨습니다(신 7:6). 영광 중에 영광이라 할 수 있는 분명한 사실입니다.
2) 우리는 그리스도에게 전격적으로 부르심을 입었고 선택된 영적 신부들입니다.
① 성경이 이 사실을 분명하게 해 줍니다.
이사야 선지자를 통해서 말씀했습니다. 하나님께서 말씀하시기를 "너는 내것이라"(사 43:1) 했습니다. (I have called you by name you are Mine)
사도 바울은 분명히 선포했습니다. (엡 4:1~14) 창세 전에 예정하셨고 때가 차매 부르셨습니다.
② 하나님께서 그리스도의 신부로 뽑으심을 감사하며 영적 단장을 잘 하는 그리스도인들이 되어야 합니다. 이 땅에 미인을 뽑는 대회가 아닙니다. 이 땅에 미인은 얼마 후에는 늙어지고 영광이 사라지겠지만 주님의 영광된 신부들은 영원한 영광이 따라옵니다.

둘째, 육신적으로는 보잘 것 없으나 사랑받는 신부가 되었습니다.

육신적으로는 술람미 여자가 흑인이듯이 우리는 그러한 죄에 빠진 죄의 종이요 전에 죽었던 존재들이었습니다(엡 2:1).
1) 육신적으로 내세울만한 자격이 없는 자들입니다.
① 아프리카 흑인은 저주받은 후손들입니다(창 9:27).
지금같이 자유시대에도 흑인들은 멸시를 받는 존재가 된 것입니다. 우리가 영적으로 죄에서 그런 존재들입니다.
② 그런데 이런 사랑을 독점적으로 주셨다고 했습니다.
"너 하나뿐이로구나" 했습니다. (but my dove, my perfect one, is unique)
술람미 여인은 흑인이지만 솔로몬 왕의 독점적인 사랑을 받은 것처럼, 예수 그리스도의 신부된 그리스도인 역시 그러합니다. 먼저 우리를 사랑하셨고 그 사랑 또한 변치 않습니다(요일 4:16~19). "우리가 사랑함은 그가 먼저 우리를 사랑하셨음이라" 했습니다. (We loves because God first loved us)

2) 그리스도는 신부된 우리 자신들에게 이렇게 사랑의 고백을 하신 것입니다.
① 우리는 어느모로 보든지 술람미 여인과 같은 존재입니다. 육신적으로 자랑할 것이 없다고 했습니다(고전 1:26).
지혜 있는 자나 문벌 좋은 자가 몇 명이나 되겠습니까? 그런데 그리스도께서 우리를 먼저 사랑하셨습니다.
② 이와 같은 그리스도의 은혜를 입게 되었으니 신부의 위치를 바르게 지켜 나가야 합니다. 성경은 우리에게 이것을 계속 강조했습니다(벧전 3:3, 계 19:7~8). 왜냐하면 그리스도의 영원하신 신부들이기 때문입니다.

셋째, 가장 낮고 천한 신분에서 가장 권위 있는 신부가 되었기 때문에 복이 있습니다.

아프리카 천민 출신으로 태어나서 솔로몬의 은혜를 입게 되었다면 큰 영광이 아니겠습니까?

1) 그리스도의 신부로써 권세가 있습니다.
   (10절) "아침 빛 같이 뚜렷하고 달같이 아름답고 해같이 맑고 기치를 벌인 군대같이 엄위한 여자가 누구인가"했습니다.
   ① 군대같이 엄위한 여자가 되었습니다.
   예수 그리스도 남편 덕에 그리스도인들이 누리는 권세가 암시 되었습니다(계 2:26~27).
   ② 예수 그리스도는 최후 승리자이기 때문에 권세자이십니다.
   따라서 그의 신부된 그리스도인들 역시 권세가 있습니다.

2) 하나님 편에서는 언제나 변하지 않습니다.
   ① 사랑도 변하지 않습니다.
   언제나 내 쪽에서 인간 쪽에서 변하기 때문에 조심해야 합니다.
   ② 아침빛이라고 했는데 진.선.미의 아름다운 모습을 표현한 것입니다. (빛(믿음) 달(소망) 해(사랑) 군대(승리)의 모습을 보여 줍니다.
   우리교회 모든 성도들이 영원히 이 축복속에 승리케 되시기를 축원합니다.

결론 · 우리는 영원히 그리스도의 신부들입니다.

한번 더 참아 주시는 은혜
(맥추감사절)
누가복음 13:6~9

우리가 살아가는 현대 사회는 모든 것을 경제적 가치(Economics value)에 초점을 맞추어서 생각하게 되고 계산하여 살아가려고 합니다. 그러나 사실 따지고 보면 작은 가치는 계산대에서 계산이 가능할지 모르나 하나님의 지고하신 사랑과 은혜에 대해서는 경제적 가치로는 계산이 불가능합니다. 다만 깨달아서 감사할 뿐입니다(엡 3:18~19). 하늘을 두루마리 삼고 바다를 먹물 삼아도 모두 기록할 수 없습니다(404장 찬송 F. M. Lehman).

지금과 같이 종말론적인 사건들이 세계를 어지럽게 하는 시대에 우리를 여기까지 인도하신 것은 열매를 맺고 살기 위한 하나님의 사랑과 은혜입니다(눅 13:2~5). 포도원에 심은 무화과나무가 때가 되면 열매를 맺어야 하듯이 하나님께서 우리에게 요구하시는 것은 열매입니다. 이제 우리는 이 시점에서 열매 없는 자가 되지 말고 열매 맺는 백성이 되기 위해서 본문에서 몇 가지 은혜를 나누려 합니다.

첫째, 하나님이 넘치는 사랑과 은혜를 감사해야 합니다.

하루하루의 삶 속에서 무탈하게 그냥 지나는 것이 우리에게 어떤 과오가 없어서이거나 문제가 없어서 지나는 것이 아니라 하나님께서 우리에게 기회(Opportunity)를 주시는 것인 줄 알고 회개하며 감사의 열매를 맺어야 합니다(6절).

1) 성경에는 성도를 향해서 말씀하실 때에 비유를 들어서 말씀하실 때가 많이 있습니다. 본문에서는 포도원에 심은 무화과로 비유했습니다.
① 무화과는 다른 용도로는 사용할 수가 없습니다. 목재로나 기둥의 용도로는 불가능한 일이요, 오직 열매가 목적입니다. 포도나무 역시 마찬가지입니다(겔 15:2~, 사 5:1~).

② 포도나무나 무화과나무가 그 목적이 열매이듯이 하나님의 영광 위해서 사는 열매가 중요합니다(고전 10:31).
③ 맺어야 할 열매는 많이 있습니다. 성령의 9가지 열매(갈 5:), 회개의 열매(마 3:8). 입술의 열매(사 57:19). 찬미의 열매(히 13:5) 의의 열매(고후 9:10, 빌 1:11, 약 3:18), 빛의 열매(엡 5:9), 긍휼과 선한 열매(약 3:15), 의의 평강한 열매(히 12:11), 거룩함에 이르는 열매(롬 6:22), 그래서 열매 없는 자가 되면 곤란합니다(딛 3:14, 벧후 1:8).

2) 하나님께서 1년을 더 연장시켜 주시는 것은 우리가 죄와 허물이 없어서가 아니라 열매를 맺게 하려 하심입니다.
① 기회주실 때에 열매 맺고 감사해야 합니다. 범사에 감사하는 감사의 열매가 필요합니다(살전 5:17). 로마시대에 황제인 네로(Nero)같은 사람은 황제 자리에 있었지만 감사가 없고 나중에 미치광이로 인생을 끝내는 사람이 되었으나 사도 바울은 옥중에 있으면서도 감사하며 기쁨으로 소망 가운데 순교의 제물이 되었습니다.
② 현재 우리 자신을 살펴야 하겠습니다. 감사가 있습니까? 감사와 찬송 가운데 살아갑니까? 없다면 회복해서 감사의 열매를 맺어야 하겠습니다.

둘째, 하나님께서 나같은 사람을 버리지 아니하시고 열매 맺도록 계속 참아 주신 것을 감사하며 열매를 맺어야 합니다.

3년씩이나 참아주셨습니다(7절).

1) 1년을 더 기다리시는 은혜를 생각해야 하겠습니다.
① 그래서 열매 맺기 위해서 기다리십니다(벧후 3:8).
열매 맺되 감사의 열매가 풍성해지기 위해서 힘써야 하겠습니다.
② 금년 맥추감사절에 우리가 반드시 맺어야 할 열매입니다. 그곳엔 더욱 하나님의 큰 축복이 있습니다. 반대로 감사가 부재(不在)하면 인면수심(人面獸心)입니다.

셋째, 예수님은 과원의 주인되신 하나님과 우리 인간 사이의 중보자가 되십니다.

1) 예수 그리스도의 중간적 역할 때문에 우리가 살게 되었습니다.

① 은혜계약 아래 있는 우리 자신을 보게 됩니다. 사도 바울의「예수 안에」 (in jesus)의 은혜입니다.
② 지금도 예수 그리스도는 우리가 열매 맺기 위해서 계속 기도하십니다(롬 8:33, 26). 그래서 예수 안에 있으면 정죄함이 없습니다(롬 8:1).
2) 예수 안에 있을 때 열매 맺게 됩니다.
① 예수님께 붙어 있기 때문입니다(요 15:1~). 예수를 떠나면 열매를 맺을 수없고 가지처럼 밖에 버리워지고 말라지게 됩니다.
② 예수 안에 있는가 확인하고(고후 13:5) 열매 맺되 풍성히 맺어가는 주의 백성들이 되시기를 축원합니다.

결론 · 감사는 회복해야 합니다.

 감사

다니엘을 통하여 배우는 감사
다니엘 6:10~28

지금 시대는 보리나 밀 농사를 주로 경작하지 않지만 우리의 멀지 않은 과거 역사 가운데 보면 보리와 밀이 배고픈 배를 채울 때가 있었고 보리밥이라도 배부르게 먹고 싶었던 때가 있었습니다. 그때에는 차라리 작은 일에도 감격해 하였고 형제 우애, 부모 공경, 이웃간에 정이 있었지만 지금은 많이 먹어서 다이어트 하며 살을 빼야 하는 풍성함이 홍수를 이루는 시대에 살고 있지만 감사가 오히려 약화되는 시대에 살고 있습니다.

다시 한번 시대의 많은 변화 속에서 맥추 감사절을 맞이했습니다. 본문에서 다니엘은 비록 바벨론에 포로 되어 가서 부자유한 신앙 가운데 있었지만 그 가운데 신앙을 지키며 하나님께 기도하게 되면 사자굴 속에 들어가게 되는 함정을 알고 있었지만 쉬지 않고 기도하며 감사하게 되었다는 내용이 본문입니다. 하나님께 불평이나 늘어놓거나 누구를 원망한 것이 아니고 감사했습니다(10절). "그 하나님께 감사하였더라" 했습니다. 여기에서 "그"라고 하는 것은 평상시에 감사 생활했다는 내용을 다시 한번 입증하였기에 "그 하나님께 감사하였더라"고 한 것입니다. 본문에서 몇 가지 교훈을 얻게 됩니다.

첫째, 다니엘은 극한 어려운 상황에서도 감사했습니다.

다니엘의 감사는 우리 모든 믿는 자들의 견본입니다.

1) 제일 극한 상황 가운데서도 할 수 있었던 감사였습니다.

흔히들 감사 헌금을 보면 이사해서, 취직해서, 자녀 낳아서, 진급해서, 시험에 합격해서 등등 많은 일들이 있지만 다니엘을 통해서 배우는 감사는 제일 어려운데서 감사하는 신앙입니다.

① 다니엘은 죽이겠다는 음모요, 함정을 파놓고 있는데 감사가 나옵니다.
　(10절) "다니엘이 이 조서에 어인이 찍힌 것을 알고도" 했습니다. 가히 우리가 이 시대에 본받아야 하는 감사 신앙입니다. 사랑의 원자탄이라 말하는 손양원 목사님은 공산당들에게 두 아들을 빼앗겼는데도 감사했다

고 합니다. 그리고 그 아들을 죽인 원수를 자기 호적에 입적해서 양자 삼았는데 감사했습니다. 첫째는 두 아들이 순교자가 된 것을 감사하였고 또 아들을 주셔서 감사했다고 전합니다.
② 좌절이나 절망이 아니라 감사했습니다.
무릎을 꿇고 감사하였다고 했습니다. 여기에는 우리는 진정한 감사는 사람의 신앙의 참모습을 보여주는 계기가 된다는 것을 발견하게 됩니다. 믿음이 있게 되면 참 감사가 나오게 되어 있습니다. 20장 찬송 "다 감사드리세" (new thank we all our God)의 배경은 마틴 린카르트(Martine Rinkart 1586~1649)는 독일에 흑사병이 돌아서 한 교회에서 하루에 50명씩 장례식을 치루게 되는데 이 때에 감사 찬송했다고 합니다.
③ 감사는 환경에서 나오는 것이 아니라 신앙의 문제이기 때문입니다.
욥의 경우에서 봅니다(욥 1:21). 우리의 감사 지수는 얼마나 되겠습니까? 감사를 배워야 하겠습니다.
2) 진정한 감사는 신앙에서 나오게 됩니다.
참 감사는 신앙의 도수이지 환경의 문제는 아니라고 봅니다.
① 성경에서 보았습니다.
마게도니아 교회는 극한 가난과 시련 가운데서도 헌금이 많았고 기쁨이 있었습니다(고후 8:2). (They have been Severely tested by the troubles they went through but their joy was so hreat that they were extremely generous in their giving even though they are very poor) 범사에 감사하는 것은 하나님의 뜻입니다(살전 5:16~18, 시 136:1~26).
② 범사에 감사하는 것은 복잡하게 계산할 일이 아닙니다.
수학공식이나 복잡한 영어 공식이 아니라 단순하게 감사해야 합니다. 눅 17장에서 10명의 문둥이 가운데 오직 1명만 예수님께 와서 감사했습니다.

둘째, 다니엘의 감사는 체질화된 감사 생활에서 나온 것입니다.

우연히 한번 나온 감사가 아니라 평상시에 이 감사가 몸에 익어 있었고 배어 있었습니다.
1) 감사가 몸에 체질화 되어 있었습니다(10절)
① 신앙이 감사라는 도구로 날마다 보여야 합니다.

우리 몸에는 감사가 충만해야 합니다. 그 하나님께 감사 하였더라(10절) 했습니다.
② 감사가 체질 속에 익숙해서 평범하고 능숙하게 나타나야 함을 보여주는 말씀입니다.
2) 우리에게는 감사할 일이 더 많이 있습니다.
① 시간을 내서 조용히 묵상하면서 백지 위에다가 감사할 일과 불평해야 할 일을 써 내려가 보십시오. 감사할 일이 비교되지 않게 많이 있게 될 것입니다(시 147:7).
② 우리 생활환경을 보지 말고 체질적으로 감사가 익숙해지기 위해서 힘써야 하겠습니다.

셋째, 감사하는 신앙에는 하나님의 축복이 약속되었습니다.

다니엘의 감사를 보십시오. 감사했더니 망해서 사자의 밥이 되었던가요. 그게 아니라 반대의 현상이 나타났습니다.

1) 감사하는 신앙은 결과가 아름답게 나타납니다(6:28).
"다니엘이 다리오 왕의 시대와 바사 사람 고레스 왕의 시대에 형통하였더라" 했습니다. (Daniel prospered during the reign Darius and the reign of Cyrus Persian)
① 전화위복이 되었고 정적이 없어지게 되었습니다.
이것은 성경대로 하나님이 선을 이루신 결과입니다(롬 8:28).
② 무조건적인 감사가 필요합니다. 우리는 과거사를 볼 때에 현재 하나님께 감사하지 않을 수 없습니다. 감사하게 될 때에 더 큰 축복을 약속합니다.
2) 하나님께 감사를 반드시 표시 하십시오.
마음뿐 아니라 물질로 헌신으로 표시해야 합니다.
① 아브라함은 이삭을 드리고 더 확실한 복을 받았습니다(창 22). 물고기 두 마리와 보리떡 다섯 개를 바친 소년은 복을 받았습니다(마 14).
② 믿음이 있는 사람은 아브라함의 복이 있습니다(갈 3:9,14). 다니엘은 망하지 않고 더욱 크게 되었습니다.
이와 같은 감사가 우리에게 회복되고 생활화되기를 축원합니다.

결론 · 우리의 생활 속에서 말 한마디! 주여 감사합니다.

주신 은혜와 축복을 감사하라

감사

고린도후서 9:6~15

유수와 같이 빠른 세월 속에서 다시 한번 추수와 감사의 계절이 왔습니다. 금년에는 유독하게 잦은 비와 태풍에 비의 강타로 인해서 피해가 크지만 다시 한번 우리는 그 속에서도 감사해야 하는 시간이 되었습니다. 왜냐하면 감사는 어려움 속에서 더욱 빛이 나타나기 때문입니다. 성경은 우리에게 범사에 감사하라고 했습니다. 흔히 어떤 일이 있을때만 특정적으로 감사하기 쉬우나 평상시에 주신 해, 공기, 바람, 비, 이 모든 것이 감사요 더욱이 믿는 성도들은 구속의 은혜가 매일같이 감사로 표출 되어야 합니다. 그래서 범사에 감사해야 합니다(살전 5:16~18).

자연적인 장기나 신체를 가지고 살아가는 것 역시 감사의 조건입니다. 가령 예컨대 보청기가 하나에 얼마인줄 아십니까? 그리고 얼마나 불편한지 하십니까? 물을 정수해서 마실 때 정수기의 필터는 자주 갈아야 하는데 우리의 장기 중에 신장은 평생을 갈지 않고도 우리 몸의 노폐물을 걸러서 내보내지 않습니까? 감사의 내용은 얼마든지 있습니다. 사도 바울은 본문에서 감사란 말씀을 몇 번씩이나 강조했고 시편 기자는 시116:12에서 "여호와께서 주신 모든 은혜를 인하여 무엇으로 보답할꼬"했습니다. 신학자 토레이(R.A.Torrey) 박사는 "성도에게 있어서 성령 충만한 현저한 특성은 감사에 있다"고 했습니다. 본문을 중심으로 금번 추수감사절의 은혜를 나누고자 합니다.

첫째, 진짜 은혜 받은 사람은 감사로써 표현하게 됩니다.

사람이 살아가면서 왜 성도에게만 감사의 조건이 있겠습니까? 그러나 일반적인 감사의 내용보다도 성도에게는 특별은총의 은혜를 받고 살아가기 때문에 감사하게 됩니다.

1) 성도에게는 특별한 은혜를 주셨습니다.
① 진정한 감사는 예수 그리스도의 보혈 공로가 필수적입니다(8절). "하나님이 능히 모든 은혜를 너희에게 넘치게 하시나니" (And God is able to

grace abound to you…)바울은 이 은혜를 깨달았습니다. 그래서 죄가 많은 곳에 은혜도 넘치게 되었고(롬 5:20) 감사 또한 넘치게 되었다고 말하고 있습니다.

② 왜 바울뿐이겠습니까?

우리 또한 영원히 죄 가운데 빠져서 죽었던 터에 은혜로 살게 되었습니다(엡 2:1). 믿음으로 하나님의 아들이 되었고(요 1:12), 하나님의 양자의 특권을 받게 되었습니다(롬 8:15~16). 하나님의 영으로 인도 받게 되었습니다. 이제는 종이 아니라 곧 하나님의 아들이 되었습니다. (…by the Spirit of God are sons of God…) 어찌 감사치 아니하겠습니까. 자유당 시절의 국회의장이었던 이기붕 씨 아들 이강석은 이승만 대통령의 양자로 들어갔지만 결국 망했습니다. 이것이 세상의 일입니다. 그러나 하나님의 자녀는 망하지 않습니다.

③ 그래서 세상적인 그 어떤 것 가지고도 끊을 수 없다고 했습니다. "누가 우리를 그리스도의 사랑에서 끊으리요"(롬 8:35~39)했습니다. 감사할 뿐입니다.

2) 예수 안에서 구원 받은 성도는 감사밖에 없습니다.

현재 어떤 일이 잘 풀리지 않아도 감사하십시오(12절). "하나님께 드리는 많은 감사를 인하여 넘쳤느니라" 했습니다.

① 오직 감사뿐입니다. 왜냐하면 모든 것이 합력하여 선을 이루게 하기 때문입니다(롬 8:28). 고난은 결국 선을 이루게 됩니다. 그래서 고난도 유익합니다(시 119:71).

② 성경에서 배우게 됩니다.

요셉의 일대기(창 37~50장)에서 배우게 됩니다. 욥의 일대기에서 배우게 됩니다(욥기1~42장). 성도의 신분은 하나님의 고차원적인 섭리 가운데 보장됩니다.

둘째, 진짜 그리스도인은 넘치는 감사의 생활이 결실로 맺게 됩니다(12절).

"넘치는 감사"라고 했습니다 (…overflowing in many expressions of thank to God)

1) 그리스도인이 구속의 은혜를 인해서 감사가 넘치게 될 때에 열매가 맺게 됩니다. 감사와 함께 맺어야할 열매들이 있습니다.
① 예수 안에서 맺어야할 입술의 열매 찬송입니다(히 13:15). 성도가 맺어야 하는 이 열매는 황송아지 한 마리 드림보다 더 값이 있습니다(시 69:31).
② 예수 안에서 구속의 은혜를 전하는 전도의 열매입니다. 바울은 이 문제에 관해서 빚을 진 채무자라고 했습니다(롬 1:14). 왜 바울뿐이겠습니까? 우리는 복음에 빚진 자입니다. 전도하여 영혼 구원할 때에 상급이 또한 큽니다(단 12:3).
③ 봉사와 헌신의 열매가 맺혀야 합니다.
바울은 눈물과 헌신으로 충성했습니다(행 20:20).
④ 헌금에 대한 열매입니다(8절). "넘치는 착한 일"이라고 하였고(9절), "흩어진 가난한 자들에게 나누어주는 일"이라고 했는데 초대교회의 중요한 일이었습니다(벧전 1:1~4). 이것이 또한 (10절) 의의 열매라고 불리워지기도 했습니다. 선교하게 되고 전도하는 일을 위해서 헌금이 넘치게 되었습니다.
2) 예수 안에서 구속의 은혜를 받은 사람은 누구나 열매가 맺어야 할 사명이 있습니다.
① 열매가 없을 때에 책망을 받게 되었습니다(눅 13:6~9). 현실 속에서 우리 자신의 열매를 확인해야 하겠습니다.
② 지금은 감사와 함께 열매 맺게 하기 위한 유예기간(postponement)때입니다.

셋째, 감사가 넘치는 결과는 분명히 아름답게 나타나 보입니다.

감사의 결과는 아름다운 것입니다.
1) 감사의 결과는 하나님께서 영광을 받으시기 때문입니다.
① 감사의 결과로 복음이 크게 확장 되었습니다.
자본주의 세상에서 헌금은 복음 사역에 크게 사용됩니다.
② 하나님의 영광이 감사를 통해서 크게 나타나게 됩니다.
(13절) "모든 사람을 섬기는 너희의 후한 연보로 인하여 하나님께 영광

을 돌리고"했습니다. 우리는 하나님의 영광을 위한 존재입니다(고전 10:31).

2) **구원받은 성도는 감사의 열매도 풍성히 나타나야 합니다.**
① 감사의 표시는 하나님 백성이 되었다는 표시이기도 합니다.
10명의 문둥병자의 사건에서 예수님은 사마리아 사람에게 말씀했습니다. "가라 네 믿음이 너를 구원하였느니라"(눅 17:11~19) 19절 Then he eaid to him. Rise and go, your faith has made you well)
② 감사가 열매를 맺을 때에 축복의 상급이 열리게 됩니다.
많이 심으면 많이 거두고 적게 심으면 적게 거둔다고 했습니다.
우리교회 모든 성도들에게 감사를 통한 축복의 열매가 가득하게 되기를 축원합니다.

결론 · 구원 받은 성도에게는 감사가 필수 신앙입니다.

한나를 통하여 배우는 감사
사무엘상 2:1~10

감사

　우리는 매년마다 추수감사절(Thanks giving day)을 지켜 왔습니다. 금년에는 태풍 '루사'가 온 국민을 할퀴고 지나간 자욱이 아직도 곳곳마다 생생하게 남아 있는데 세월은 겨울 문턱에 와 있습니다. 우리에게 고난이 오는 것은 고난을 통해서 배우게 되는 것이 많기 때문입니다. 요나는 자기 잘못으로 인하여 물고기 뱃속에까지 들어가는 고난이 왔습니다(욘 2:9). 시편 기자는 고난이 오는 것이 내게 복이라고 역설했습니다(시 119:71). 또한 고난속에서도 죽지 않고 살아서 여호와의 행사를 선포함을 강조한 말씀도 있습니다(시 118:17~18).
　본문상의 주인공인 한나는 사사시대에 있었던 에브라임 산지 엘가나의 부인으로서 자식이 없었고 그래서 엘가나는 레위인이면서도 '브닌나' 라는 여인을 취해서 자식을 낳게 되는데 본부인이었던 한나로서는 여간 고통스러운 문제가 아니었습니다. 그래서 하나님께 나아가서 술취한 사람처럼 부르짖어 기도하게 되었고 하나님은 한나의 기도에 응답하셔서 사무엘(Samuel 품에 안으니 기쁘다)을 생산하여 하나님께 드리게 됩니다. 이때에 환희에 찬 감사 찬송을 부른 내용이 본문인데 여기에서 우리는 가사를 배우게 됩니다.

첫째, 한나는 슬픔과 애통이 변하여 기쁨과 평안을 주신 하나님께 감사했습니다.

　세상에 슬픔과 애통 중에 여인이 결혼해서 후사가 없는 것에 비교되는 슬픔이나 괴로움은 없을 것입니다.
　1) 한나는 제일 큰 슬픔과 애통이 있었습니다.
　　① 남편을 빼앗기는 슬픔과 애통이었습니다. 이것은 여인의 제일 큰 슬픔이요 고통입니다. 식음을 전폐할 정도의 슬픔이었고 애통이었습니다(1:7).
　　② 남편 엘가나가 와서 무슨 말로 위로해도 그 위로가 마음에 오지 않았습니다. 이것만큼 어려운 문제가 없기 때문입니다.
　2) 한나는 제일 큰 슬픔과 애통할 문제를 가지고 하나님께로 나갔습니

다. 세상에서 해결할 수 없는 문제가 있을 때에 하나님께 가야 합니다. 하나님께서는 맡기라고 하십니다(벧전 5:7, 시 37:4~5).
① 성전에 올라가서 술취한 여인처럼 기도했습니다(1:12).
　이 기도는 「통곡의 기도」였습니다. 예수님도 통곡의 기도를 하셨고(히 5:7) 자녀 잃은 여인도 통곡했습니다(눅 7:11). 때때로 우리는 통곡의 기도가 있어야 합니다.
　이 기도는 「서원기도」였습니다. 이 아이를 하나님께 드리겠다는 서원입니다. 여기에 하나님이 응답하셨습니다. 야곱은 서원기도했고(창 28:20~22). 그런데 서원했다면 반드시 갚아야 합니다(신 23:21).
　이 기도는 「인내와 끈기의 기도」였습니다. 그래서 오랫동안 성전 안에서 기도하게 되었습니다. 인내로써 기도했습니다(왕상 18:42).
　이 기도는 「여호와께 심경을 토하는 기도」였습니다(15절). 겉으로만의 기도가 아니라 마음을 토해야 합니다.
② 엘리 제사장이 기도하는 내용을 믿었습니다. 엘리 제사장은 당대에 제사장으로서 당대의 제일 무능한 제사장이었지만 그가 기도해 줄 때에 믿었고 위로받게 됩니다.
　술취했다고 다그치는데도 시험 들지 않는 믿음을 보였습니다(14절).
　결과적으로 볼 때에 큰 축복을 받게 됩니다.
　금번 추수감사절에 모든 슬픔과 애통이 변하여 기쁨의 역사들이 나타나게 되시기를 바랍니다.

둘째, 한나는 가장 낮은 자기 자신을 높여 주시는 하나님께 감사하였습니다.

한나는 감사의 내용은 가장 비참했던 자신을 높여 주신 하나님께 감사한 일입니다(2:1). "마음이 여호와를 인하여 기뻐하며" 했습니다.

1) 가장 낮게 생각되었던 자기 자신을 가장 존귀케 해 주셨습니다. 결혼해서 자녀를 생산케 되는 축복이 또한 축복이었음을 보여줍니다.
① 하나님께서는 한나에게 이 축복을 주셨습니다(2:3). "이제는 교만떨지 말지어다"라고 자신있게 말하게 되었습니다.
② 이제 한나에게 부끄러움이나 어려움이 없습니다. 아브라함이 나이 100

세 때에 낳은 이삭을 인하여 사라 역시 그랬습니다(창 17:20~). 여기에서 두 사람의 공통점을 발견하게 됩니다.
2) 우리는 여기에서 영적으로 몇가지 생각해 봅니다. 육신적인 자녀 역시 중요하지만 전도해서 영적인 자녀를 낳아야 한다는 사실입니다. 전도하지 못하면 부끄러운 성도가 됩니다.
① 한나는 사무엘을 낳아서 하나님의 전에 드렸듯이 전도해서 수많은 영혼이 천국에 들어가게 해야 합니다. 전도하지 않으면 사단이 우롱하게 될 것입니다.
② 전도해서 천국 창고에 알곡이 채워지게 해야 합니다. 이것이 아버지의 큰 기쁨입니다(눅 15:7).
3) 금번 추수감사절을 계기로 더욱 전도해야 하겠고 하나님은 낮은 자를 높여 주실 것입니다.

셋째, 한나는 하나님께서 역사해 주신 권능이 감사하며 찬송했습니다.

(2:1~10) 내용으로 보면 "하나님은 창조주요 권능의 주로서 반석으로서 약한 자에게 힘을 주신다"는 내용입니다.
1) 한나는 모든 것이 하나님의 주권적인 능력이라고 믿었습니다(2:5).
① 한나는 자기가 생명을 잉태하게 된 것이 하나님의 권능이며 하나님께 드린 것도 하나님의 은혜로 믿었습니다. 우리는 여기에서 405장 찬송을 다시 한번 부르게 됩니다.
② 하나님의 보호와 인도하심에 감사했습니다. 결국 감사하는 이 신앙 위에 더욱 많은 자녀를 주셨습니다(2:21)
2) 금번 추수감사절에 무엇으로 감사할 것입니까?
① 헌금도 중요하지만 헌금 이전에 마음과 생각이 더 중요하고 생활이 중요합니다. 마음과 생각과 생활을 드리십시오.
② 제2,3의 한나의 감사가 우리 가운데서 하나님께 올라가야 하겠습니다. 신앙의 현장속에 감사는 매우 중요합니다. 금번 추수감사절에 살아 있는 감사를 배우는 현장이 되시기를 축원합니다.

결론 · 이 세대에 감사도 체험적 감사가 되어야 합니다.

시험을 이기는 신앙
창세기 3:1~6

자연 생태계 가운데 보면 많은 나무들이 있는데 그 나무들 가운데 천년세월을 버텨온 나무도 있습니다. 모든 세월을 견디어온 나무입니다. 물고기 가운데 희귀성 어류로써 연어가 있습니다. 치어로 출발해서 바다에 나가서 베링해협에 갔다가 강릉에 있는 남대천까지 올 때에는 성어가 되어서 돌아옵니다. 수많은 고난과 시련이 있었지만 살아서 돌아오게 되는 현상에서 큰 교훈을 얻게 됩니다. 사람이 세상에 태어나서 세상을 살아가는 현실에는 많은 시련과 고통이 따르게 되는데 그 가운데 특히 신앙생활에는 많은 영적 싸움을 하게 되고 시련과 시험이 있기 마련입니다. 소위 시험입니다. 시험(Temptation)은 무조건 하고 이겨야 하는 문제까지 시험에는 타협이 없습니다. 최초의 사람 아담은 시험에서 무너지고 말았습니다. 그래서 모든 인류에게 죄가 들어오게 되었는데 그 사탄마귀는 오늘날에도 믿는 성도들에게 다가와서 시험을 하게 되는데 이 마귀에게 이겨야 하겠습니다. 말씀에서 몇 가지 은혜를 나누어 보겠습니다.

첫째, 시험에 대하여 생각해 봅니다.

결론부터 말하자면 모든 시험을 일단 이겨야 하겠습니다.

1) 시험이 어떻게 오는가를 생각해 봅니다. 시험은 여러 가지로 오게 됩니다(약 1:2).
① 시험은 누구에게나 오게 됩니다. 믿는 성도들에게는 크던 작던지 간에 시험이 오게 되는데 이겨야 합니다. 또 모든 시험은 이길 수 있는 길도 있습니다(고전 10:13). 예수님은 시험이 왔을 때에 사탄의 시험을 이기셨습니다(마 4:1). 그리고 이기셨다고 했습니다(요 16:33, 골:15)
② 시험의 통로는 환경을 통해서 찾아오는데 환경을 통해서 시험의 통로가 되는 때가 많이 있습니다.
③ 직분에 관계없이 시험이 찾아옵니다. 다윗에게도 시험이 왔습니다(삼하 12장). 선지자 요나에게도 왔습니다(욘 1:2). 가롯 유다는 완전히 넘어지

게 되었습니다(마 27:3). 시험은 모든 직분 자에게 오게 되는데 목사 장로 집사 권사 평신도 할 것 없이 모두에게 오게 됩니다. 시험이 오지만 넘어지지 않아야 합니다.
④ 말세 때에는 시험이 더욱 극성스럽게 오게 된다고 했습니다. 과학이 발달되고 지식이 더 할수록 시험은 더 극성스럽게 옵니다. 그래서 성경은 "근신하라 깨어라"(벧전 5:8) 했습니다. 두루 다니며 사탄이 활동합니다(욥 1:7, 계 12:12).
2) 마귀 사탄과는 대화를 해서는 아니 됩니다. (마귀는 간교하기 때문입니다) 아담은 간교한 마귀에게 넘어지게 되었습니다.
① 본문에서 사탄은 하와에게 대화를 걸어오게 되었고 여기에서 넘어지게 되었습니다. 그런데 사탄은 거짓의 아비(요 8:44)가 되기 때문에 하와 역시 넘어지게 되었습니다. 단계적으로 다가와서 속였습니다.
② 그 마귀는 지금도 다가와서 거짓으로 속삭입니다. 진리가 선포될 때에 진리를 믿지 못하게 합니다. 마귀와는 대화하지 말아야 합니다.

둘째, 시험이 올 때에는 여러 가지 징조내지 증상이 나타납니다.

마치 몸에 이상이 올 때에 증상이 나타나는 것과 유사합니다.
1) 영적인 눈에 흐려지게 되고 육의 눈이 더 밝은 듯합니다. 영적인 사람은 하나님 말씀따라 살아야 합니다. 여기에 이론이 있을 수 없습니다.
① 마귀는 하나님 말씀에 다른 토를 달면서 범죄케 합니다. 이런 일이 있을 때에는 반드시 다시 생각해야 합니다.
② 남자들이 교회에 숫자적으로 열세인데 사탄은 남자들을 세상적인 이유로 해서 신앙생활을 할 수 없도록 유혹합니다. 롯의 눈에는 헤브론보다는 소돔과 고모라지역이 좋게 보였습니다(창 13:10). 믿음의 사람들은 믿음의 길을 따라서 살아야 할 것입니다.
2) 시험에 넘어지게 되면 망하게 됩니다. 첫사람 아담은 실패하게 되고 넘어지게 됩니다.
① 마귀의 말대로 하게 되면 실패자가 됩니다. 마귀의 말에 절대로 속지 말아야 하겠습니다.

② 말씀대로 살아가는 성도들이 되시기를 바랍니다. 시편기자는 여러 곳에서 고백했습니다. "주의 말씀 따라서 삼갈 것이니이다"(시 119:9) 하였습니다. 여기서 요셉도 승리했습니다(창 39:10).

셋째, 모든 시험에는 반드시 이겨야 하겠습니다.

시험이 오는 것은 막을 수 없지만 모든 시험은 이겨야 합니다.

1) 시험에 이기려면 시험이 오는 증세를 알아야 하겠습니다. 여러 가지 증세들이 있습니다. 증세들이 나타날 때에 시험인 줄 알고 대비하고 이겨야 하겠습니다.
① 시험이 올 때에는 하나님 말씀이 멀어지게 됩니다. 이때에 정신 차려야 합니다. 하와 역시 그랬습니다. 성경이 멀어지고 설교가 들어오지 않습니다.
② 시험이 오게 될 때에 하나님과 멀어지게 됩니다. 아담은 무화과나무 밑에 숨게 되었습니다(창 3:8). 교회와 멀어지고 목사님이나 교회 가족들과 멀어지게 됩니다. 이때에 정신 차려야 합니다.
③ 감사와 찬송이 멀어지게 됩니다. 오히려 불안과 불평이 입에 모래알과 같이 가득하게 됩니다.

2) 시험을 이기는 방법이 있습니다.
① 무조건하고 엎드려서 기도해야 하겠습니다. 기도하는 길만이 최선의 방법입니다.
② 믿음을 붙잡고 나가야 합니다. 믿음만이 이길 수 있기 때문입니다(요일 5:41, 마 14:31).
  시험 든 가슴을 치유하는 길은 오직 하나님 말씀뿐입니다.
  우리교회 성도들은 모든 시험을 이겨 나가게 되시기를 축원합니다.

결론 · 마귀는 지금도 다가와서 시험합니다.

고난 중에서 얻은 영적 유익
시편 119:66~79

시험

고난을 기뻐할 사람은 세상에서 아무도 없을 것입니다. 그러나 분명하게 우리가 알아야 할 일은 인생은 태어날 때부터 고난을 지고 태어나서 고난 가운데 살아가게 됩니다(창 3:17, 전 1:12). 그래서 사람들은 고난을 좋아하지 않지만 고난이 우리에게 주는 것은 유익이라고 했습니다. 왜냐하면 고난이 인생으로 하여금 경건하게 만들기 때문입니다. 창세기 37~50장 까지의 요셉은 고난이 일찍 시작되었지만 고난 가운데 훈련되고 크게 되었습니다. 본문에서 시편 기자는 고난 받는 것이 유익한 것은 주의 율례를 배우게 되기 때문이라고 했습니다.

욥은 고백하기를(욥 23:10) "나의 가는 길을 오직 그가 아시나니 그가 나를 단련하신 후에는 내가 정금같이 나오리라" 했습니다. (Yet Got knows every step I take if he tests me he will find me pures)

히브리서 기자는 징계의 목적은 고난에서 유익을 가져온다고 했습니다(히 12:5~13). 시편 본문에서 몇 가지 영적 교훈을 얻게 됩니다.

첫째, 성도에게 오는 고난은 겸손을 배우게 하기 때문에 유익합니다.

왜 고난이 유익하게 됩니까?

1) 성도에게 오는 고난은 이유가 있습니다.
① 그것은 겸손을 배우게 하기 위해서입니다.
때로는 고난이 겸손을 배우게 합니다. 대 사도 바울은 사단의 가시를 통해서 자고하지 않고 겸손을 배우게 되었다고 간증했습니다(고후 12:7~9).
② 고난이 올 때에 유익하게 하기 위해서는 깨달아야 합니다. 빨리 깨달아서 회개해야 합니다(삼하 24:1~24). 다윗이 정치적 안정이 왔을 때에 하나님이 원하시지 않는 인구 조사를 감행했다가 크게 화를 당하게 되었고 깨달아 회개하여 나갈 때에 회복되었습니다.
요나는 물고기 뱃속에서 고난 중에 하나님 뜻을 깨닫게 되었습니다(욘 1

장). 그래서 고난이 때때로 성도에게 유익이 오기 때문에 고난은 아름다운 것입니다. 성도에게 고난이 왔다면 유익하도록 깨달아야 하겠습니다.

2) 성도에게 고난이 왔지만 깨닫지 못하면 유익이 없습니다.
고난은 빨리 깨닫게 될 때에 복이 됩니다.
① (민 22:31~33) 발람 선지자는 나귀의 입에서 교훈을 듣게 되었지만 깨닫지 못해서 결국 전쟁에 죽게 되는(민 31:8) 역사를 남기게 되었습니다.
(눅 22:21~22) 가룟 유다는 예수님의 떡과 잔을 마시면서 말씀을 듣게 되었지만 깨닫지 못해서 망하게 되었습니다.
② 반대로 베드로는 새벽 닭 우는 소리에 깨닫고 회개했습니다. 고난이 올 때에 깨달아 행하여야 합니다.
결국 베드로는 교회사에 초석이 되었고 순교자로 남게 되었습니다.

둘째, 성도에게 오는 고난은 하나님을 의지하게 하기 때문에 유익합니다.

평범한 생활보다는 고난이 크고 풍랑이 올 때에 더욱 더 하나님께 의지하는 계기가 됩니다.

1) 고난이 왔거든 하나님을 더욱 믿고 의지하는 계기로 삼을 때에 유익이 됩니다.
① 고난이 있을 때에 하나님을 의지하고 의탁하십시오. 오히려 영적 유익이 크게 될 것이 분명합니다.
다윗은 평범할 때도 하나님을 의지했지만 쫓기고 어려울 때에 다윗의 신앙이 크게 고백되었습니다(시 18:1~31, 37:4~5). 바울 사도 역시 핍박으로 인하여 사형 선고를 받는 고난에서 하나님을 의지했습니다(고후 1:8~9).
② 고난 가운데서 또 한 가지 유익은 하나님께 부르짖고 기도하게 되기 때문입니다.
(시 50:15) "환난 날에 나를 부르라 내가 너를 건지리니 네가 나를 영화롭게 하리라" 했습니다. (Call to me when trouble comes. I will save you will praise me) (욘 2:1~) 요나도 고난 가운데 부르짖게 되었고 건지심을 얻게 되었습니다.

2) 고난 가운데서 자기의 약함과 무능함을 깨닫게 됩니다.

그리고 하나님의 전지전능한 능력을 의지하게 됩니다. 본래 믿음(Faith)이란 말은 하나님을 의지한다는 뜻이 강하게 함축된 용어입니다.

① 고난 가운데서 하나님을 의지해야 합니다.

이 세대의 최강국 미국은 돈에까지 하나님을 신뢰하고 믿는다고 기록했습니다. (In God we trust) 한국 돈에는 불상이나 용, 뱀이 그려져 있습니다.

② 내 수단과 지식보다 더욱 하나님을 의지해야 합니다.

바울은 아덴에서 스토아 철학자들과 변론 끝에 더욱 하나님의 능력을 의지하게 되었다고 간증했습니다(행 17장).

셋째, 성도에게 고난이 올때에 하나님의 위로가 가중되기 때문에 유익합니다.

부모에게 약한 자식이 더욱 애틋한 관심이 가는 것과 같습니다.

1) 성도의 고난은 하나님의 위로의 손이 기다립니다. 그래서 유익이 됩니다.

① 유다 백성이 70년간 고난 가운데서 발견한 것이 하나님의 위로의 손이었습니다(렘애 3:32~33).

② 성도는 고난 중에서 더욱 하나님께 소망을 두어야 합니다.

하나님은 영광을 예비하셨고(롬 8:18), 하나님은 소망의 하나님이시기 때문입니다(롬 15:13).

2) 내가 겪은 고난은 다른 사람에게 위로의 도구가 되기 때문에 유익합니다.

① 내가 고난 받기 전에 다른 사람의 고난은 말할 수 없습니다. 배고픈 사람이 배고픈 사람의 심정을 알게 되기 때문입니다.

그래서 대부분 큰 목회자들은 어릴 때부터 훈련 속에 성장했던 사람들이었습니다.

② 내가 당한 고난이 타인에게 유익이 되게 해야 합니다(고후 1:4). 그래서 고난이 때때로 아름다운 것입니다.

우리교회 모든 성도들이 모든 고난에서 승리케 되시기를 축원합니다.

결론 · 성도의 고난은 유익입니다.

 시험

왜 염려하고 두려워 하느냐
마태복음 6:25~34

사람이 이 세상에 태어날 때부터 그 부모에 의해서 염려와 걱정 속에서 태어나게 됩니다. 더구나 지금과 같이 세상이 빨리 변화하는 시대에는 개인적인 차이는 있겠으나 매사가 걱정이 많이 있을 수밖에 없을 것입니다. 미래학자로 우리에게 알려진 엘빈 토플러 박사(Dr, Elvin Topler)의 말에 의하면 "지금 세계는 제2의 물결의 시대가 지나고 이제는 제3의 물결이 거세게 일어나고 있는 시대다" 하였는데, 18세기 산업혁명 이후에 현대에 이르기까지 세상은 너무나 빨리 급변하고 있기에 사람들의 의식이나 생각의 범위가 미처 소화할 수 없는 단계에 왔습니다.

도서관의 수십만권의 도서는 불과 동전크기만한 칩(C.D)에 모두 입력되는 시대요, 이제는 디지털(Digital)시대요, 정보화 산업시대이기에 그래서 아이.티(I.T) 산업이 발달된 시대입니다. 그런데 세상은 옛날에 비해서 훨씬 더 복잡하고 어려운 시대가 되었기에 걱정과 염려가 비례적으로 많아졌습니다. 그래서 예수님은 본문에서 염려하지 말라고 하셨습니다(마 14:31). 성경에는 염려하지 말라. 또는 걱정하지 말라는 말씀이 550여회나 기록되었기에 우리가 매일 한 번씩만이라도 말씀을 묵상하며 살아간다면 385일이기에 매사에 염려없이 승리가 가능합니다. 왜 염려하지 말고 걱정하지 말아야 합니까?

첫째, 지나친 염려나 두려움은 매사에 해롭기 때문입니다.

사람이 살아가면서 두려움이나 미래에 대한 염려들이 없을수 만은 없겠지만 매사에 지나친 염려나 걱정은 해가 됩니다. 매사에 과하면 문제가 생기게 됩니다. 과속, 과로, 과적이 교통사고의 원인이 되고 과음이 육체가 망가지듯이 지나친 것들이 염려로 인해 문제가 됩니다.

1) 염려나 두려움이 지나치게 되면 건강까지 무익합니다.
① 현대의학에서 성인병이 제일인데 성인병은 매사에 '과'에서 온다고 했습니다. 지나친 염려나 걱정이 수술환자에게 있다면 완치를 어렵게 한다

고 합니다. 성경은 우리에게 모든 염려를 다 주께 맡겨 버리라(벧전 5:7) 했습니다.
② 예수님께서 우리에게 주시는 말씀은 불안과 염려 속에 살아가는 것이 아닙니다.
27절 "너희 중에 누가 염려하므로 그 키를 한자나 더 할 수 있겠느냐" 했습니다. 모두 주께 맡기고 살아가야 합니다.
2) 지나친 염려나 두려움이 영적인 성숙에서도 타격이 오고 해가 됩니다.
그래서 지나친 염려나 걱정이 오게 되면 이런 일이 생깁니다.
① 부정적인 신앙으로 추락하게 됩니다.
매사에 긍정적이 되지 않고 부정적인 시각으로 변합니다. 우리는 성경에서(민수기 13:16) 12명의 정탐꾼 가운데 10명에게서 이 사실을 확인할 수 있게 됩니다.
염려라는 말의 헬라어는 '베림나' 라는 말인데 이 뜻은 두 가지 말에서 왔는데 하나는 '갈라지다' 인 '메리조' 와 '마음' 이라는 말의 '누스' 에서 왔습니다. 마치 뱀의 혀와 같이 갈라진 마음이란 뜻입니다.
② 그러나 우리 믿음의 사람들은 언제나 긍정적인 마음이 있어야 합니다. 이것이 성경이요 우리의 신앙입니다(요 14:1~27).
빌 4:1 "Therefore, my brethren dearlg beloved and longed for, my joy and crown. so stand fast in the Lord my dearly beloved)

둘째, 믿음의 성도는 매사에 하나님께 맡기고 살아야 합니다.

우리가 매일 일어나고 눕게 되는 일상생활에서 전적으로 모든 것이 그 주권이 하나님께 있기 때문입니다. 맡기지 않는 것은 마치 비유컨대 건물을 올라갈 때에 승강기(엘리베이터)를 타고서 무거운 물건을 그냥 들고서 서 있는 것과 같습니다.
엘리베이터를 탔으면 무거운 짐도 놓아야 합니다.
1) 예수님은 말씀하시기를 "믿으라, 맡기라"고 하셨습니다.
① 예수님이 나 때문에 십자가까지 지셨고 죽기까지 하셨는데 무엇인들 못 하시겠습니까? 성경을 읽어 보시기 바랍니다(고후 8:9, 민 11:28~29).

② 믿음이란 무엇입니까?

내 자신을 맡기고 살아가는 것이 믿음입니다. 비행기를 타고서 무거운 짐을 내가 지고 있다면 얼마나 무지의 소치이겠습니까? 주 안에 있다면 주께 맡기고 살아야 합니다. 마치 남녀가 결혼했으면 서로 의지하고 맡기고 살아야 할 때에 행복한 것과 같은 원리입니다. 다 맡기라고 했습니다(잠 16:3).

2) 문제가 있을 때에는 기도해야 합니다.

기도의 수단과 무기를 주셨기 때문입니다.

① 성경은 우리에게 기도하라고 했습니다.

신구약 어디를 보아도 마찬가지입니다(빌 4:6, 시 91:15, 렘 33:1~2).

② 내 힘이 없고 약할 때 일수록 더욱 더욱 무기인 기도를 사용해야 합니다. 예수님도 기도하셨고 성도들이나 믿음의 선진들이 모두 기도의 본을 보여 주셨습니다.

셋째, 성도는 먼저 그의 나라와 그의 의를 구해야 합니다(33절).

"But seek ye first the kingdom of God, and his righteousness and all these things shall be added unto you"

현재 낙심하거나 좌절할 것이 아니라 그 나라를 사모해야 합니다.

1) 현재 이 문제가 왜 왔는지를 살펴야 합니다.

① 내 편에서 실수 때문인가, 게으름이나 최선을 다하지 못했기 때문인가를 살펴서 고쳐 나가야 합니다. 그리고 잊어 버려야 합니다(빌 3:13:14).

② 낙심할 것이 아니라 염려하는 마음에서 승리해야 합니다. 여기에 믿음이 필요합니다. 믿음이 없으면 믿음을 위해서 기도해야 합니다.

2) 하나님께서 주신 선한 길을 긍정적으로 바라보아야 합니다.

① 미국의 16대 대통령 아브라함 링컨은 중학교 밖에 졸업을 못했지만 역사적인 인물이 되었습니다. 하나님이 사용하셨습니다.

② 헬렌 켈러 여사는 삼중고를 앓으면서 성공자로 간중했습니다.

성경을 보시기 바랍니다(시 31:23, 잠 28:10下). 모든 것을 주께 맡기는 생활로 매사에 승리케 되기를 축원합니다.

결론 · 인생길이 하나님께 있습니다.

유라굴로 풍랑과 닻
사도행전 27:9~44

> 시험

바다에는 언제나 크고 작은 바람이 불고 파도들이 있게 됩니다. 사람이 살아가는 세상은 바다와 같은데 이 바다에는 때때로 거대한 파도가 닥쳐서 사람들에게 곤경에 처하게 할 때가 많이 있습니다.

독일의 문호라 하는 괴테(Goethe)는 말하기를 "인생은 항해자다"라고 하였는데 지금도 세상 바다는 멈추지 않고 거대한 파도가 치고 있는 것과 같이 인생들은 곤경에 빠져 있습니다. 그래서 미국의 유명한 시인 롱펠로우(H. W. Longfellow)는 "모래 위의 발자욱"(Foot printed)이라는 시를 남겨서 큰 교훈을 주었습니다.

본문에서 복음을 위해서 죄수 아닌 죄수의 몸으로 로마로 가는 바울이 탄 배에 유라굴로 풍랑이 일어나 276명이 탄 승객은 물론이고 모두에게 고통이 임하게 되었습니다. 모든 짐들을 바다에 던지게 되었고 살 소망까지 잃어버린 상태에서 바울은 다시 한번 그들에게 복음으로써 희망을 주었고 기도하던 바울의 말대로 되었는데 이 때에 그나마 "닻"(anchor)은 매우 중요하였기에 항해하는 인생길에서 신앙생활 하는 우리에게는 크나큰 교훈이 됩니다. 이 세상을 항해하는 성도들에게 어떤 닻이 있어야 할까요?

첫째, 성도는 살아 계신 하나님 말씀으로 닻을 삼아야 합니다.

풍랑 많은 세상에서 성도가 반드시 필요한 것은 말씀의 닻입니다. 더욱이 사기꾼이나 이단 집단 내지는 거짓 종교들이 득세하는 세상입니다.

1) 하나님 말씀만이 진정한 닻이 되어서 천국에까지 인도합니다.
① 왜 유라굴로 풍랑을 만나게 되었습니까?
바울이 전하는 말보다는 선장과 선주의 말을 더 믿고 무지하게 항해하였기 때문입니다(행 27:10). 근본적으로 인생은 하나님 말씀에 대한 불신앙에서 문제가 나기 시작했습니다(창 3:17).
② 성도가 세상을 살아가면서 반드시 믿고 의지하고 따라야할 것은 하나님

의 말씀입니다. 여기에서 믿음도 생기고 승리가 오게 됩니다(롬 10:17, 살전 2:13). 그래서 귀 있는 자는 들으라고 권고하였습니다(계2:7, 마 13:9, 11:15).

2) 하나님 말씀은 닻과 같아서 절망 가운데에서도 희망을 주게 됩니다.

276명이 14일간 죽을 지경에 있게 될 때에 바울이 전하는 말씀은 그들에게 생명줄과 같았습니다.

21:21~25절까지 말씀이란 말이 4번 나오는데 그 말씀대로 되었습니다.

① 하나님 말씀에 귀를 기울이며 나가게 될 때에 풍랑을 만나지 않겠지만 혹 만난다 할지라도 해결의 길이 말씀 안에 있습니다(시 119:105).

② 예수님은 우리에게 말씀(로고스)으로 오셨습니다(요 1:14).
또한 이 말씀은 여러 가지 형편에서 여러 가지로 역사해 보이셨습니다 (요 1:1, 마 8:27, 마 14:31).

③ 성도에게는 언제나 하나님 말씀에 지경이 있어야 합니다.
말씀이 역사할 때에는 귀신도 가까이 할 수 없습니다(마 12:43~). 그러므로 언제나 성도들에게는 말씀의 "닻"이 있어야 인생사에서 무사히 항해할 수 있습니다.

둘째, 성도는 믿음의 기도로 "닻"을 삼아야 합니다.

14일간 표류하며 바다에 떠내려가던 그들에게 다행히 "닻"이 있었기에 더 이상 어려움을 막게 되었습니다. 바울은 그 어려움 속에서 기도하게 되었으니 그 믿음대로 되었고 따라서 이 기도는 영혼의 "닻"과 같습니다.

1) 바울은 기도했습니다.

① 14일간 276명이 위기(crisis)가 왔을 때에 할 일이 무엇이겠습니까? 기도 밖에 없었습니다. 지금 세상은 여러 가지로 위기입니다. 이런 때에 기도의 "닻"은 반드시 필요합니다.

② 성경에는 위기 때마다 기도했던 인물이 가득합니다(왕하 18:20~). 히스기야 왕의 사건에서 봅니다(에 4:14~). 에스더의 사건에서 견본을 봅니다(삼상 12:23). 사무엘 선지자에게서 보게 됩니다. 성경은 우리에게 기도의 교훈이 많이 있습니다(렘 33:1~2, 아7:~). 더욱이 항해하는 신앙인에게 교훈해 주었습니다(시 107:23~30, 시 50:15).

2) 기도는 이렇게 해야 합니다.
① 믿음의 기도입니다. 바울은 믿고 기도했습니다(행 27:25~). "나는 내게 말씀하신 그대로 되리라고 믿노라" 했습니다. 믿음으로 구하고 조금도 의심하지 말라(약 1:6) 했습니다. (But when you pray, you must believe and not doubt of all. Whoever doubts is like a wave in the sea that is driven and blown about by the wind)
② 세상에서 승리하는 것은 믿음이요 믿음의 기도입니다(요일 5:4). 믿음이 세상을 이기게 된다고 하였습니다(And we win the victory over the world by means of our faith)

셋째, 참 성도는 세상에서 참 사명이 곧 생명의 "닻"과 같습니다.

유라굴로 풍랑에서 견디게 했던 바울은 사명자였고 지금 로마로 가는 길이기에 사명을 위해서 살게 되었던 것입니다.
1) 위기에서도 사명을 언제나 잊지 말아야 합니다.
　사명이 끝이 나면 매사에 끝이 되기 때문입니다.
① 바울이 위기에서 견디게 된 또 하나의 요인은 로마에 가서 복음을 전해야 하겠다는 사명입니다. 평상시에 바울은 로마에 가서 전해야 한다는 사명을 말해 왔습니다(롬 1:10~14). 더욱이 황제에게 전해야 한다는 특수한 사명이었습니다.
② 로마의 복음화가 바울의 사명이었고 주님의 계시였습니다(27:24). "바울아 두려워 말라 네가 가이사 앞에 서야 하겠고" 했습니다. (and said. Don't be afraid. Paul you must stand before the Emperor)
2) 성도는 언제나 사명을 잊지 말아야 합니다.
　이것이 생명의 "닻" 입니다.
① 아프리카의 선교사 리빙스톤(Living Stone)은 "사명이 있는 한 죽지 않는다"라고 했습니다.
② 지금처럼 이기주의 시대에 복음 위한 사명의 "닻"이 언제나 든든히 세워져 가야 하겠습니다.
　세상에서 언제나 영적 "닻"이 바르게 서 있기를 축원합니다.

결론 · 성도에게는 이 "닻"이 있을 때에 안전합니다.

큰 폭풍의 원인
요나서 1:1~10

[시험]

한국 전쟁인 6.25가 발생한지도 52년이 되었습니다. 세상에서 일어나는 모든 일은 모두가 그 원인이 있습니다.

아담과 하와가 에덴동산에서 범죄한 이후에 이 세상에는 문제가 계속되고 소용돌이의 역사속에서 살아온 것이 인간 역사입니다. 영국의 세계적인 역사학자로 유명한 아놀드 토인비 박사(Toynbee Arnold Joseph 1889~1924)는 현대에 직면한 불가항력적인 위기를 가리켜서 '전쟁의 위기, 인구폭발의 위기, 공해의 위기, 식량부족으로 인한 기아의 위기, 무시무시한 테러리즘의 위기 등 종말적 사건을 말하면서 이것은 모두가 성경에서 예언한 것이라 하였습니다.

이와 같은 때에 인간이 하나님 앞에 살 수 있는 길은 오직 회개뿐입니다. 지금도 지구촌에는 기아 가운데 헤메이는 사람들이 그 숫자를 헤아릴 수 없이 많이 있습니다. 모두가 개인적인 죄에서 비롯하여 사회간, 단체간, 국가간의 죄악 때문입니다.

본문에서 요나는 니느웨로 가서 하나님 말씀을 전하여 회개케 하라는 하나님의 말씀을 불순종하여 다시스로 가는 배를 타고 다른 데로 가다가 풍랑을 만나게 되었고, 물고기 뱃속에 까지 들어가는 환난을 만나게 되었습니다. 한국 교회가 해방 이후에 그릇가게 될 때마다 6.25, 5.16 같은 일들이 벌어지게 된 역사를 보게 됩니다. 이런 모든 일에는 그에 따른 원인이 있습니다.

첫째, 하나님께 대한 불순종입니다.

선지자는 사명자인데 사명자가 불순종하게 될 때에 이런 풍랑과 고통이 오게 되었습니다.

1) 불순종으로 고난이 오게 되고 결국 망하게 합니다.

성경에서 우리는 불순종해서 망하게 된 인물이나 사건을 쉽게 교훈받을 수 있습니다.

① 아담과 하와는 그 원조가 되었고 불행이 오게 되었습니다. 그 후로 모든

인간은 범죄하게 되었고 불행이 오게 되었습니다.
② 여리고 성을 함락시킨 후에 발생한 아간의 불순종 사건은 아이성 함락 때에 어려움을 주었고 결국 그 가족이 돌무더기에서 죽게 되었습니다(수 6:18~19).
③ 이스라엘 초대 왕이었던 사울왕은 불순종의 결과로 하나님께 버림을 받게 되었습니다(삼상 15:22~23).

오늘 본문에서 요나 선지자는 불순종으로 인해서 자기와 배에 함께 탔던 사람들에게 고통의 원인이 되었습니다.

2) 반대로 순종하게 될 때에는 흥하게 되고 사는 길이 열리게 됩니다.
① 예수님은 순종을 배웠다고 했습니다(히 5:8). '그가 아들이시라도 받으신 고난으로 순종을 배워서 온전하게 되었은즉 자기를 순종하는 모든 자에게 영원한 구원의 근원이 되시고 하나님께 메기세덱의 반차를 좇은 대제사장이라 칭하심을 받았느니라' 했습니다. 빌 2:8 '사람의 모양으로 나타나셨으매 자기를 낮추시고 죽기까지 복종하셨으니 곧 십자가에 죽으심이라' 했습니다.
② 사도 바울은 말씀에 여러 가지 기적이 나타난 현장도 보게 됩니다(요 2:5, 눅 5:1~). 하나님의 아들 예수 그리스도는 '예' 만 있습니다(고후 1:18).

둘째, 영적 침체는 큰 풍랑의 원인이 됩니다.

왜 요나는 느니웨로 가지 않았습니까?

1) 영적 침체요, 사명이 약화된 결과입니다.
① 배가 위급한 상황 가운데 있는데 요나는 배 밑에서 잠을 자고 있었습니다(1:5).
② 믿음의 사람은 영적인 힘이 쇠약해지면 큰 일입니다. 삼손에게서 교훈을 받습니다(삿 16:21).

2) 주의 교회와 성도들은 깨어 있어야 합니다.
① 깨어 있으라고 하셨습니다(마 24:42).
② 말세 때에는 영적 침체가 옵니다.
말씀을 들을 수 없고(암 8:11~12). 믿음이 없고(눅 18:8) 다 졸며 자게 됨

니다(마 15:5).
③ 이런 때에 주의 교회와 성도들은 깨어 있어야 합니다.
사데 교회(계 3:1)나 라오디게아 교회(계 3:15)와 같이 되지 않게 해야 합니다.

셋째, 사명을 상실하게 되면 큰 풍랑의 원인이 됩니다.

요나는 사명을 회피하게 됩니다(1:2~).

1) 하나님께서는 시대적으로 사명자를 찾고 계십니다.
① 이사야도 고백했습니다(사 6:7~8).
② 바울도 고백했습니다(행 20:24).
③ 디모데도 고백했습니다(딤후 4:2).

2) 사명자가 사명에 충실하게 될 때에 생명이 살게 됩니다.
① 니느웨가 살게 되었습니다.
② 국가와 민족이 살게 됩니다.
요한 칼빈이나 죤 낙스, 웨슬레와 같이 그리고 루터나 리빙스톤과 같이 우리 시대에 주신 사명에 충실해야 하겠습니다. 다행히 요나는 뒤늦게라도 깨닫고 니느웨로 가서 외치게 될 때에 살게 되었듯이 우리 모두가 이 세대에 사명에 충실하게 되시기를 축원합니다.

결론 · 사명 감당합시다.

고통에도 뜻이 있습니다
전도서 7:8~14

> 시험

　인생사에서 악한 사람들이 고통 당하는 것은 당연시할지 모르지만 선하게 살고자 하는 사람들이 고통을 겪게 되는 것을 보면서 "왜? 선한 사람에게 고통스러운 일이 생기는가? 악인이 고통 당함은 당연한 일이다. 그러나 어려운 환경속에서도 바르게 살아보려는 이들에게 왜 고통이 임하는 것인가?"라는 의문을 가지게 됩니다. 하지만 고통이 과정을 지내고 나면 깊은 뜻이 있음을 깨달을 수 있습니다. 본문에서는 "곤고한 날에 깊이 생각하라"고 말씀합니다. 이 말씀에서 몇 가지 하나님의 뜻을 찾고자 합니다.

첫째, 사람이 사는 동안에는 형통의 날과 고통의 날이 항상 함께 있음을 알아야 합니다(14절).

　사람은 항상 행복한 것도 아니고 그렇다고 불행만 있는 것도 아닙니다. 동전의 양면성과 같습니다.

　인생에 임하는 고난은 특정인이 아닌 모든 사람이 때로 겪어야 하는 일반적인 것입니다. 인생이란 울면서 왔다가 울음소리를 들으면서 가야만 하는 길입니다.

　베드로 전서 4장 12~13절에서 "사랑하는 자들아 너희를 시련하려고 오는 불시험을 이상한 일을 당하는 것같이 여기지 말고 즐거워하라 이는 그의 영광을 나타내실 때에 즐거워하고 기뻐하게 함이라"고 했습니다.

　어떠한 고통이나 괴로움에 부딪힐 때 "이거! 큰일났구나! 어떻게 해야 하나?" 이런 절망적인 표현을 하지 마십시오. 오히려 풀어볼만한 문제로 여기로 하나님을 믿는 믿음으로 담대함을 가지시기 바랍니다.

둘째, "곤고한 날에 생각하라"는 말씀을 마음깊이 새겨야 합니다.

　곤고한 날이란? 큰 고통이나 시련을 당하여 어떠한 기쁨과 보람도 느끼지 못하는 낙심하기 쉬운 때입니다. 사람은 누구나가 어려운 일을 당하면 불평,

낙심, 체념하기 쉽습니다. 때로 타인을 원망하거나 비난을 하게 되는데 그럴수록 해결의 실마리는 풀리지 않습니다. 고통과 어려운 문제가 놓일 때에 결코 낙심하지 마십시오.

잠언 24장 10절에 "네가 만일 환난날에 낙담하면 네 힘의 미약함을 보임이니라" 했습니다. 낙심하면 자신이 더 약해집니다. 곤고한 날에 체념하거나 자포자기하지 마시기 바랍니다. 사람이 쉽게 체념하면 "될대로 되라"라는 자포자기에 빠지게 되고 그 순간 더 큰 죄와 고통에 빠지게 됩니다. 곤고한 날, 어려운 상황에서 상한 분노의 감정에 사로잡히지 말아야 합니다.

마태복음 26장에서 베드로가 「말고」의 귀를 칼로 벨 때에 예수님께서 "네 검을 도로 집에 꽂으라. 검을 가지는 자는 그 검으로 자기가 망하느니라"(마 26:52) 하셨습니다.

본문 9절에서 "급한 마음으로 노를 발하지 말라. 노는 우매자의 품에 머무름이니라" 했습니다. 다윗은 고통스러운 날. 어려운 문제로 씨름할 때에 깊이 생각하고 기도했음을 보게 됩니다(시 119:67~71. 시 77:12).

요나는 절박한 처지에서 "내 영혼이 내 속에서 피곤할 때에 여호와를 생각하였나이다"(욘 2:7)라고 기도했습니다.

고통의 환경이 내 앞에 닥칠 때 그것에 내마음을 빼앗기면 결국 고통의 풍랑에 잠기게 됩니다. 풍랑을 보고 물에 빠졌던 베드로가 한 예입니다. 고통의 때에 주를 바라보아야 합니다. 깊이 생각하고 하나님을 찾아야 합니다.

셋째, 고통 중에 약한데서 강하게 하시는 하나님의 능력을 믿으시고 승리하시기 바랍니다.

바울은 고린도후서 12장에서 육체의 가시(질병)로 인하여 고민에 사로잡혀서 간절히 기도하는데 "내 능력이 약한데서 온전하여짐이라"는 하나님의 응답을 받았습니다.

바울은 이 말씀을 듣는 순간 고난을 승화시켜 "내가 약할 그 때에 곧 강함이라"는 고백을 하게 된 것입니다. 나의 연약함, 곤고함, 괴로움을 인식하면서 하나님께 부르짖을 때에 "나는 약하지만 하나님의 강한 능력이 내 삶을 붙들어 주시기에 비로서 나는 더 강해진다."는 믿음의 고백을 하게 되는 것입니다.

하나님은 스스로를 강하다고 생각하는 자를 사용하지 않으십니다. 오히려 연약함을 깨닫고 하나님의 능력에 의지하는 자를 붙들어 주십니다. 출애굽의

지도자 모세도 미디안 광야에서 40년간 목동의 생활을 하는 낮은 자리에 있을 때에 하나님께서 그를 부르셔서 쓰신 것입니다.

(롬 8:26~28)에서 "성령도 우리 연약함을 도우시나니 하나님을 사랑하는 자에게는 모든 것이 합력하여 선을 이루느니라" 하였습니다.

하나님은 확실히 약함을 깨달은 자를 붙드십니다. 낮아지고자 하는 자를 높이시고 상한 심령을 부둥켜안고 통곡하는 자를 위로하시고 희망과 용기를 주십니다. 고통은 괴로움의 연속선상에 있는 것이 아니라 그 속에 깊은 뜻이 있습니다. 그래서 성경은 고통을 연단의 과정으로 말씀하고 있는 것입니다(약 1:2~4).

야고보는 고통이야말로 우리를 하나님의 사람으로 온전하게 만드시기 위한 연단의 과정이라고 말씀했습니다.

결론 · 고난은 하나님의 축복의 과정입니다.

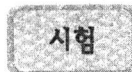

왜 우리가 근심하지 말아야 합니까?
요한복음 14:1~3

인간은 세상을 살아가는 그 자체가 어렵고 힘든 일입니다. 왜냐하면 죄값으로 말미암아 사망으로 캄캄하고 어둡기 때문입니다. 그러나 불신자와 성도가 다른 것은 불신자는 낙심과 실망하다가 인생의 종착역에서 영원히 지옥에 떨어지겠지만 예수 믿는 성도들에게는 영원한 천국이 준비되어 있기 때문입니다. 이스라엘 백성들의 역사 가운데 힘들고 어려울 때마다 하나님은 선지자들을 통해서 위로와 격려를 하셨는데 그 대표적인 말씀이 이사야 40~44장까지의 말씀입니다. 40:23 이하에서는 강하게 말씀하셨습니다. 여호와를 앙망하는 자는 새 힘을 얻게 된다고 하셨습니다.

오늘 읽은 본문에서 예수님께서 십자가를 지신다고 하는 소리에 제자들이 낙심하게 되었고 실망하게 되었을 때에 예수님은 천국의 소망과 함께 낙심하지 말라, 근심하지 말라고 하시는 말씀입니다. 하나님을 믿지 않느냐 그렇듯이 나를 믿으라고 하셨습니다. 여기에서 몇가지 은혜의 말씀을 나누려 합니다. 왜 우리가 낙심하지 말아야 합니까?

첫째, 예수님께서 지금도 함께 하셔서 우리에게 위로가 되시기 때문입니다.

예수님은 가시기 전에 성령을 약속하셨는데 '보혜사' 라는 말은 '파라클레토스(paracletos)' 로서 위로자란 뜻이 있습니다.

1) 주의 성령께서 우리와 함께 하십니다. 여기에서 우리가 힘을 얻게 되고 위로가 됩니다.
① 지금도 우리를 위하여 간구하신다고 했습니다. 지금도 우리를 위해서 간구하시는 모습을 보십시오(롬 8:26,34 히 7:25). 그리고 예수님이 약속하셨습니다(마 28:20).
② 세상에 어려운 일이 많이 있지만 지쳐서 쓰러지지 않게 함께 하시겠다고

약속하셨습니다. (찬송가 363장을 불러 봅시다) 이 찬송은 미국인인 엘리야 알브라잇 호프만(1830~1929) 목사님이 어려울 때 작사 작곡한 찬송인데 은혜가 넘칩니다(요 14:18). 예수님은 우리에게 약속하시기를 고아와 과부와 같이 버려두지 아니하시겠다고 약속하셨습니다.
2) 성경에서 예수님께서 함께 하시던 흔적을 보십시오. 제일 어렵고 힘들 때에 예수님이 곁에 계셨습니다.
① 예수님께서 함께 타고 계시던 배에도 풍랑이 일어났지만 예수님이 함께 계시기에 해결되었습니다(마 8:23). 나사로의 무덤에서도 예수님이 함께 하셨습니다(요 11:40). 혹자들은 눈먼 소경을 고치고 앉은뱅이를 일으키는 사람에게 나사로를 그냥 두었느냐고 힐문하였지만 그곳에서도 예수님은 함께 계셨습니다.
② 여호수아가 믿음이 약해져서 요단강을 건너지 못했을 때에도 하나님은 용기와 능력을 주셨습니다(수 1:4~). 이것은 다윗이나 다니엘에게도 마찬가지입니다. 결국 믿음을 주셔서 세상을 이기게 하십니다(요일 5:4).
3) 현재에도 하나님은 이렇게 역사하십니다.
① 먼 옛날에만 함께 하심이 아니고 지금도 역사하시는 간증들이 우리 주변에는 많이 있습니다.
② 하나님께서 지금 나에게 역사하심을 믿어야 합니다. 산소가 우리 코에 들어오듯이 하나님은 가까이에 계십니다.

둘째, 예수님이 우리에게 소망이 되시기 때문에 근심하지 말아야 합니다.

십자가로 망하신 것이 아니라 십자가로 승리하셨습니다(골 2:15).
1) 세상을 이길 수 있도록 힘이 되시고 소망이 되십니다. 그래서 담대하라고 하셨습니다(요 16:33).
① 이길 수 있도록 소망이 넘치게 하십니다. 고린도 교회를 개척할 때에 바울에게 주셨던 주님의 모습이 있습니다. '이 성 중에 내 백성이 많으니라' (행 18:9) 하셨습니다.
② 예수님은 지금도 우리 믿는 이들에게 소망(Hope)이 되십니다. 어려울 때일수록 소망을 주님께 두어야 합니다.

2) 예수님은 결국 우리의 영원한 소망이 되십니다.
① 천국도 예비하셨습니다. 우리가 장차 가는 곳입니다.
② 이곳은 어떤 곳입니까? 영원히 죽지 않고 늙지 않고 눈물이 없는 곳입니다(단 2:44), 계 21:4). 살아서는 주님과 동행하고 사후에 영원한 천국에서 살게 됩니다.
③ 이 나라는 예수님의 이름으로만 가게 됩니다(요 14:6).
(Jesus answered him I am the way the truth and the no one goes to the Father except by me)

셋째, 예수님의 약속은 변하지 않기 때문에 근심하지 말아야 합니다.

세상은 모두 변해도 주의 말씀은 변하지 않습니다.
1) 예수님의 약속이 현존합니다.
① 작은 것이든 큰 것이든 지금도 불변합니다.
② 문제는 우리가 하나님 말씀의 원리에 입각해서 살아야 합니다. 물리학이나 수학에서 공식에 대입해서 풀어 나가듯이 말씀의 원리에 따라서 살 때에 역사는 나타납니다. 이곳에 인생문제 해답이 있습니다.
2) 예수님은 지금 나에게 근심하지 말라고 하심을 믿어야 합니다.
① 먼 옛날이 아니라 지금 나에게 하시는 말씀입니다.
② 내게 당한 문제가 무엇이든지 말씀을 의지하십시오.
홍해가 갈라지고 요단강이 갈라지고 여리고 성이 무너지게 됩니다. 이 신앙 위에서 승리해 나가시기를 축원합니다.

결론 · 근심하지 말아야 합니다.

시험당할 때 기억할 일
고린도전서 10:12~13

시험

　사람이 세상을 살아가면서 어려움이 없는 사람은 없습니다. 더욱이 예수 그리스도 안에서 살아가는 참된 신앙인이라면 그 믿음을 바로 지켜 나가고자 할 때에 핍박이 있고 어려운 시련이 있기 마련입니다(딤후 3:12). 어떤 과정을 통과하려 할 때에도 시험을 통과해야 승진 내지는 진급이 되듯이 믿음 안에서의 성장 역시 때때로 시험이 있기 때문입니다.
　예수님이 공생애를 시작할 때에도 마귀는 좇아와서 40일 금식하신 예수님을 시험했습니다. 빵으로 인한 경제문제, 성전에서 뛰어내리라는 명예에 관한 문제, 경배하고 절하라는 종교적 신앙의 문제였지만 예수님은 이기셨습니다. 모두가 기록된 말씀을 인용하셔서 이기셨습니다(신 8:3, 6:16, 6:13). 그리고 천사들이 와서 수종들었다고 했습니다. 마귀, 사탄, 귀신은 말씀이 없는 곳에 좇아다닙니다(마 12:43).
　미국 34대 대통령인 아이젠하워의 어린시절의 일화입니다. 친구들과 집에서 카드놀이를 하게 되는데 나쁜 패가 들어왔습니다. 이때에 어머니가 곁에서 보시면서 교훈해 주시기를 인생 역시 살다보면 좋은 때만 있는 것이 아니고 나쁜 때도 올 때가 있으니 늘 조심해야 한다고 했는데 그 교훈을 지침 삼아 드디어 대통령까지 되었다는 일화가 있습니다. 성도가 가는 길은 내리막길도 있고 오르막길도 있습니다.

첫째, 시험은 이길 수 있을 만큼만 오게 됩니다.

　'사람이 감당할 시험 밖에는 너희에게 당한 것이 없나니' 했습니다.
　1) 정신 차리고 이기면 됩니다.
　① 방황하거나 서둘지 말고 침착하게 대처해야 합니다. 천로역정에 나오는 기독도의 이야기에서 주인공 되는 기독도는 사자가 있는 길에서 여호수아 1:4~9 말씀을 읽고 통과했습니다.
　② 불같은 시험이라도 담대하게 나가면 이기게 됩니다. 유별나게 나 혼자

당하는 것처럼 당황치 말아야 합니다. 시험은 누구에게나 모두 있기 마련입니다.
③ 그리고 또 다른 사람을 위로해 주는 계기가 되어야 합니다. 여기에 큰 의미가 있습니다(고후 1:3~). 그래서 시험을 당하는 사람은 시험을 당하는 다른 사람에게 위로가 되고 힘이 되어야 합니다.
2) 역대적으로 시험을 이겼던 사람을 생각해 봅니다. 성경에는 시험을 이겼던 사람들의 이야기가 많습니다.
① 욥은 그 대표자 중에 하나입니다. 시험이 왔을 때에 이기는 자가 되었습니다(욥 1:21). 견딜수 없는 중에도 견디고 이기게 되었습니다(약 5:10~11, 욥 2:9).
② 요셉 역시 이긴 사람입니다(창 39:9). 이긴 사람들 편에 내가 서야 하겠습니다(단 3:16~18).

둘째, 시험이 올 때에 하나님께서 이길 수 있는 길을 열어 주십니다.

문제가 있으면 해답이 있고 병이 있으면 약이 있기 마련입니다.
1) 시험이 왔을 때에 이길 수 있는 방법이 있습니다.
① 하나님 말씀이 이기는 방법입니다. 말씀에 귀를 기울이면 이기게 되는 길이 있습니다.
② 기도가 방법입니다. 시험이 왔을 때에 엎드려 기도하면 이기게 됩니다.
③ 참고 인내하면 이기게 됩니다(약 5:10~11, 계 14:12). 욥과 같이 인내해야 합니다.
2) 시험은 이겨야 합니다. 이기는 자가 승리자입니다.
① 천국은 이기는 자가 차지하게 됩니다(계 2:7,11,17,26, 3:5,12,21). 소아시아 일곱 교회에게 당부하신 말씀입니다.
② 시험에서 이긴 자가 천국의 주인공입니다. 시험에서 패하고 넘어진 자는 천국의 주인공이 될 수 없습니다.

셋째, 성도는 시험에서 반드시 이길 수 있게 해 주십니다.

예수님이 이기셨으니 성도 역시 이기게 되는 비법이 있습니다.

1) 예수님은 꽉 막힌 막다른 길에서도 새로운 길을 내셨습니다.
① 출애굽 때에 홍해를 갈라놓으시고 요단강도 건너게 했습니다(출 14:1). 눈을 크게 뜨고 믿음으로 나가야 합니다.
② 하나님께서는 이 세대에도 역시 함께 하십니다.
1800년대에 미국의 어느 분이 세무서에서 근무하다가 명퇴를 당하게 되었는데 낙심치 말고 글을 써 보라는 부인의 말을 듣고 글을 써서 신문사에 제출했는데 그 소설이 일약 히트를 치게 됩니다. 그 소설이 유명한 「The Scarlet Letter」(주홍글씨)라는 소설이고 저자는 「나다니엘 호손」(Nathaniel Hawthorne)입니다. 시험과 실패의 늪에서 이기는 장면입니다. 구약에서 에스더와 모르드개의 이야기는 한편의 드라마와 같은 내용입니다. 시험에서 이기는 역전극입니다.

2) 시험도 오겠지만 성도에게는 바른 신앙 위에 있기만 하면 시험도 이기게 하십니다.
① 현재의 어려움만 보지 말고 주님을 바라보고 이겨야 합니다(히 12:2). 주변에는 가인도 있고 가룟 유다도 있지만 바른 신앙을 지켜 나가는 사람도 있습니다. 그 사람을 따라서 승리해야 합니다.
② 시험에서 이긴 사람이 천국의 주인공입니다. 시험의 무대에서 이기는 성도들이 되시기를 축원합니다.

결론 · 지는 자는 할 말이 없고 이긴 사람만이 승자가 됩니다.

 시험

골짜기에 가득한 뼈들
에스겔 37:1~10

사람들은 대개 외형적이고 외모적인 면에만 관심을 가지고 사물을 보게 되고 거기에 따라서 판단할 때가 많이 있습니다. 그러나 하나님께서는 외모를 보시지 않고 속 중심을 보신다고 하시면서 이새의 아들 다윗을 택하실 때에도 이 조건에 의해서 세우시고 기름을 부으셨습니다(삼상 16:7~). 초대교회 소아시아의 일곱 교회 가운데 사데교회는 살아있는 듯하나 죽은 교회였고(계 3:1), 라오디게아교회는 겉은 화려했으나 내면적으로는 헐벗었고 가난했다고 책망 받게 됩니다(계 3:15~).

본문에서 에스겔은 기도하다가 환상 중에 볼 때에 골짜기에 죽은지 오래된 바싹 마른 뼈들이 가득했습니다. 하나님께서 에스겔이 명령하게 될 때에 뼈들이 살게 되었고 극히 큰 군대가 되었는데 이는 곧 이스라엘 백성이라고 하셨습니다. 여기에서 우리는 이 세대에 큰 교훈을 얻게 됩니다.

첫째, 에스겔이 환상 가운데 보았던 이 뼈들을 통해서 주시는 교훈을 얻게 됩니다.

'또 내게 이르시되 인자야 이 뼈들은 이스라엘 족속이라 그들이 이르기를 우리의 뼈들이 말랐고 우리의 소망이 없어졌으니 우리는 다 멸절되었다 하느니라' 했습니다.

1) 이 뼈들은 다름 아닌 이스라엘 백성들이었습니다.
① 첫째 교훈은 지금 역사적으로 바벨론 포로 중에 생활이 마치 죽은 것 같이 암울했고, 소망이 없는 듯이 말했습니다.
② 그런데 죽은 지 오래 되었다고 하였고 심히 말랐다고 했습니다. 의학적으로 전혀 소망이 없는 상태였습니다. 산소 호흡기를 코에 대고 있는 상태가 아니라 전혀 의학적으로 소망이 없음을 말합니다.
③ 그런데도 불구하고 소망을 가지라는 말씀입니다. 그래서 에스겔에게 말씀을 주셨고 같은 시대에 호세아에게 말씀하셨습니다(호 6:1).

2) 이 뼈들은 우리에게 주시는 시대적인 영적 교훈이 매우 큰 사건입니다. 지금과 같이 영적으로 침체된 시대에 우리는 에스겔과 같이 주의 말씀에 귀를 기울여야 합니다.
① 영적으로 점점 침체되고 열성이 식어가는 시대입니다. 대학가는 젊은이들의 환락가로 변해가고 골목마다 죄들이 우글거리는 시대입니다. 마치 산소 호흡기를 차고 위기에 놓여져 있는 상태와 같습니다. 이런 때에 교회들이 바른 생명의 말씀에 귀를 기울여야 할 때입니다. 왜냐하면 들을 때에 살기 때문입니다(요 5:25, 요 11:43).
② 시대가 병리현상으로 치솟을 때에 그 시대는 망합니다. 고대 로마가 군대가 없거나 힘이 약해서 망한 것이 아니라 자체적인 병 때문에 망했습니다. 이런 때에 생명의 말씀만이 개인이 살고 사회나 국가가 다시 사는 방법입니다. 이 시대에 우리가 에스겔이나 존 웨슬레, 존 칼빈, 마틴 루터가 되어야 합니다.

둘째, 절망 가운데서 소망을 주셨습니다.

(5-6절) '주 여호와께서 이 뼈들에게 말씀하시기를 내가 생기로 너희에게 들어가게 하리니 너희가 살리라' 하셨습니다.

1) 하나님께서 그들에게 소망을 주셨습니다.
① 하나님 자신이 창조주로서 그들의 소망이 되셨습니다. 우리의 소망은 오직 하나님이십니다(롬 15:1~3).
② 하나님의 역사는 지금도 우리에게 향하시고 계십니다. 절망치 말고 하나님을 바라보아야 하겠습니다.
2) 부정적인 요소만 보지 말고 긍정적인 자화상을 가져야 할 때 이기게 됩니다.
① 바른 믿음을 가져야 하겠습니다.
② 하나님은 언제나 깨어있는 사람을 부르셔서 역사하십니다. 잠자지 말고 이 세대에 깨어 있는 자가 되어야 합니다. 바울을 부른 마게도니아 사람처럼(행 16:7) 세계인들이 한국교회와 우리를 부르고 계십니다.

셋째, 우리는 에스겔의 사명을 이어 받아야 합니다.

하나님이 쓰셨던 에스겔은 어떤 사람이었습니까?

1) 에스겔은 사명자로서 이런 사람이었습니다.
① 기도의 사람입니다. 하나님은 기도의 사람을 쓰십니다.
  그래서 지금 기도하다가 환상을 보게 된 것입니다.
② 성령 충만한 사람입니다. 구구절절, 주의 성령이 충만했습니다(겔 3:14, 11:1).
  성령의 능력을 받아야 합니다(행 1:8).
③ 하나님의 말씀을 받은 사람입니다(겔 17:1, 18:1, 21:1, 22:1, 23:1, 25:1, 27:1, 28:1~).
  예수 그리스도는 말씀으로 우리에게 오셨습니다.

2) 우리는 이 세대에 사명자로서 살아야 합니다(요 1:4).
① 우리 주변에 뼈들이 가득함을 보아야 합니다.
② 우리는 뼈들에게 전해야 할 사명이 있습니다. 그래서 빚진 자입니다(롬 1:4).
  눈을 들어 영적 세계를 볼 수 있게 되기를 축원합니다.

결론 · 우리 주변에는 뼈들이 가득합니다.

이상적이고 좋은 믿음
누가복음 5:1~11

> 믿음

성도가 천국에 갈 때까지는 세상에서 제일 중요한 신앙적 요소가 믿음입니다. 그래서 믿음을 많이 강조합니다. 그 사람의 믿음이 '좋다, 나쁘다, 별로 좋지 않다, 매우 훌륭하다' 는 등의 말들을 하게 됩니다. 사실은 말세 때에는 세상에 믿음을 가진 사람을 보겠느냐고까지 말씀하셨기 때문에 더욱 두렵습니다(눅 18:8).

믿음에 관하여 파선된 사람들이 있기 때문에 조심해야 합니다(딤전 1:19). 그런가 하면 믿음이 적은 자가 있기 때문에 더욱 힘써야 합니다(마 14:31). 제자들마저도 풍랑 앞에서 두려워했기 때문에(마 8:26) 우리 자신은 믿음에 있는가 살펴야 하겠습니다(고후 13:5). 예수님이 칭찬하신 믿음들도 많이 있습니다(마 9:1, 중풍병자에게, 마 9:20, 12년의 혈루병 여인에게, 마 15:28, 가나안 여인에게). 본문에서 예수님은 밤새도록 물고기를 잡지 못한 시몬에게 찾아오셨습니다. 예수님은 시몬에게 배 오른편에 가서 그물을 내리라고 할 때에 시몬은 그 말씀에 의지하여 그물을 내리게 되었고 믿음의 큰 역사가 나타나게 된 사건입니다. 본인의 배가 모자라서 다른 배까지 가득 채운 이 사건에서 우리는 이상적이고 좋은 믿음을 발견하게 됩니다.

첫째, 이상적이고 좋은 믿음은 주의 말씀을 의지하는데 있습니다.

믿음에 대한 중요한 근거를 말해 주시는 말씀입니다. 믿음은 말씀을 의지하는데 있습니다.

1) 내 약한 존재를 인식하는데 있습니다.
① 밤이 새도록 잠을 수 없었던 나약한 존재를 인식하게 되는 일입니다. 실패한 자기 자신을 발견하는 것입니다.
② 이 시간까지 실패한 사건이 없습니까? 자기 자신의 나약한 모습을 발견하는 데서 믿음의 눈을 떠야 하겠습니다. 그리고 주의 말씀에 귀를 기울여야 합니다.

2) 이 말씀은 어떤 말씀입니까? 보통 사람이 아무렇게 해버린 말씀이 아닙니다.
① 이 말씀은 창조의 말씀입니다. 데살로니가 교회 성도들은 이 말씀에 아멘 했습니다(살전 1:13). 이 말씀에 앞을 비추이는 빛이 있습니다(시 119:105).
② 이 말씀은 곧 예수 그리스도이십니다(요 1l:1~, 요 1:14). 태초에 계신 말씀이요, 창조주의 말씀입니다. 이른바 로고스(Logos) 되신 말씀입니다.
③ 이 말씀에 대해서 성경은 이렇게 말했습니다.
(빌 1:14) 주의 말씀은 곧 하나님의 말씀입니다.
(행 13:26) 주의 말씀은 구원의 말씀입니다.
(빌 2:16) 주의 말씀은 생명의 말씀입니다.
(히 6:16) 축복의 말씀이요, (히 1:3) 능력의 말씀이요, (엡 6:17) 성령의 검이요, (히 14:12) 살아있는 능력의 말씀이요, (렘 23:30) 불과 같고 방망이 같은 말씀이요, (시 109:19) 고통에서 건지시는 말씀이요, (겔 37:1~) 해골과 같은 죽은 인생을 살리는 말씀입니다. 이 말씀을 의지하고 나갈 때에 이상적이고 좋은 믿음으로써 승리케 됩니다.

둘째, 이상적인 믿음은 말씀에 순종하는 데 있습니다.

밤이 맞도록 수고한 것을 뒤로 하고 주의 말씀에 순종했습니다.
1) 바른 믿음은 말씀을 순종하는 데 있습니다. 믿음에 서 있다고 생각한다면 말씀에 의지하며 순종해야 합니다.
① 불순종의 사람들을 보십시오. 아담과 하와를 비롯해서 야간이며 사울왕이며 이들은 모두가 불순종의 조상들인데 불순종은 믿음이 아니라 거역이며 멸망의 첫걸음입니다.
② 순종이 제사보다 낫다고 했습니다(삼상 15:22). 거역하는 것은 사실 우상에게 절하는 죄와 같습니다.
2) 이성적으로 순종했던 기사 속에는 능력이 나타났습니다.
① 예수님도 순종을 배웠습니다(히 5:8).
② 아브라함은 순종의 믿음을 보인 축복의 사람입니다(창 12:1, 21:14, 22:1). 믿음으로 순종하는 곳에 축복이 있습니다.

셋째, 이상적인 믿음은 겸손에서 나타납니다.

(8절) 베드로는 예수님 앞에 무릎을 꿇었습니다. 그리고 죄인이라고 고백했습니다.

1) 이상적인 믿음은 겸손입니다.
① Moody(무디)는 말하기를 겸손은 은혜를 많이 받는 길이며 그 은혜를 잘 지킨다고 했습니다.
② Augustine(어거스틴)은 말하기를 신앙의 제일되는 미덕은 겸손인데 첫째도, 둘째도, 셋째도 겸손이라고 했습니다.
③ 야고보도 겸손한 자에게 은혜를 더 주신다(약 4:6) 하였습니다.

2) 이상적인 믿음에서 기적과 축복이 나타납니다.
① 실패한 것을 보지 말고 내 믿음부터 점검해야 하겠습니다. 실패 속에서 주의 은혜를 받게 되기 때문입니다. 믿음+순종+겸손=기적과 축복의 산실이 됩니다.
② 인간적인 수단과 힘을 다했으나 실패했던 일을 모두 접고서 오직 주의 말씀에 의지했던 시몬의 신앙이 이상적이고 좋은 믿음입니다.
　이 세대에서 우리 우리교회 성도들 모두가 이 신앙으로 승리케 되시기를 축원합니다.

결론 · 오늘날에도 좋은 믿음은 있습니다.

 # 믿음을 생활 속에 보여라
고린도후서 13:5~10

현대 생활 속에 빼놓을 수 없는 자동차는 24,000여 부품으로 조립되었습니다. 그 많은 부품들 중에서 어느 것 하나 중요하지 않은 기능이 없이 모두가 중요한 것들이 되겠지만 아마도 제일 중요한 것은 엔진이라고 할 것입니다. 엔진은 사람의 심장과 같아서 자동차의 제일 중요한 부분에 속합니다. 그러하듯이 우리의 신앙 가운데 이 세상에서 천국에 갈 때까지의 중요한 요소 가운데 하나가 믿음입니다. 믿음이 없다면 천국에 들어갈 수도 없거니와 이 세상에서 승리할 방법은 없기 때문입니다.

고린도 교회는 받은바 은사도 많았고 축복도 많이 받게 되었지만 믿음에 문제가 생기게 되었습니다. 그래서 당파 싸움이 생기게 되었고 교회에 큰일들이 많이 닥치게 될 때에 너희가 믿음이 있는가 자신을 시험하고 확증해 보라고 했습니다. 믿음에는 언제나 현재적이어야 합니다. 현재 믿음에 굳게 서있는가 하는 것이 중요합니다. (Examine yourselves to see whether you are in the faith; test yourselves. Do you not realize that Christ Jesus in fail in you unless of course you fail the test?) 특히 말세 때에는 믿음이 약해지는 때입니다(눅 18:8).

첫째, 믿음을 가지되 바른 믿음을 소유해야 합니다.

성경에서 볼 때에 믿음이 아닌 그릇된 사건이나 일들이 우리에게 교훈된 것도 많이 있습니다.

1) 우리의 믿음은 성경적으로 인정하는 믿음이어야 합니다.

이 믿음은 하나님께서 주신 선물입니다(엡 2:8).

① 믿음까지도 하나님께서 주신 것이어야 합니다.

이 믿음의 결국은 영생이요(벧전 2:9) 하나님의 자녀가 되는 권세(요 1:12)가 있습니다. 믿음의 선진들에 의해서 우리에게 전도된 이 믿음은 또한 우리 손에 의해서 후세에 바르게 전달되어야 합니다.

② 이와 같은 진짜 믿음을 소유하게 될 때에 여러 가지 일들이 나타나게 됩니다. 구원을 비롯한 하나님을 기쁘시게 합니다. 우리는 믿음으로 하나님을 기쁘시게 해야 합니다. (And without faith it impossible to please God. becauce anyone who comes to him must belive that he exists and that he rewards those who earnestly speak him) 예컨대 민수기 13~14장에서 12명의 정탐꾼 사건에서 볼 때에 믿음이 있는 사람과 믿음이 없는 사람은 분명하게 됩니다. 분명한 믿음은 하나님께서 주신 은사입니다.

2) 교회 안에는 그릇된 믿음의 소유자들도 있는데 교회에 큰 손해를 끼치는 사람들이 됩니다.
① 이런 사람들은 나중에 주인되신 예수 그리스도에게 큰 책망을 듣게 됩니다(마 25:14에서 1달란트 받은 자나 마 7:20에서 그릇된 사람들, 눅 18:10 바리새인, 요한3서 9~10에서 디오드레베 같은 사람).
② 말세가 될수록 교회 안에서 바른 믿음을 가져야 할 때입니다.
유 20절 "사랑하는 자들아 너희는 너희의 지극히 거룩한 믿음 위에 자기를 건축하라"고 했습니다. 야구에서 포수와 피쳐를 밧데리라고 하는데 이 밧데리가 좋아야 그 경기에서 이기게 됩니다. 그러하듯이 우리의 믿음이 바르게 서야 합니다.

둘째, 믿음이 확인되었으면 그 믿음을 끝까지 지켜야 합니다.

받은바 믿음을 끝까지 바르게 지키는 것 또한 중요합니다.

1) 믿음의 보배를 가지고 있을 때에 강도가 가까이 올 수 있습니다. 믿음은 금과 같기 때문입니다(벧전 11:7).
① 영적인 도적이나 강도가 언제나 틈을 노리고 있습니다. 그래서 은혜 받고 믿음이 있을 때에 조심해서 경계해야 합니다(벧전 5:8). 여리고로 내려 가다가는 강도를 만나게 됩니다(눅 10:30).
② 날마다 영적인 방어태세에 돌입해야 합니다(엡 6:10~17).
그리고 하나님의 전신갑주를 입어야 합니다. 우리의 씨름은 혈과 육에 대한 싸움이 아니기 때문입니다.
2) 처음 믿음, 처음 사랑을 잃어버리면 회복하기 힘이 듭니다.

① 그래서 좋은 믿음은 잃지 않게 해야 합니다.
좋은 경작지인 논이 있는데 경작지를 지켜주는 둑이 무너지면 그 경작지로 회복되기 위해서 큰 고생이 따르게 됩니다. 미리 서둘러서 둑이 무너지지 않게 대비하는 길만이 현명한 처사입니다.
② 사탄 마귀는 누구에게나 가리지 않고 다가갑니다.
예수님에게도 시험했습니다(마 4:1~). 시몬 베드로에게도 접근해서 넘어지게 했습니다(눅 22:31). 그 사탄은 오늘날 누구에게든지 다가가서 넘어지게 합니다.

셋째, 하나님께서 주신 믿음으로 일상생활에서 보이는 믿음이 되어야 합니다.

믿음이 실제 생활 속에서 나타나지 않으면 문제가 있습니다.

1) 믿음은 생활 속에서 확인되어야 합니다.
예배시간에만 믿음이 아니라 일반 생활 속에서 믿음의 열매가 나타나야 합니다.
① 평상시 믿음은 생활로 나타납니다.
남편에게서 부모에게서 자녀에게서 직장인으로써 이웃에서 나타나야 합니다. 영혼 없는 몸은 죽었듯이 행함이 없으면 죽었습니다(약 2:26).
② 세상에서 빛이나 소금 향기가 되어야 합니다(마 5:14, 고후 2:14). 악취가 되면 곤란합니다. 그래서 믿음이 결과적으로 상급과 축복으로 이어져야 합니다.

2) 우리의 믿음은 더욱이 교회에서 나타나야 합니다.
교회는 주님의 몸이기 때문입니다.
① 고린도 교회에는 은혜도 많이 받았지만 문제가 많이 있기에 연구 대상이 되었습니다.
② 현재 우리의 교회 생활은 어떻습니까.
교회 생활에서 바른 믿음이 나타나야 합니다. 우리교회 모든 성도들이 생활 속에서 믿음이 살아있게 되기를 축원합니다.

결론 · 예수 안에서 믿음이 바르게 서 있어야 합니다.

생명의 길은 오직 하나
민수기 35:9~15

이 세상에 태어나서 살아가는 동안에 생명은 오직 하나밖에 없습니다. 자동차 부속품과 같이 인조 생명이 있는 것이 아닙니다. 오직 이 땅의 생애는 한번 뿐입니다. 그러나 이 생애가 다 끝나면 반드시 심판이 있습니다(히 9:27). 사도 바울은 그의 생애를 예수 안에서 헌신의 생애를 살다가 갔습니다(딤후 4:6~8). 그러나 요즘 사람들은 함부로 살아가고 있습니다. 정처 없이 가는 불쌍한 인생들입니다.

오늘 본문에서 도피성에 관한 진리를 말씀하고 있습니다. 구약시대에 사람들이 죄를 지은 때에 도피성 안으로 들어가기만 하면 어느 누구도 그를 잡아서 죄를 물을 수 없었습니다. 그러나 도피성을 벗어날 때에는 누구에게 잡혀서 죽을지도 모르는 일이었습니다. 누구도 책임질 수 없었던 것입니다. 도피성은 신약시대에는 어린양 되신 예수 그리스도에 대한 예표요, 그림자였습니다.

첫째, 이 도피성의 의미는 바로 예수 그리스도를 예표합니다.

예수 그리스도가 바로 모든 죄인들의 도피성입니다.

1) 예수님이 이 땅에 탄생하신 것은 우리의 도피성으로서 탄생하신 것입니다.

의인은 없나니 하나도 없고(롬 3:10), 모두 죄인(롬 3:23)이기에 죄 값을 면할 길이 없습니다. 죄 값은 사망이기 때문입니다(롬 6:23).

① 죄 값은 지옥 형벌입니다. 누가 이 죄에서 피할 수가 있겠습니까? 죄 값은 영원한 지옥이요, 멸망입니다.

② 이렇게 죄에 빠진 인간에게는 도피성이 필요합니다.

그래서 예수님은 이 땅에 양의 목자로서 구원의 주님으로서 오셨습니다. 다른 사람은 모두가 절도요 강도라고 했습니다(요 10:1~10). 그러나 예수님은 자신을 길이요 진리요 생명이라고 말씀하십니다(요 14:6).

③ 도피성은 피하기 쉽도록 성읍에서 가장 가까운 곳에 설치했습니다.

예수님은 모든 인간들에게 만나기 쉬운 분입니다. 다른 종교들은 사람이 신을 향해서 자력으로 좇아간다고 하지만 헛수고일 뿐입니다. 예수님은 하늘보좌를 버리시고 이 땅에 오셨습니다. 늪에 빠진 사람이 몸을 움직이면 움직일수록 더욱 깊이 빠져들 듯이 죄에 빠진 인간은 더욱더 심각한 죄에 빠질 뿐입니다.

④ 예수 그리스도만이 우리의 구세주가 되십니다.

예수님 이름의 뜻은 '구원주'(마 1:21)입니다. 그리고 예수님의 이름은 우리에게 지금도 함께 하십니다(마 28:20, 요 14:18, 히 10:19~20).

2) 그 어느 누구도 죄인으로서 도피성에서 벗어나면 안 됩니다. 벗어나면 누구도 생명을 보장할 수가 없기 때문입니다.

① 무엇을 말해줍니까?

유대인이나 이방인이나 누구든지 예수 안에 있을 때만 구원이 가능합니다(롬 10:13, 요 3:16, 요 1:11~12). 그래서 바울의 유명한 구원관은 예수 안에(엔토 크리스토스)였습니다. 예수 안에(in Christ)가 중요합니다.

② 예수 안에서 하나님을 믿어야 합니다.

누가복음 16장의 부자와 나사로의 이야기가 우리에게 시사하는 교훈이 매우 큰 것입니다. 성탄절이 수없이 지나가도 예수님 안에 있지 않으면 아무 소용이 없습니다.

둘째, 생명의 보존을 위해서 도피성으로 피하는 일은 그 어떤 일보다도 우선해야 합니다.

이러한 일, 저러한 일로 미루어서 될 일이 아닙니다.

1) 도피성으로 가는 길은 가장 시급한 일입니다.

① 죄값을 치루려고 따라오는 자가 언제 따라와서 곤욕을 치루게 할지 모르기 때문입니다. 내일을 보장할 사람은 세상에 아무도 없습니다.

② 가장 서둘러야 하는 일은 오늘이라는 시간에 예수안에 들어오는 일입니다(고후 6:1~3). 지금이 곧 예수 믿을 때입니다.

2) 생명의 보존만큼 중요한 일이 또 어디에 있겠습니까?

① 예수님은 교훈하셨습니다. 손에 쟁기를 잡고 뒤를 돌아보는 자는 하나님의 일에 합당치 않습니다(눅 9:57~62).

② 예수 안에 살아가는 성도가 되시기 바랍니다.
성도에게 있어서 예수 안에 살아가는 복이 제일 으뜸입니다. 갑자기 찾아오는 죽음 앞에서 사람은 속수무책이기 때문입니다.

셋째, 도피성은 누구에게나 필요하듯이 예수 이름은 모든 인생들에게 필요한 구원주의 이름입니다.

1) 왜냐하면 모두가 죄인이기 때문입니다.
성탄절이 수없이 지나가도 예수 안에 없으면 헛된 인생일 수밖에 없습니다.
① 광야에서 불뱀에게 물린 자마다 구리뱀이 필요했습니다(민 21:9, 요 3:14).
예수님은 우리를 위해서 대속적 죽음을 당하셨습니다. 수많은 비누를 사용해도 인간의 죄를 해결할 수가 없습니다(렘 2:22). 오직 예수 피만이 죄를 해결할 수 있습니다(롬 8:1).
② 환난 많은 세상에서 예수의 이름만이 우리의 피난처십니다. 다윗은 시편에서 이것을 고백했습니다(시 18:1~3).
인생은 나그네 인생이기에 도피성이 반드시 필요합니다. 인생의 최고의 가치관은 우리의 유일한 도피성이 되신 예수의 이름입니다.

2) 어떤 이유를 막론하고 도피성을 벗어나면 반드시 죽습니다.
① 예수 안에 있을 때만이 영원한 구원이 유효합니다. 교회의 머리되시는 예수 안에 살아가기 바랍니다.
② 언제나 구원의 확신을 가지고 믿음 안에서 살아갑시다. 구원의 확신이 중요합니다(요 5:25, 고후 13:5).

결론 · 도피성 안에서 영원한 생명의 길을 걸어가는 성도가 되시기를 축원합니다.

위대하신 하나님의 복음의 능력
로마서 1:15~17

세상에서 사람들은 어떤 일들을 놓고 조금 특이한 사항들 앞에서 위대한(Great)이라는 용어를 사용합니다. 위대한 발견(Great discovery)이라고 하기도 합니다. 그러나 이 '위대한' 이라는 말은 어디에나 사용되거나 남용되어서는 곤란한 말이라고 봅니다. 하나님께 관한 일들 외에는 그렇게 크게 작용되어서는 안되는 용어이기 때문입니다. (위대한 성경Great Scripture, 위대하신 창조 Great creation)라는 말은 통하는 용어입니다.

사도 바울은 본문에서 신앙고백과 더불어 복음에 대한 가장 깊은 뜻을 설명했습니다. 이 복음이야말로 위대한 복음(Great Gospel)이라고 말함이 마땅합니다. 그래서 사도바울은 이 복음을 위해서 평생을 투신해서 충성했습니다. 복음이 과연 무엇이기에 바울은 그토록 평생을 두고 모든 것을 다 희생하며 전하였겠는가? 러시아의 문호 톨스토이(Tostoy)는 그가 기독교에 귀의하게된 것은 신학적인 연구나 역사적 연구 때문이 아니라 복음의 환하고 찬란한 빛을 받았기 때문이라고 하였습니다. 본문을 중심으로 복음의 위대성을 상고해 봅니다.

첫째, 위대한 이 복음이 전해지는 곳에서 회개의 역사들이 나타나기 때문에 이 복음은 능력이라고 했습니다.

타락 이후에 세상이 얼마나 악하게 되었고 강퍅한 마음들입니다. 이런 곳에 복음이 전파되면 바뀌어지게 됩니다

1) 복음이 가게 되면 회개 역사와 함께 변화되기 시작합니다.
① 각종 사회의 쓰레기와 같은 사람들도 복음을 접하게 되면 바뀌어서 새 사람이 됩니다. 강도, 매매춘자들, 술주정꾼들이 변하게 되고 깡패들도 바뀌었습니다. 탕자가 돌아왔습니다. 이것이 복음의 능력입니다. 복음은 살아있는 하나님의 능력으로 모든 믿는 자들로 하여금 회개케 하는 힘이 있습니다. 그래서 개인이 변하고, 가정이 바뀌며, 국가가 새로워지는 능력이 복음의 위력입니다.

② 복음의 능력으로 변화 받은 사람들이 이 세상에는 수없이 많습니다. 영국의 존 뉴톤(John Newton)목사는 본래 노예상인이었으나 예수를 만나게 되어서 변화 받아 목사가 되었고 크게 역사했던 목사가 되었습니다.

2) 십자가의 복음은 가장 위대하며 지혜요 능력입니다. 그러나 구원받지 못한 죄인들에게는 어리석게 보입니다.
① 구원받은 사람들에게는 지혜요, 능력입니다(고전 1:18). 세상 지혜는 감당할 수 없는 능력입니다.
② 나와 여러분 역시 복음을 통해서 회개할 줄 압니다. 우리가 변화 받아서 살게 된 것 역시 복음의 능력이요 위력입니다. 세상에 어떤 금이나 은보다 더 귀중한 역사입니다(벧전 1:18).
③ 세상에 제일 고질적인 것이 공산주의요, 무신론자인데 이것 역시 복음의 위력 앞에서는 패할 수 밖에 없습니다. 세상을 구원하는 비결은 세상에 그 어떤 사상이나 정치론이 아니라 복음의 위력이기에 부지런히 복음을 전해야 합니다.

둘째, 위대한 이 복음은 사람으로 하여금 성결(聖潔)하게 만드는 능력이 있습니다.

1) 복음은 죄 씻음 받게 하고 깨끗케 하는 능력이 있습니다.
① 수다한 세제를 사용해도 죄가 씻어지지 않습니다(렘 2:22, 욥 9:29~30). 어떤 윤리나 도덕으로도 씻을 수가 없습니다. 오직 복음뿐입니다.
② 복음의 능력은 우리를 모든 죄에서 씻음 받고 거룩하게 만들어가는 능력이 있습니다.

2) 복음의 핵심은 예수 그리스도의 피에 있습니다.
① 예수님이 십자가 위에서 대속적 죽음을 죽으신 사실입니다. 이것이 복음입니다(히 9:11~, 요 1:29).
② 우리를 성결케 하는 것은 그리스도의 피밖에 없습니다(요 17:17, 벧전 1:16). 따라서 우리는 예수 안에서 거룩한 생활로 나타나야 합니다.

셋째, 위대한 복음의 능력은 믿는 자들이 믿음으로 세상을 이기게 합니다.

누가 이 세상을 이기며, 싸워 승리해 나가겠습니까?

1) 복음을 믿게 될 때에 복음 안에서만 가능합니다(요일 5:4).
① 복음의 위력이 죄를 이기게 합니다. 복음의 위력이 아니면 세상을 이길 수가 없습니다.
② 성령께서 복음을 통해서 우리 안에 역사하시기 때문에 능력이 있습니다. 요셉은 견본(sample)과 같습니다(창 39:9). 사드락과 메삭과 아벳느고 역시 견본입니다(단 3:17). 다니엘 역시 우리의 좋은 견본입니다(단 6:20). 주기철 목사님이나 여러 순교자들이 견본입니다.

2) 믿음으로 구원 받은 우리는 복음의 위대한 능력 앞에서 끝까지 승리하게 될 것입니다.
① 마귀가 계속 진을 치고 있는 세상이지만 복음으로써 이기게 될 것을 확신합니다(엡 6:10~15).
② 우리교회 성도들이여 복음의 위대한 능력으로 천국의 주인공들이 되시기를 축원합니다.

결론 · 복음은 하나님의 위대한 능력입니다.

이보다 큰 것도 하리니
요한복음 14:12~18

> 믿음

하나님께서 우리를 창조하실 때에 하나님의 형상대로 지으셨기에 하나님 보시기에 심히 아름답다고 하셨습니다(창 1:31). 또한 인간은 하나님께서 능력 있게 창조하셨는데 타락된 상태일지라도 그 능력에 있어서 모든 피조물보다 월등한 우월성을 지니고 있음을 보게 됩니다. 왜냐하면 인간은 모든 피조물 가운데 중심에 서 있기 때문입니다. 현대사회는 과학적인 분위기 가운데 살아가는 시대입니다. 현대과학의 모든 영역에 있어서 인간의 두뇌가 얼마나 놀랍도록 발달해 나가는가를 알 수 있습니다. 이 지식적인 발달은 또한 예수님께서 재림하실 종말을 예고해 주기도 합니다(단 12:4).

본문에서 예수님은 십자가로 우리의 구원을 완성하시고 승천하시기 전에 성령을 약속하시면서 내가 떠나간 이후에 너희가 나의 하는 일도 할 것이요 나보다 더 큰 것도 할 것이라고 하셨습니다. 지금까지 초대교회 이후에 약속하신 보혜사 성령의 역사로 교회가 부흥해 왔습니다. 본문에서 몇 가지 진리를 통해 은혜를 받습니다.

첫째, 예수님께서 행하셨던 일들을 보겠습니다.

누가복음 7:20~22에서 세례 요한이 예수님께 사람을 보내되 "오시리라 예고하신 분이 당신입니까 다른 이를 기다리오리까"라고 질문할 때에 예수님은 세례 요한이 보낸 이들에게 말씀하시기를 가서 너희가 보고 들은 것을 세례 요한에게 전하라고 하시고 "소경이 보며 앉은뱅이가 걸으며 문둥이가 깨끗함을 받으며 귀머거리가 들으며 죽은 자가 살아나며 가난한 자에게 복음이 전파된다"라고 하셨습니다.

1) 예수님께서 가시는 곳에는 평상시에 각종 능력이 나타나게 되었습니다.

사복음서의 제일 첫 번째 책인 마태복음에는 각종 기적과 능력이 모두 기록되어 있습니다.

① 각종 능력과 기적의 기록을 보면 예수님의 사랑과 긍휼하심이 가득 배어 있는 모습입니다(마 8:1,5,14,24,28; 9:1,20,24,27; 12:22; 14:15,28,35; 15:22,30,34; 17:14; 20:30; 21:19,21). 27,28장에서는 십자가의 죽으심과 생명의 부활이 기록되었습니다.
② 예수님의 생애는 탄생부터 승천까지 모두가 기적으로 이루어져 있으며 장차 재림 때에도 기적같이 재림하시게 될 것입니다.
2) 모든 기적들은 예수님께서 하나님 되심을 모든 사람들에게 보여주신 증거들입니다.
① 초인간적인 능력과 기적들을 보면서도 사람들은 믿지 아니하였고 불신 가운데 있었습니다(마 23:37).
② 기적의 사건이 없어도 성경만 가지고 믿는 곳에 복이 됩니다(요 20:29). 이 성경이 기록된 목적은 성경을 통해서 믿고 구원에 이르게 하기 위함입니다(요 20:31). 이 믿음의 결국은 곧 영혼이 구원을 받게 됩니다(벧전 1:8~9).

둘째, 예수님은 '이보다 더 큰 것도 할 것이다' 고 하셨습니다.

기적을 그렇게 많이 행하시게 되었는데 예수님 보다 더 큰 것도 할 것이라고 하셨으니 신약시대에 믿음의 사람들에게 있어서 자부심과 긍지가 돋보이는 말씀입니다(막 16:17~). '믿는 자들에게는 이런 표적이 따르리니'

1) 예수님이 행하셨던 일도 할 수 있고 이 보다 더 큰 것이 무엇이겠습니까? 각종 능력이 나타나는 것은 지금도 가능합니다.
① 앉은뱅이가 걸어가는 기적이 있습니다(행 3:1).
② '하나님이 바울의 손으로 희한한 능을 하게 하시니 심지어 사람들이 바울의 몸에서 손수건이나 앞치마를 가져다가 병든 사람에게 얹으면 그 병이 떠나가고 악귀가 떠나더라' 했습니다(행 19:11).
③ 역사적으로 교회사에서 수많은 능력들이 나타나게 되었고 기적과 표적 가운데 지금도 복음이 전파되게 됩니다. 하나님은 또한 진리의 영이신 성령으로 역사해 주십니다.
2) 그런데 문제는 예수님보다 더 큰 일을 할 수 있다고 하신 뜻이 무엇이냐는 것입니다.

① 제자들도 주의 행하신 능력을 따라서 일했습니다(막 6:7~13). 행 5:15, 19 등에서 기적이 일어났습니다.
② 문제는 '이보다 더 큰 것'이 무엇인가? 하는 문제입니다.

많은 신학자들(Vin Cent, Bernard Ramm, West Cott)은 해석하기를 예수님 당시에는 좁게 복음을 전파했으나 사도들 이후에는 더 넓고 크게 전파될 것이라고 말씀하신 뜻으로 해석했습니다. 주님의 복음이 이 세대에 역시 크고 빠르게 역사하는 시대입니다. 이 세대는 주의 복음을 크게 선교해야 할 때입니다. 제일 큰 기적은 복음을 선교해서 죄인이 돌아와 천국백성되게 하는 일입니다.

셋째, 예수님이 행하신 기적들과 큰 일을 위해서는 방법이 있습니다.

세상적인 방법으로 하는 것이 아닙니다.

1) 철저하게 예수 안에 있어야 합니다.
그러므로 예수 안에 있을 때 역사가 나타납니다.
① 그래서 성령 받고 성령의 사람이 되어야 합니다. 성령 받지 아니하면 일할 수 없습니다(고전 2:11~14).
② 성령 안에서 기도해야 합니다(본문 13절). 기도하지 않으면 역사할 수 없습니다(막 9:29).

2) 예수 안에서 믿음의 꿈을 잃지 말아야 합니다. 입을 넓게 열라고 했습니다(시 81:10).
① 믿음과 영적인 입을 크게 벌리고 주의 큰 일을 해야 합니다. 전도, 선교로써 영혼을 건지는 큰 일을 해야 합니다.
② 믿음의 포부를 크게 가져야 합니다. 하나님은 새 일을 약속하셨습니다(사 43:18~19). 엘리사는 어렵지만 갑절의 영감을 구할 때에 받게 되었습니다(왕하 2:9).

지금은 빠른 교통의 시대이기 때문에 비행기를 타고 다니며 전도할 때입니다. 우리교회에서 큰 역사가 이루어지게 되기를 축원합니다.

결론 · 지금은 큰 일을 이룰 때입니다.

위대한 믿음을 남긴 부모님들
디모데후서 1:3~5

이 세상에 태어난 모든 생명체들은 아버지(Father)와 어머니(Mather)가 있는데 이른바 부모님(parents)이 계시기에 그가 존재합니다. 만물의 영장인 사람 역시 분명히 부모님이 계시기에 '내가 여기 있게 된 것은 만고의 진리이기도 합니다.' 세상에는 어떤 날들(Days)이 많이 있는데 요즈음은 국적도 모르고 뜻도 모르는 이상한 날들이 젊은이들의 생각을 사로잡는 날이 많은데 매년 5월이 되면 우리는 부모님의 은공을 약하나마 다시 생각하게 되는 것은 다행스러운 일이라 싶습니다.

어려서는 철이 없어서 효도를 못하게 되고 나이 들어서는 바쁜 생활의 일정 속에 효도를 잊어버리고 이제 철들어서 효도를 할만한 때가 되면 야속하게도 시간은 기다려주지 않고 부모님이 떠나십니다. 떠난 이후에 슬퍼해야 소용이 없습니다. 살아계셔서 옆에 계실 때에 효도하는 것이 중요합니다. 이 땅에는 훌륭한 부모님들이 많이 있습니다만 디모데와 유니게에 관한 말씀은 우리에게 참 교육과 참 효도를 배우게 합니다.

첫째, 디모데는 어머니 유니게로부터 거짓 없는 믿음을 받게 되었습니다(5절).

디모데 속에 거짓 없는 믿음을 생각합니다. 이 믿음은 먼저 "외조모 로이스와 어머니 유니게 속에 있더니"라고 밝히고 있습니다.

1) 부모가 자식에게 줄 수 있는 가장 아름다운 유산이 있습니다. 이것은 보이지 않는 무형의 유산이기 때문에 반드시 부모가 씨를 뿌릴 때에 나게 되어 있습니다.
① 부모는 자식이 보이는 외형적인 것에 신경 쓰는 경우들이 있습니다. 그러나 외형적인 것들은 시간이 가면 없어지는 소비성 유산입니다.
② 외형적으로 화려하지만 시간이 지나가면 퇴색되고 유산은 한계가 있습니다. 재산을 많이 상속해 주는 것이 그것입니다. 그래서 서양인들은 자

식에게 일정한 것 외에는 물려주지 않고 독립심을 키워 준다고 합니다.
2) 디모데는 부모에게서 무형의 유산을 이어 받게 되었습니다. 이것은 시간이 가도 없어지지 않는 부동의 것입니다.
① 이것은 정결한 양심으로 하나님을 섬기는 믿음이었습니다. 그야말로 현숙한 처신입니다(잠 31:10~30).
② 이것은 자녀에게 거짓 없는 영적 생활을 물려주었습니다. 이것이야말로 참으로 가치가 있는 유산입니다.
③ 세상에서 잠시 없어지는 것에 투자하지 말고 없어지지 않는 분명한 것에 투자해야 합니다. 부모에게서 감화력 받아서 이름을 빛낸 사람들이 있습니다. 「모성(母性)」이란 산문집을 내서 유명해진 뒤파예, 성경의 우화적 해석으로 유명한 교부 오리겐(Origen). 신약 성경 27권이 확정될 때 결정적인 역할을 했던 어거스틴과 어머니 모니카(Augustine & Monica). 위대한 교부였던 크리소스톰(Chrysostom)의 어머니 안두사(Andusa). 감리교의 창시자로서 17명의 형제 가운데서 성장한 유명한 웨슬레와 어머니 수산나(J. wesley & Susanna)가 있습니다. 어쩌다 역사상 빛나는 이들을 얻게 하였습니까? 이들은 모두가 부모님으로부터 빛나는 유산을 이어받은 사람들이었습니다.

둘째, 가정에서부터 위대한 유산을 물려주어야 합니다.

물려주어야 할 일들이 종류도 많고 가지 수도 다양하겠지만 이 두 가지는 반드시(must be) 물려주어야 합니다.
1) 영적이고 신령한 것에 힘써야 합니다.
① 보이는 것은 잠간 없어지기 때문입니다(고후 4:18). 믿음의 유산이 영원히 살수 있게 합니다.
② 효하는 모습을 자식에게 보여 줌으로써 자식이 배우게 해야 합니다. 평상시에 자식이 효를 배우게 되면 그 자식이 효하게 됩니다. 효는 머리로 배우는 것이 아니라 가슴으로 느끼고 배워야 합니다. 옛날 고려장 제도가 현대판으로 둔갑해서 설치는 시대입니다.
2) 가정사에서 좋은 것은 정복해 나가게 해야 합니다.
① 가정에서 영적인 정복의 대상이 많이 있습니다. 영적으로 정복해 나갈

때만이 긍정적인 힘이 있습니다.
② 자식이 사랑으로 정복될 때만이 천국 백성으로 살아가게 되고 부모에게는 효하는 자녀로서 남게 됩니다. 디모데는 화려한 옷을 입고 재물 가운데 성장한 사람이 아니라 어려운 가운데 자라났지만 큰 사람으로서 신앙의 승리자, 효의 승리자가 되었습니다.

셋째, 위대한 부모님들은 자녀를 의(義)롭게 키웠고 그 자녀가 크게 효하게 되었습니다.

미련한 자녀는 그 어머니의 화가 됩니다. 여기에 진정한 효가 있을 수 없습니다(잠 17:21~27).

1) 부모와 자식 간에도 언제나 하나님 중심이 되어야 합니다. 하나님 중심인 가정은 어떤 가정일가요?
① 말씀이 살아 역사하는 가정입니다. 언제나 하나님 말씀으로 생활화 하는 가정이 믿음의 승리자요. 자녀가 효하는 가정이 됩니다.
② 여기에는 언제나 기도하는 가정입니다. 부모와 자녀가 서로 위해서 기도해 주는 가정입니다(4절). "네 눈물을 생각하여 너 보기를 원함은~"라고 했습니다. 미국의 시인 롱펠로우(Longfellow. Henry)는 "어버이의 기도는 자식들의 불평을 씻어버리는 심성을 갖게 한다" 했습니다.

2) 바른 효자는 바른 가정에서 나오게 됩니다.
① 교도소에 있는 많은 재소자들의 통계에 의하면 가정에서부터 그 원인이 있게 되었음을 알게 됩니다. 효는 그만두고라도 세상에서 문제아가 되었습니다. 노아의 아들들을 비교해 보시기 바랍니다(창 9:25~27).
② 하나님을 바르게 섬기고 예배하는 가정에서 축복이 있고 부모에게 효하는 자식이 있게 됩니다. 우리교회 성도들의 가정마다 좋은 것들이 심겨지고 좋은 일들이 열매로 나타나게 되시기를 축원합니다.

결론 · 위대한 것들이 심겨지고 좋은 일들이 열매로 나타나게 되시기를 축원합니다.

축복된 자녀로 키우라
디모데후서 1:3~5

매년 5월이 오면 우리는 가정의 달을 지켜 옵니다. 가정의 달 가운데 뭐니 뭐니 해도 가정의 꽃은 어린이들이라고 하겠습니다. 시편 기자는 기록하기를 "자식은 여호와의 주신 기업이요 태의 열매는 그의 상급이로다 젊은 자의 자식은 장사의 수중의 화살 같으니 이것이 그 전통에 가득한 자는 복되도다"(시 117:3~) 했습니다.

현대사회의 배경은 하나님께서 주신 축복의 열매인 사랑하는 자녀들을 악의 구렁텅이로 빠지게 하는 환경들이 있습니다. 시대의 유행을 따라 자녀를 양육할 것이 아니라 믿음 따라서 말씀의 인도에 맞추어서 양육해야 할 사명이 요구되는 때가 되었습니다. 본문에 디모데를 소개하는데 사도 바울은 디모데를 참아들과 같이 여기면서 믿음의 사람으로 소개했습니다. '디모데오스'라는 말은 '하나님을 공경한다'는 뜻입니다. 그 어머니 유니게와 그 외조모 로이스 속에 있던 믿음이 디모데 속에 자라서 역사했던 모습입니다. 지금처럼 혼돈된 시대에 우리 자녀들을 축복되게 양육하기 위해서 몇 가지 교훈을 소개합니다.

첫째, 부모된 우리는 먼저 신앙의 본을 보이며 성경적으로 양육해야 하겠습니다.

디모데는 성경으로 성장했습니다(딤후 3:15). "또 네가 어려서부터 성경을 알았나니 성경은 너로 하여금 그리스도 예수 안에 있는 믿음으로 말미암아 구원에 이르는 지혜가 있게 하느니라" 했습니다.

1) 어른들이 먼저 신앙의 본이 되고 성경적으로 사는 법을 보여 주어야 합니다. 자녀들은 부모나 어른들이 사는 모습을 모두가 보기 때문입니다.
① 성경보다 더 좋은 인생의 선생님은 없습니다. 성경에는 인생이 나아가야 되는 모든 길이 제시되었습니다. 이 도에 행하는 사람마다 복이 약속되었기 때문입니다(시 128:1~). 그래서 이스라엘 백성들은 자녀들에게 성경을 교육했습니다(신 6:4).

② 이 일은 육적인 일 일뿐 아니라 영적인 일이며 무엇보다 귀한 일입니다. 칼 힐티(Karl Hilty)는 "내가 제일 크게 영향을 받은 것은 성경이다" 했습니다. 조직신학자인 토레이(R.A.Torrey)는 "이 세상의 정신사에서 큰 감화를 주거나 끼친 사람들은 성경에서 영향을 받은 사람들이다"라고 했습니다. 미국의 죠지 워싱턴을 위시하여 토마스 제퍼슨, 아브라함 링컨, 에디슨, 슈바이쳐 등 많은 세계인을 우리는 주목해야 합니다.
2) 문제는 자녀들에게 부모가 신앙의 견본(Sample)이 되어야 한다는 사실입니다.
① 성경적으로 사는 모습을 실제적으로 보여주어야 하겠습니다. 자녀들에게는 부모의 생활 모습이 그대로 반영되기 때문입니다.
② 무엇이든 신앙적으로 매사에 긍정적인 면에서 보여줘야 합니다. 디모데는 성장 모습에서 유니게와 로이스의 신앙의 모습이 그대로 반영되었고 배우게 되었습니다.

둘째, 부모된 우리는 자녀들을 믿음으로 양육하며 가르쳐야 합니다.

1) '수지부모'라고 했는데 자녀들에게 몸만 준 것이 아니라 믿음과 축복된 모습의 성경적 교육 역시 물려주어야 합니다.
① 디모데는 성경적인 믿음을 물려받게 된 축복된 사람입니다.
미국의 시카고 대학(Chicago University)의 저명한 심리학자인 부르노 베들나인 박사는 "떠돌이 아이는 떠돌이 가정, 문제아 가정에서 많이 배출된다"고 하였습니다.
② 내 자녀에게 믿음의 유산을 반드시 물려주어야 합니다. 제일 큰 유산이요. 축복입니다.
2) 그리고 부모는 때를 따라서 가르쳐야 합니다.
① 매를 때려서라도 교육해야 합니다. 이것이 사랑이요 자식을 아끼는 일입니다(잠 22:6). 맹모가 자녀 교육을 위해서 행했던 이야기도 우리는 듣고 있습니다.
② 세상적이고 육적인 교육도 중요하겠으나 신앙적이고 영적인 교육이 우선되어야 합니다(마 6:33). 결과는 참으로 아름다운 모습입니다.

셋째, 우리들은 자녀들을 위해서 많은 축복을 심고 기도의 눈물을 많이 흘려야 하겠습니다.

유니게와 로이스의 기도 속에서 디모데는 성장하였고 어머니 요게벳의 기도와 훈육 속에서 모세는 지도자의 길로 성장했습니다.

1) 기도 밖에 없습니다. 자녀를 위하여 기도하고 있으십니까? 기도를 많이 하시기 바랍니다.
① 예수님도 당부하셨습니다(눅 23:28). 너와 네 자녀를 위해 울라.
모니카(Monica)의 기도에 남편도 돌아오게 되었고 어거스틴(Augustine)도 돌아와 신학자가 되었습니다.
② 기도의 결과는 아름답게 개인과 가정 속에 남게 됩니다. 그리고 그 위력은 그가 가는 생애에도 영향을 끼치게 됩니다.

2) 내 자녀가 축복된 인생을 살게 해야 합니다.
① 자녀는 축복되게 살도록 태어났습니다. 그 축복을 잇게 하기 위해서는 그 축복을 받을 만한 사람으로 성장시켜야 합니다.
② 하나님은 지금도 우리 자녀들에게 역사하시기 원하십니다.
우리 교회 자녀들이 제2의 디모데들이 많이 되기를 축원합니다.

결론 · 축복된 자녀가 되게 해야 합니다.

 **가정**

즐거움을 부모님과 함께 하라
잠언 23:22~26

세상이 타락하면서 인간이 마땅히 지켜야 할 인간 도리를 무시해 버리고 인간이기를 포기하는 일들이 많이 발생하게 되는데 그 가운데 하나가 효에 관한 일입니다. 종말론적 일들이 세상에 만연하게 되고 물질문명이 판을 치는 세상이 되었지만 자식의 부모에 대한 도리는 천륜에 속합니다. 또한 이 곳에 행복이 있게 되고 축복이 있다는 것을 성경은 교훈합니다.

창세기 3장에서 아담과 하와의 타락사건으로 인해서 이 세상에 찾아온 불행들이 세상을 뒤덮어 버렸지만 우리 그리스도인들은 예수 안에서 부모에 대한 효를 다해야 하겠습니다. 효는 언제나 할 수 있는 것이 아닙니다. 때가 되면 하고 싶어도 효를 할 수 없는 때가 올 것이니 부모에 대한 효는 시한부적이기에 기회를 놓치지 말고 부모에 대한 효를 다해야 하겠습니다.

첫째, 부모님의 따스한 사랑을 생각하며 부모님 말씀에 늘 경청해야 하겠습니다.

부모님은 나를 낳아서 헌신적으로 양육해 주셨습니다.

1) 부모님의 따스한 헌신적 사랑을 잊지 말아야 합니다.

① 내가 나이가 들어 장성했어도 부모님은 역시 부모님이십니다.
  부모님 말씀을 소홀히 여기지 말아야 합니다.
  새 중에 페리칸(Pelican)이란 새가 겨울에 알을 부화해서 자기 살을 새끼에게 먹이고 자기는 죽듯이 마치 부모님의 헌신이 그렀습니다.

② 효는 인간이 마땅히 해야 할 도리 중에 도리입니다.
  새 중에 까마귀는 까맣기 때문에 혐오스럽지만 배울 점은 까마귀 새끼는 그 부모가 힘이 없을 때에 먹이를 가져다가 늙은 새를 봉양한다고 합니다. 인간이 미물에게서 교훈 삼는 것이 있습니다(잠 17:25). "미련한 자들은 그 아비의 근심이 되고 그 어미의 고통이 되느니라" 했습니다.

③ 부모에게 불효하면 자기에게 유익이 없습니다.

"아비를 조롱하며 어미 순종하기를 싫어하는 자의 눈은 골짜기의 까마귀에게 쪼이고 독수리 새끼에게 먹히느니라" 했습니다(잠 30:17).
우리는 노아의 아들 함에게서 불효자의 말로와 결과를 교훈 삼게 됩니다(창 9:25).

2) 우리는 예수 안에서 부모를 청종하며 사랑해야 합니다. 이곳에 축복이 있습니다(잠 4:1~).
① 부모님께 효도할 때에 축복이 약속되었습니다(잠 6:1).
② 부모의 허물을 덮어 주었던 셈과 야벳은 그 후손들에게서 동서양의 축복이 되었습니다(창 9:25).
③ 야곱은 요셉에게서 효를 받게 되었고 요셉은 큰 사람이 되어 실제적인 장자가 되었습니다(대상 5:1~, 창 25:22, 49:4).
④ 요한 사도는 마리아를 효도할 때에 장수했습니다(요 19:26).

둘째, 부모님에게 효하는 가정은 효자가 태어나며 축복이 옵니다.

"네 늙은 어미를 경히 여기지 말지니라"(22절)했습니다.

1) 부모님을 가볍게 여기지 말라는 말씀입니다.
① 이것이 효하는 가정입니다.
(왕상 2:20) "솔로몬이 왕위에 앉아서 천하를 얻었지만 밧세바의 말에 경청하게 되었습니다." "내가 어머니의 얼굴을 괄시하지 아니하리이다" 했습니다.
미국의 100여년 전에 어느 시골 고등학교에서 수석으로 졸업하는 식장에서 일어난 일입니다. 남루한 옷을 입은 어머니를 식장에 올라오시게 해서 온갖 공로를 다 돌리게 되었습니다. "내가 수석 졸업을 하게 된 일은 바로 어머니 때문이었습니다." 그 학생이 후에 성장해서 미국의 28대 대통령이 된 윌슨(Willson)이었습니다. 그 후로 국회에서 매년 5월 둘째 주일은 어머니 주일로 선포하고 지금까지 우리는 어버이 주일을 지켜 옵니다.
② 물론 부모님도 인간이기에 실수가 있겠지만 덮어야 합니다. 어느 부모가 자식을 흉보며 키웁니까?

2) 이것은 대대로 지켜야 할 축복입니다.
① 축복받는 가문에서 축복의 사람이 태어납니다.
"네 부모를 공경하라 그리하면 너희 하나님 여호와가 네게 준 땅에서 네 생명이 길리라"(출 20:12)했습니다.
② 효하는 가정에서 효자가 태어나게 됩니다. 우리 가정에서 불효자가 태어나지 말게 해야 합니다.

셋째, 부모에게 효하는 사람은 부모님의 기대에 어긋나지 않게 살아가려고 힘을 쓰는 사람입니다.

1) 부모님은 먼저 신앙을 물려주어야 하겠고 자식은 그 말씀을 교훈 삼아 순종해야 합니다.
① 가보 중에 제일 크고 귀중한 가보는 신앙적 가보입니다(23~24).
"진리를 사고서 팔지 말며 지혜와 훈계와 명철도 그리할지니라. 의인의 아비는 크게 즐거울 것이요 지혜로운 자식을 낳은 자는 그로 인하여 즐거울 것이니라" 했습니다.
② 다윗은 유언하면서도 솔로몬에게 하나님 중심으로 살라고 유언했습니다. 이것이 가보였습니다(왕하 2:1).
2) 우리 가정들이 효하며 하나님 말씀 안에서 축복이 임하기 바랍니다. 신앙을 지킬 때에 그 안에서 효가 옵니다(신 10:13).
① 부모님은 신앙을 남겨야 합니다.
② 자식은 그 말씀에 순종해야 합니다.
청개구리 비화와 같이 말아야 하겠습니다. '효' 하는 축복이 가보가 되시기를 축원합니다.

결론 · 시대가 변해도 효를 잊지 말아야 합니다.

질그릇 속에 담긴 보배
고린도후서 4:7~15

세상에 그릇들이 많고 또한 그릇의 종류도 다양합니다. 집안에서 사용하는 그릇에서 비롯해서 진열장에서 전시용으로만 진열된 그릇들도 있습니다. 옛날에는 목기, 석기, 식물성 바가지 등이 주류를 이루었지만 현대에 와서는 화학제품의 플라스틱(plastic) 제품을 비롯한 그릇들이 다양하게 사용되는 시대가 되었습니다. 성경에는 하나님의 자녀들에게 그릇으로 비유해서 기록된 곳이 많습니다(행 9:15, 딤후 2:20). 큰 집에는 다양한 그릇이 있습니다(딤후 2:20). 이 집은 하나님의 교회입니다(딤전 3:15). 또한 바울은 본문에서 질그릇과 같다고 하였고 그 질그릇 속에 보화가 담겨져 있다고 했습니다. 오늘 또 한번 어린이 주일을 즈음하여 질그릇과 같이 깨어지기 쉬운 존재 중에도 아이들은 아직 덜 굳은 그릇이요, 아직 미완성의 그릇임을 알고 질그릇에 담긴 보배를 생각하여 애지중지 바르게 양육해 나가는 사명을 다하기 위해서 몇가지 말씀으로 소개합니다.

첫째, 질그릇은 나약하고 언제든지 깨지거나 고장 나기 쉬운 그릇입니다.

질그릇(오스트라기노미스)는 깨지기 쉽고 약한 존재입니다. 질그릇은 하나님이 만드셨습니다(창 2:7, 3:19, 시 103:14, 전 12:7, 고전 15:47). 주님이 귀하게 쓸 그릇으로 양육하여야 합니다(롬 9:21~).

1) 우리 인간은 질그릇이요, 자녀들은 미완성의 질그릇과 같습니다. 그래서 더더욱 잘못되기 쉽습니다. 깨지기 쉽습니다.
① 질그릇은 흙으로 만들었기 때문에 더욱 약한 존재입니다. 이사야 선지자도 이 사실을 분명히 했습니다(사 64:81). 겸손히 하나님만 바르게 섬기는 존재로 나아가야 합니다.
② 이 질그릇은 특징이 있습니다. 하나는 이 질그릇은 토기장이에 의해서 피조되었다는 사실입니다. 우리 자녀들은 하나님이 주신 선물이요 우리

인간들은 하나님의 형상대로 (the image of God) 창조되었습니다(창 1:27). 또 하나는 이 질그릇은 만든 목적이 있다는 사실입니다. 자녀들이 이 땅에 태어난 목적이 있습니다. 모든 그릇이 만들어진 목적이 있듯이 자녀들 역시 태어난 목적이 분명합니다. 그것은 하나님의 영광을 위해서입니다(고전 10:31). 하나님을 찬송케 하기 위해서입니다(사 43:21). 그러므로 우리는 매사에 하나님께 영광이 되시기 위해서 살아야 합니다(마 5:16). 또 하나는 질그릇이기에 약하게 지음 받았습니다. 쇠붙이가 아닙니다. 흙이기에 나약합니다(벧전 3:7.)

2) 스스로 질그릇임을 깨달아야 합니다.
① 교만치 말고 감사하며 하나님께 영광 돌려야 합니다. 또한 자녀들은 이런 인품(人品 personality)으로 양육해야 합니다.
② 주인 되신 하나님의 목적에 합한 자(행 13:22)로 나아가야 합니다. 여기에 바울이나 모세나 아브라함 등 수많은 인물들이 있습니다.

둘째, 이 질그릇에 담긴 보화에 대하여 알아야 합니다.

우리 속에는 보화(테사우로스)가 담겨져 있는데 곧 복음이요 복음의 내용은 예수 그리스도이십니다.

1) 질그릇과 같은 우리 속에 보화가 있습니다.
① 아이들 속에도 보화이신 예수 그리스도가 계심을 알아야 합니다. 보배로우신 산 돌 예수 그리스도이십니다(벧전 2:4).
② 따라서 아이들에게도 예수 믿는 자부심을 가지고 성장케 해야 합니다. 내 안에도 하나님이 계시다고 말해야 합니다. 제일 귀한 일입니다. 예수님은 천국 비유에서 밭에 감추인 보화에 관하여 말씀했습니다(마 13:44). 우리 속에 하나님이 계십니다.

2) 보배인 예수 이름에는 대단한 능력이 있습니다.
① 그는 능력이라고 했습니다. 구원의 능력됩니다(롬 1:17, 고전 1:18). 보배되신 예수 이름으로 우리는 구원 받습니다(마 1:21). 아이들에게 예수 이름이 귀합니다.
② 예수 이름 외에는 다른 길이 없습니다(갈 6:14). 그래서 사도 바울은 예수 십자가만 자랑한다고 했습니다. 우리속에 자랑스러운 예수 이름이 있

습니다.
③ 이 보배는 우리의 생명이 되십니다(10절). 우리의 영원한 보배인 동시에 영원한 생명(the eternal life)되신 예수 그리스도이십니다. 그렇기 때문에 이 예수님은 영원한 보배가 되십니다. 아이들 속에 이 보배가 간직되기 위해서 힘써야 합니다.

셋째, 보배를 간직한 질그릇과 같은 성도들은 이렇게 살아야 합니다.

또한 자녀들이 이렇게 양육되도록 힘써야 합니다.

1) 언제나 조심해야 합니다.
① 질그릇이기 때문에 깨지기 쉬운 속성이 있습니다. 어른들은 그릇이지만 자녀들은 미완성 작품의 그릇과 같기 때문에 더욱 조심해야 항상 깨지지 않습니다(딤전 1:19, 딤후 4:10).
② 보화를 주신 하나님께 전적으로 감사와 찬송을 드려야 합니다. 아이들은 인격체로 성장되게 해야 합니다.

2) 사도 바울은 이 진리를 깨달아 최후까지 승리했습니다.
① 여러 가지로 유혹이 많은 시대요, 잘못되기 쉬운 시대이지만 우리 모두 믿음 안에서 본인이 바로 나가야 하겠고 자녀또한 바르게 성장 하도록 해야 하겠습니다.
② 인생에게 주신 최고의 축복인 보배를 주셨으니 이 보배가 늘 간직되도록 성장시켜 나가는 일은 부모의 사명입니다. 우리 모두 질그릇 속에 오신 예수 그리스도를 바르게 믿고 나가는 인격체들이 되시기를 축원합니다.

결론 · 우리 안에는 보배이신 예수님이 계십니다.

좋은 소문이 각처에 퍼진 교회
데살로니가전서 1:1~10

현대 사회는 모든 구조가 자기 PR 시대에서 살아가고 있습니다. 새로운 상품이나 제품이 생산되면 선전해야 하는데 선전비만 계산해도 국가적으로 볼 때에 천 단위에서 조 단위까지 올라갑니다. 이것은 국내에서만이 아니라 지금은 국제화시대이기 때문에 국제적인 계산까지 생각한다면 더 큰 숫자가 동원될 것입니다. 그런데 세상에서는 영원히 새것이 없다는 사실입니다. 그래서 성경은 이 땅에서는 새것이 없다고 하였는데(전 1:8) 다른 새 것이 출시되어도 묵은 것이 되기 때문입니다. 그러나 교회는 지구상에서 구약에서부터 시작되어 주님의 재림 때까지 이 땅에 존재할 때까지 늘 새로운 교회입니다.

물론 지상 교회는 불완전한 교회요 완전교회는 없고, 천상교회라야 영원히 불변의 교회이겠지만 그래도 이 땅에 존재하는 동안에 좋은 교회, 모범적인 교회, 칭찬 듣는 소문난 교회도 있습니다. 우리교회는 좋은 교회, 칭찬 듣는 교회로써 소문이 나기를 바랍니다.

첫째, 영적인 소문이 잘 나서 본 받을만한 교회가 되어야 하겠습니다.

전자에 언급하였듯이 세상에서는 완전한 것이 없습니다.

한때에 한국 경제에 대해서 동남아시아 여러 국가들이 본받으려고 연수하러 왔지만 지금은 등을 돌리지 않습니까. 이것이 세상입니다. 그러나 교회는 세상에서 좋은 교회로 소문이 잘 나야 합니다.

1) 데살로니가 교회는 영적인 일에 좋은 소문이 났습니다.

교회가 세상에 존재하기 때문에 소문이 그릇된 교회들도 있습니다. 싸움하는 교회, 각종 스캔들이 있는 교회들도 있습니다. 그러나 우리교회는, 선교하고 전도하는 교회, 기도 많이 하는 교회 기적과 능력이 나타나는 교회, 새벽 기도가 살아 있고, 예배가 살아 역사하는 교회 등 영적인 일에 뜨거운 교회로 소문이 나야 합니다.

① 데살로니가 교회는 하나님 말씀을 바르게 듣는 교회로 소문이 잘 나 있

었습니다(2:13). 그래서 바울은 그를 인하여 쉬지 않고 감사하게 되었습니다. 좋은 교회는 교회 안에서 성도들이 만들어 가게 됩니다.
② 기쁨으로 성장하는 교회였습니다.
빌립보 교회와 함께 기쁨이 가득한 교회입니다. 용어상으로 볼 때에 모든 기쁨으로 기뻐하는 교회였습니다(1~5장).
특히 3:9에서 "우리가 우리 하나님 앞에서 모든 기쁨으로 기뻐하니, 너희를 위하여 능히 어떠한 감사함으로 하나님께 보답할꼬" 했습니다. (How can we thank God enough for you in return for all the joy we have in the presence of our God because of you?) 환난과 시련 중에도 기쁨으로 세워진 교회였습니다.
③ 교회 내에서 화음이 잘 나는 교회로 소문이 났습니다.
성가대의 4중 합창과 같이 교회는 화음(Harmony)이 잘 되는 교회로 소문이 나야 합니다.
에베소 교회는 사랑을 잃었고(계 2:4), 고린도 교회는 당파 싸움이 있었습니다(고전 3:1).
2) 이런 교회는 어떻게 되어지는 교회이겠습니까?
지상 교회가 불완전하다는 것은 세상에 존재하기 때문입니다.
① 주님의 교회이지만 사람이 모인 곳임을 늘 생각해야 합니다.
따라서 자기 자신을 비롯해서 옆에 사람과 보조를 맞추어 가려는 노력이 있어야 합니다.
② 성령 안에서 가능한 일입니다.
지휘관의 구령에 맞추어서 발을 맞추듯이 성가대의 지휘자에 맞추어서 소리를 내듯이 교회도 각양 목소리가 있지만 좋은 교회로 만들어 갈 수 있습니다. 성령 안에서 되어지는 역사입니다.

둘째, 데살로니가 교회가 좋은 교회로 성장해가는 데는 영적인 요소들이 있었습니다.

핍박자들이 많았고 특히 유대인들이 그곳까지 원정대를 이끌고 와서 괴롭혔지만 좋은 교회로 일어서게 된데는 영적인 요소가 있었습니다.
1) 데살로니가 교회는 영적 장점이 있었습니다.

① 믿음의 역사가 있는 교회입니다.

성도들이 언제나 자기 믿음에 관해서 생각해야 합니다(고후 13:5). 믿음이 없으면 아무 것도 할 수 없습니다. 그리고 이 믿음은 아브라함처럼 살아 역사해야 합니다(약 2:21). (약 2:26). "영혼 없는 몸이 죽은 것 같이 행함이 없는 믿음은 죽은 것이니라" 했습니다. (As the body without the spirit is dead, so faith without deeds is dead) 살아 있는 믿음이 있는 성도들이 되어야 합니다.

② 데살로니가 교회는 사랑의 수고가 있었습니다.
③ 데살로니가 교회는 소망의 인내가 있게 되었습니다.

미래(Future)를 바라보면서 인내(endurance)가 있어야 합니다(계 14:12).

2) 우리교회가 마지막 시대에 소문난 교회로 부흥되기 바랍니다.
① 데살로니가 교회의 영적인 모습을 본받아야 합니다.
② 이것은 언제나 그렇듯이 누가 해주지 않습니다. 우리 말씀과 성령 안에서 스스로가 이런 교회로 만들어가야 하겠습니다.

셋째, 성경적으로 부흥되고 좋은 교회는 반드시 그 이유가 있습니다.

1) 성경에서 몇 교회를 말합니다.
① 서머나 교회는 순교자가 나왔습니다(계 2:8).
② 빌라델비아 교회는 열린 문의 축복을 받았습니다(계 3:8).
③ 베뢰아 교회는 신사적인 교회입니다(행 17:11).
2) 현실적인 교회에서 좋은 교회들이 많이 있습니다.
① 여의도 oo교회는 성경공부로 부흥 되었습니다.
② 미국의 십대 교회들이 있는데 하나같이 특징이 있습니다. 이들 교회들은 작은 교회에서 시작해서 몇 만명의 교회로 부흥되었고 그곳에는 그럴만한 이유가 있었습니다.
③ 우리교회는 어떤 면이 소문난 교회로 나갈 것인가?

좋은 소문이 퍼져 나가는 교회되시기를 축원합니다.

결론 · 지금은 PR시대입니다.

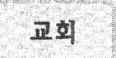

좋은 교회의 모델
사도행전 11:19~26, 13:1~3

지구촌에는 수많은 국가와 민족들이 있고 인간 단체들이 있습니다. 교회 또한 이 지상에 포진해 있는 것은 사실이지만 그러나 분명한 것은 이 세상에 목적이 아니라 천국을 목적하는 모임이 교회입니다. 그래서 교회는 천국의 지점(Brench)이라고도 일컫게 됩니다.

마태복음 16장 16절 이후에 예수 그리스도 반석 위에 세워진 교회는 오순절 성령 강림 이후에 이 땅을 복음화하여 왔습니다.

그러나 언제나 그러하듯이 교회 역시 가짜들이나 이단들에 의해서 어려움을 겪게 되는 것은 예수님께서 미리 예고하신 일이기에(마 24장) 말세가 될 수록 참된 교회들은 정신을 차리고 바른 교회관을 가지고 교회를 세우는데 힘써야 할 때입니다. 어떤 교회가 바른 교회며 좋은 교회일까요? 현대식 건물로 웅장하게 지은 맘모스 형태의 건물일까요? 소위 좋은 배경을 둔 교회들이 좋은 교회일까요? 오히려 그런 형태의 교회들이 책망의 대상이 되었습니다(계 3:18). 사도를 통하여 지금까지 전달된 좋은 교회의 답을 성경이 우리에게 말씀했습니다.

첫째, 좋은 교회는 온 성도들이 성령 안에서 믿음과 소망으로 하나되는 교회입니다.

성령 안에서 하나되는 교회입니다.

1) 은평 교회는 성령 안에서 언제나 하나 되는 교회가 되어야 합니다. 이것이 좋은 교회의 모델이기 때문입니다.
① 교회는 어느 시대에나 제각기 다른 성격과 다른 형태의 사람들이 모여서 예배하는 곳이기 때문에 다양성을 이루지만 그러나 성령 안에서는 사랑과 소망 가운데서 하나 되어야 합니다. 성경에서 고린도교회는 은사도 많았고 성령의 체험도 많았지만 분파 때문에 책망을 받았습니다(고전 3:1~). 바울 사도는 이곳에서 그들을 훈계 했습니다.

② 예수님은 교회가 하나 되라고 강조했습니다(요 17:11). "…아버지의 이름으로 저희를 보전하사 우리와 같이 하나가 되게 하옵소서" 했습니다. (…So that they may be one as we are one) 사도 바울은 에베소 교회에서 교회는 하나가 되어야 한다고 강조했습니다. 왜냐하면 아버지도 하나요 성령도 하나요 주님도 하나요 세례도 하나이기 때문입니다(엡 4:1~6).

2) 교회 안에서 하나 되기 위해서는 해야 할 일이 있습니다.
① 서로가 겸손해야 합니다. 나보다 남을 낮게 여기는 생활이 중요합니다. 그래야 분쟁이 없이 하나 될 수 있습니다.
② 온유해야 합니다. 예수님은 우리에게 온유를 배우라고 하셨습니다(마 11:28~29). 염소(Goats)와 양(a sheep)의 차이는 분명하게 다릅니다.
③ 오래 참음 인내심이 필요합니다
교회 안에서 서로를 위해서 인내해 주는 생활이 필요합니다.
하나님께서도 우리 위해서 참아 주셨습니다(벧후 3:8~9).
④ 사랑으로 서로 용납해야 합니다.
성도는 사랑의 양식이 있을 때에 바른 성도의 모습을 갖게 됩니다. 하나님은 또한 사랑이십니다(요일 4:16). (God is Love)
⑤ 평안의 매는 줄로 성령 안에서 하나 되게 하신 것을 힘써 지켜 나가야 합니다(엡 5:22~33).
교회론에서 마치 부부의 비유를 들면서 하나의 교회로 말씀했습니다.
⑥ 왜 하나 되어야 합니까? 우리가 믿는 하나님은 한분이시기 때문입니다. 한 성령, 한 주님, 한 소망, 천국도 하나입니다.

둘째, 좋은 교회는 성령이 교회들에게 하시는 말씀에 귀를 기울이고 순종하는 교회입니다.

1) 교회사에서 역사하시는 분은 성령이십니다.
따라서 성령께 순종하는 성도들의 모임이 좋은 교회입니다.
① 교회는 성령의 순종자가 되어야 합니다.
교회의 주인은 예수 그리스도이시기에 성령께서 역사하시는 말씀 따라서 순종하며 나갈 때에 좋은 교회가 됩니다.

② 따라서 교회의 운영은 사람의 의사에 따라서 해가는 것이 아니라 성령께서 인도하심에 따라서 나가야 합니다. 성령은 지금도 교회 안에서 역사하십니다. 초대교회는 성령께서 인도하심 따라서 세워져 왔습니다(행 2:1~).

2) 성령께서 역사하심 따라서 순종하게 될 때에 교회가 부흥하여 왔습니다.
① 이곳에는 회개의 열매가 나타나게 되었습니다(행 2:37). 성령은 회개의 영이시기도 합니다.
② 성령이 역사하실 때에 인치는 역사가 있습니다(엡 1:13~14). 성령은 인치는 분이십니다(계 7:1~3).
③ 성령이 역사하실 때에 온갖 능력이 나타납니다(행 1:8). 성령은 권능을 주십니다.

셋째, 좋은 교회는 전도하고 선교하여 영혼 구원하는 일에 앞서는 교회입니다.

이 땅에 교회가 존재하는 목적이 선교입니다.

1) 교회가 존재하는 목적은 전도요 선교입니다.
① 그래서 성령이 임하시게 되었고(행 1:8) 사울과 바나바를 안디옥에 파송했습니다.
② 전도하고 선교하는 일은 성령께 순종하는 일입니다. 성령 받았으면 전도에 힘서야 합니다.

2) 영혼 구원의 역사는 교회 밖에 없습니다.
① 먼저 믿는 우리는 파숫군과 같습니다(겔 33:1~). 또한 빚을 진 자입니다(롬 10:14). 15절(And how can they preach unless they are sent? As it is written How beautiful are the feet of thous who bring good news).
② 우리교회가 지역과 국가와 세계를 향해서 전도해야 하겠습니다.
천국의 기념비적인 교회가 되기를 축원합니다.

결론 · 우리교회가 좋은 교회입니다.

 교회

모범적인 데살로니가 교회
데살로니가전서 1:1~10

사람이 세상을 살아가는데 많은 크고 작은 집단이나 모양이 있습니다. 거대한 국가조직에서부터 작은 사조직이나 모임까지 수없이 많이 있습니다. 그러나 교회 조직은 세상 조직과 다릅니다. 세상 조직은 그 목적과 방법이 모두 세상적이고 육신적인 일에 국한되지만 교회 조직은 영적이고 성경적이며 그 목적이 천국에 있기 때문입니다. 교회의 근본적이고 본질적인 존재 목적은 세상에 천국복음을 전해서 영혼을 구원하는데 있습니다. 그래서 금년도 표어가 "전도명령 선교명령 준행하여 지상교회의 본질을 구현하자"라고 했습니다만 이 사명을 잃어버린다면 교회의 문을 닫아야 할 것입니다.

교회는 역사 이래 지금까지 시대시대마다 이 계명을 완수해 왔습니다. 본문의 데살로니가 교회는 그 배경이 사도행전 17장에 있습니다. 핍박과 고난 가운데서 세워진 교회였으나 모범적인 교회로써 역사에 빛이 나게 되었습니다. 바울이 극히 칭찬했던 그 교회의 모범적인 모습을 보면서 교회가 그렇게 성장되기 원합니다.

첫째, 데살로니가 교회는 살아서 역사하는 교회였습니다.

교회들 중에는 죽은 교회 생명력을 상실한 교회도 있다고 예수님이 책망했습니다(계 3:1~18).

1) 살아 역사하는 교회의 모습은 세 가지 모습으로 말씀했습니다.
① 믿음의 역사가 따르는 교회였습니다. 믿음이 죽은 믿음도 있고(약 2:20) 파선된 믿음도 있습니다(딤전 1:18~20). 그러나 이 교회는 살아서 역사하는 믿음이 있었습니다.
② 사랑의 수고가 따르는 교회였습니다. 사랑은 반드시 수고가 따르기 마련입니다. 그래서 하나님은 사랑이시기에 독생자를 희생시켜 죽게 했습니다(요 3:16, 롬 5:7~8). 주님을 사랑하는 사람은 입으로만이 아니라 주님 위해서 희생이 따라야 합니다. 희생 없이 주의 복음 위해서 일할 수 없음

을 알아야 합니다.
③ 소망의 인내가 따르는 교회였습니다. 소망은 현재가 아니라 미래의 것입니다. 믿음의 사람은 미래의 소망 가운데 즐거워 해야 하기 때문에 낙심치 않습니다(롬 12:12, 롬 5:3).

2) 성령으로 말미암지 않고는 할 수가 없습니다.

이렇게 살아 있는 교회가 되기 위해서는 성령으로 가능합니다. 5절 "이는 우리 복음이 말로만 너희에게 이른 것이 아니라 오직 능력과 큰 확신으로 된 것이니" 했습니다.

① 성령의 능력이 임하게 될 때에 확신에 찬 신앙으로 나가게 됩니다.
② 보혜사 성령은 그래서 오셨고 지금도 역사하는 교회가 되어야 합니다.

둘째, 데살로니가 교회는 실생활에 모범을 보이는 교회였습니다.

우리는 예배당 안에서만 성도가 아니라 어디에서나 성도가 되어야 합니다.

1) 생활에 본(example)이 되어야 합니다.
7절 "'그러므로 너희가 마게도냐와 아가야의 모든 믿는 자의 본이 된지라" 했습니다.
① 믿음과 사랑과 소망이 본이 되었습니다.
② 핍박과 환난 가운데에도 참는 본이 되었습니다.
③ 참 교회는 예배당의 화려함이나 웅장한 외형에 있지 아니하고 신실한 성도의 삶 속에서 찾아야 합니다.

2) 우리교회는 시대적으로 모범적인 교회가 되어야 합니다. 시대적인 사명을 감당하는 모범적인 교회가 되어야 합니다.
① 은혜 받았다면 행하여야 합니다.
② 이 세대에 이런 사람(교회)을 찾고 계십니다(요 4:24, 시 101:6).

셋째, 데살로니가 교회는 주님 앞에 기쁨을 드리는 교회였습니다.

데살로니가 교회에 대해 바울에게 디도데가 전해주는 소식은 기쁨 그 자체였습니다(살전 3:5).

1) 교회가 모범적으로 세워질 때에 주님이 기뻐하시고 목회자의 보람이 됩니다.
① 우리교회가 모범적으로 세워져야 하겠습니다.

② 또한 주님의 심부름꾼이었던 바울에게 기쁨이 된 것처럼 주의 종이 보람이 되는 신앙생활을 해야 합니다.

2) 데살로니가 교회가 이렇게 된 이유가 있습니다.
① 말씀 위에서 서 있었기 때문입니다(살전 2:13). 말씀 위에서 세워진 신앙이라야 합니다.
② 이 세대의 불행은 교회들이 하나님 말씀과 이질적인 생활을 하는데 있습니다.
   우리교회 모든 성도들은 말씀위에 굳게 서서 모범적인 교회로 더욱 성숙되어 가게 되기를 축원합니다.

결론 · 주님의 우리교회가 더욱 모범적으로 부흥되어야 하겠습니다.

우리교회에 보내신 주님의 편지
요한계시록 3:14~22

지금은 시대가 발달되어 시골 구석구석마다 전화가 연결되어 있고 웬만한 사람이면 이동통신(Handphone)이며 팩스(Fax)까지 갖추고 살아가지만 불과 십수년전만 해도 이것들은 모두가 꿈속의 일이었고 오직 인편으로 전하든지 편지로 밖에는 소식을 전할 수가 없었습니다. 조금 더 옛날에는 글을 읽을 수 없어서 군대에 간 아들에게 편지를 쓰거나 편지를 보내려면 동네에서 몇 안 되는 글을 읽는 이에게 아쉬운 소리를 해서 대신 서신 왕래를 했던 시절이 있었습니다. 그런데 성경에는 예수님께서 우리 교회에 편지를 주셨다고 했습니다(고후 3:2).

우리의 현대사 속에서 편지의 일면에는 희로애락이 담겨져 있듯이 예수님의 편지인 성경 역시 우리에게 전해오기까지 수많은 희로애락의 역사 속에서 전달되었습니다.

본문이 기록된 요한계시록 2~3장은 소아시아 일곱 교회에 보내신 예수님의 편지인 동시에 이 모든 시대에 모든 교회들에게 주신 예수님의 편지이기에 우리 우리교회에도 보내 주신 편지입니다. 여기에는 칭찬과 책망, 그리고 권고의 권장 사항이 기록되어 있습니다.

첫째, 라오디게아 교회의 모습을 보시며 책망하셨습니다.

일곱 교회 중에서 사데교회와 함께 부유했던 교회였지만 예수님은 교회들을 향해서 책망하셨습니다.

1) 라오디게아 교회는 어떠했습니까?

라오디게아 교회는 차지도 아니하고 더웁지도 아니했습니다. 이 교회에 나타내 보여주신 예수님의 모습은 우리에게 시사하는 영적인 교훈이 매우 중요한 일이라고 할 것입니다.

① 아멘이신 예수 그리스도이십니다. 예수님은 아멘이신 예수님이십니다(고후 1:18, 빌 2:6).

그들은 부유했고 안약이 발달되어서 눈이 건강했고 금융업이나 염색업이 발달되어서 살기가 좋은 부자였지만 예수님 말씀은 불순종했기에 아멘이신 예수님으로 보여주셨습니다.
② 예수님은 충성되신 분이십니다(히 3:5~6).
모세는 사환으로 충성하였고 예수님은 아들로 충성하였습니다. 아브라함은 하나님 앞에 충성된 자였습니다(느 9:8). 그런데 라오디게아 교회는 충성에 메말랐습니다. 우리는 충성해야 합니다(계 2:10, 시 101:6).
③ 예수님은 참된 중인이십니다. 그래서 천국복음을 끝까지 전하셨습니다. 우리가 바로 중인입니다(행 1:8). 그런데 라오디게아 교회는 전도하는 것, 선교하는 일이 없었습니다.
④ 예수님은 창조주이십니다(요 1:1).
창조주이신 예수님을 보아야 합니다. 물질적인 세상을 보면 책망을 받게 됩니다.
2) 이와 같은 라오디게아 교회에 예수님을 책망하셨습니다.
① 뜨겁든지 차든지 해야 한다고 하셨습니다. 라오디게아에서 약 8km 떨어진 현재 지명인 「화묵칼레」에서 송수관을 타고 물이 들어오게 되면 식어져서 마실 수가 없다는 것입니다. 이 물은 온천수이기에 냄새가 나며 역겨워 마실 수가 없습니다. 뜨겁든지 차든지 해야 합니다(잠 25:13, 롬 12:11).
② 미지근한 신앙은 50%신앙입니다. 우리는 100% 신앙이어야 합니다.
세상에도 50%요, 하나님께도 50%라면 곤란합니다(왕상 18:21).

둘째, 우리가 바로 라오디게아 교회와 같은 형편이 아닙니까?

기독교 역사는 순교의 역사요 핍박을 견디어 온 역사인 바 한국교회 역시 예외는 아닙니다.

1) **한국교회는 시작부터 핍박과 환란이 많았지만 순교의 핏자국을 남기면서 부흥해 왔습니다.**
① 초창기의 핍박은 너무나 큰 것이었습니다.
② 일본시대의 핍박은 잊지 못할 핍박이었습니다.
③ 6.25 공산주의 밑에서는 죽음을 각오해야 합니다.
그런 곳에서 이겨온 교회가 지금 온갖 세속주의와 편의주의라는 시험에서 곤고한 가운데 있습니다.

2) 현재 상황을 생각해 보십시오
① 바쁘다는 핑계로 신앙이 추락하고 있습니다.
② 돈 번다는 핑계로 신앙이 추락하고 있습니다.
③ 세상의 향락과 쾌락주의에 엉켜서 추락하고 있습니다.
　심지어 어떤 사람들은 주일까지도 제멋대로 바꾸려 합니다. 창조의 복(창 2:3), 십계명에서 명한 복(출 20:8), 예수님의 부활의 복(마 28:1) 교회의 복이요 성령강림의 복(행 2:1), 초대교회에서부터 2000년간 지켜온 주일의 복(행 20:7, 계 1:10), 이 세속적인 일에 관계되어 논쟁의 대상이 된다면 곤란합니다(골 2:16). 우리교회는 뜨거운 신앙으로 승리해야 합니다.

셋째, 예수님은 신앙을 회복하라고 편지하셨습니다.

1) 신앙을 회복해야 합니다.
　미지근한 신앙에서 뜨거운 신앙으로 회복해야 하겠습니다. 미지근한 신앙에서 영적으로 사리를 판단할 수 있는 냉철한 신앙으로 회복해야 합니다.
① 성령 받아야 뜨거워집니다(3:18).
　"내가 너를 권하노니 내게서 불로 연단한 금을 사서 부요하게 하고" 했습니다.
　불속에 들어갈 때에 비로소 금이 나오게 됩니다. 금같은 믿음 역시 마찬가지입니다.
② 세마포 옷으로 갈아입어야 합니다(2:18). 예수로 옷 입어야 합니다.
③ 영의 눈이 띄어야 합니다(3:18). 마음의 문이 열리게 될 때에 인격적인 예수님이 들어오십니다.
2) 마지막으로 예수님은 권면하셨습니다.
① 듣고 순종하게 되면 영원히 살게 됩니다(신 28:1, 14).
② 듣고 불순종하게 되면 영원히 망합니다(신 28:15~68). 예수님의 편지를 잘 읽고 승리케 되시기를 축원합니다.

결론 · 지금은 시대적으로 라오디게아적인 시대입니다.

수문 앞 광장에서의 은혜로운 성회
느헤미야 8:1~12

세상에서 우리가 살아가는 동안에 어떤 일에든지 잘되고 형통하게 되기를 원합니다. 이것을 부흥(Renaissance) 또는 성장(Growth)이라고 말들을 합니다. 기업이 잘되어서 부흥하게 되고 국가의 모든 영역에서 발전해야 합니다. 교회 역시 이 땅에 있을 동안에 믿는 사람이 많아지고 하나님과의 관계가 바로 되어지는 축복이 있어야 합니다.

성경에서 하나님의 교회가 부흥되는 기사들이 있습니다. 미스바 성회(삼상 7:1~14)가 그 예요, 사도행전에서의 초대교회의 부흥이 그 예가 됩니다(행 2:1~). 마귀의 역사는 개인의 신앙이나 전체 교회의 부흥의 불을 끄려고 안달이지만 성령의 역사는 불을 붙이려 합니다. 이땅에 붙여진 교회 부흥의 불들이 꺼지지 않게 힘써야 합니다.

본문에서 유다 민족이 바벨론에서 70년만에 돌아와서 영적인 큰 부흥이 일어나게 되었는데 일컬어서 수문(Water Gate)앞 광장 부흥의 현장입니다. 본문에서 한국교회의 재부흥과 우리교회의 부흥하는 견본(Model)을 찾아봅시다.

첫째, 수문 앞 광장의 부흥은 말씀에 대한 목마름과 굶주림에서 시작되었습니다.

그들은 70년간 하나님의 말씀을 사모하였으며 이것이 수문 앞 광장에서 폭발적으로 나타나게 되었습니다.

1) 사모하는 곳에 은혜가 있습니다. 말씀과 하나님의 은혜를 사모하는 심령이 되어야 합니다.
   ① 마치 목마른 사슴과 같이 사모해야 합니다(시 42:1~).
   하나님께서는 사모하는 영혼을 만족케 하십니다(시 107:8~9).
   지금도 공산권이나 모슬렘권에서는 자유 없이 신앙을 지키며 사모하는 사람들이 많이 있습니다.

② 지금은 시대적으로 사모하는 마음이 세상의 다른 것으로 인하여 점점 약화되어 가는 시대 속에 있습니다. 1년에 양식이 없어서 기근으로 인하여 굶어 죽는 사람이 1,300만명씩이나 됩니다만 영적 기근은 더합니다. 때가 되면 영적 기근과 기갈의 때가 온다고 했습니다(암 8:10~11). 그래서 꿀과 송이꿀보다 더 달게 사모하고 금보다 더 사모해야 합니다(시 119:10).

2) 하나님의 은혜와 말씀을 사모하면 사모하는 표시를 해야 합니다. 가만히 앉아 있으면 곤란합니다.

① 유다인들은 수문 앞 광장에 모였습니다. 그들은 포로중에서 영적 서러움이 얼마나 큰 것인가를 깨달았습니다(시 137~). 그리고 이 날이 오기를 위해서 울었고 기다렸습니다.

② 그와 같이 우리의 마음이 하나님을 향하고 하나님의 은혜를 기다려야 합니다.
지금은 은혜 받을 때요 구원의 날입니다(고후 6:2~).

둘째, 수문 앞 광장에서 유대인들은 말씀을 들을 때에 경외심으로 말씀에 대하여 아멘(Amen)하였습니다.

1) 우리가 말씀을 들을 때에 말씀에 대해서 아멘해야 합니다.

① 이것이 수문 앞 광장의 은혜의 역사였습니다(느 8:6). 말씀에 대하여 아멘하여야 합니다. 손들고 아멘 했습니다. 아멘은 영어에서 지지하다(support), 신뢰하다(trest, belive), 진실로(truly)의 뜻이 있습니다.

② 이렇게 경외할 때에 은혜가 넘치게 되었습니다. 율법을 낭독하며 외치게 될 때에 울며 받았습니다(느 8:8).

2) 현대의 교회들에게 경종이 아닐 수 없습니다.

① 말씀이 들려질 때에 심령 속에서 우러나오는 아멘이 있어야 합니다.
아멘이 메말라 있다면 영적인 중병에 걸려 있다고 보아야 합니다.

② 아멘 하는 심령 속에 그 말씀이 살아서 역사합니다. 왜냐하면 하나님 말씀은 살았기 때문입니다(히 4:12). 데살로니가 성도들은 신앙이 칭찬받았던 이유가 여기 있습니다(살전 2:13).
미국의 억만 장자인 록펠러(Rocpeller)의 모친은 후대에게 교훈하기를

예배 시간에는 맨 앞자리에 앉아서 설교를 사모하며 들으라고 교육했는데 여기에 큰 축복이 있었습니다.

셋째, 수문 앞 광장에서의 예배 시간은 역사가 일어났습니다.

예배는 형식이나 어떤 종교적인 요식 행위로 끝나면 곤란합니다. 영적인 역사가 마음속에서부터 일어나야 합니다. 왜냐하면 예배는 하나님과의 약속이기 때문입니다.

1) 이 시간에 꼭 따라와야 되는 것이 있습니다.
① 통회하고 자복하고 회개하는 역사가 일어나야 합니다. 유다인들은 회개하는 역사가 일어났습니다(9:1). 신약교회 역시 성령의 역사로서 회개의 역사가 일어나게 되었습니다(행 2:38).
② 이곳에는 또한 성령의 역사로 참 기쁨과 평안이 넘치게 됩니다. 평강이 있습니다. 세상에서 얻을 수 없는 것들입니다(요 14:27).
③ 주를 위한 헌신의 다짐이 예배 시간에 생기게 됩니다. 이것이 살아있는 교회요 성도의 예배입니다.

2) 우리교회가 모일 때마다 수문 앞 광장이 되게 해야 합니다.
① 시대적 흐름에 따르지 말고 말씀에 귀를 기울여 나가야 합니다.
② 교회에 모이는 것은 영적인 변화가 함께 은혜와 축복이 일어나게 하기 위함입니다.
여기 우리교회에서 간증들이 터져 나오게 되기를 축원합니다.

결론 · 수문 앞 광장의 역사는 지금도 계속됩니다.

부흥을 위하여 힘쓰는 교회
사도행 2:37~47

부흥이라는 말은 매사에 귀하게 작용되는 용어입니다. 국가적인 차원에도 부흥되어서 경제적으로 후진국이나 중진국이 아니라 선진국의 대열에 서야하겠고, 기업도 중소기업에서 대기업으로 발전해서 세계적인 기업 수준으로 성장해야 하듯이 하나님의 교회 역시 성장해야 하고 부흥해서 교회가 교회로서의 큰 일을 할 수 가 있습니다. 영적인 교회 성장의 모습을 우리는 성경에서 찾게 되는 데 초대교회가 그랬습니다.(47절) "하나님을 찬미하며 또 온 백성에게 칭송을 받으니 주께서 구원받는 사람을 날마다 더하게 하시니라" 했습니다. 그래서 오순절 때에 120명이 성령 충만 받아서 3,000명으로 5,000명으로 기하급수로 부흥케 되었던 초대교회를 보게 됩니다. 초대교회의 부흥을 보면서 우리 교회의 부흥과 침체되어 간다는 한국교회의 부흥의 모습을 다시 한 번 제시하며 진단해 봅니다.

1. 교회 부흥은 전도에 힘을 쏟을 때에 오게 됩니다.

전도해서 부흥된다는 사실은 자연적 원리이며 성경에서 제시한 사실입니다.
1) 초대교회의 부흥은 전도할 때에 오게 되었습니다.
교회가 전도하는 것은 당연한 일이요 전도할 때에 교회가 부흥합니다.
① 사도들은 크게 외치며 전했습니다.
 (14절) "베드로가 열 한 사도와 같이 서서 소리를 높여 가로되…"라고 했습니다. 가룟 유다는 제 길로 가게 되었지만 열 한 사도가 큰 소리로 외치게 되었다는 장면을 보게 됩니다. 교회는 큰소리 내어 전해야 합니다. 우리교회가 동네와 세계를 향해서 큰 소리로 전해야 합니다. 전도에 소리가 약하면 곤란합니다. 크게 전해야 합니다.
② 그 결과로 말씀을 전할 때에 회개의 역사들이 나타나게 되었습니다(37~38). 전도하게 될 때에 생명을 살리는 역사가 일어나게 됩니다. 우리교회는 전 교인 전도인화가 필요합니다. 이것이 교회의 사명이요, 먼저 구원받은 성도의 사명입니다(딤후 4:1~7). 전도에는 몇 가지 원칙이 있

습니다. 전도지로 가는 일이요(마 28:19), 사람을 만나야 하는 일이요, 입을 벌려서 크게 전해야겠습니다. 그 결과로 주께서 열매를 맺도록 성령으로 인도해주십니다.

2) 지상교회의 최대의 사명은 전도요, 선교에 있습니다.

개인적인 차원에서든지, 교회적인 차원에서든지 간에 영혼을 구원하시는 주님의 뜻에 따라서 순종하는 일입니다.

① 일찍이 유명인들이 전도에 응하여 구원을 받게 되었습니다.

(마 4:18)예수님의 제자들이 예수님의 전도에 응하게 되었습니다(요 1:45) 나다나엘은 빌립의 전도에 응하여 제자가 되었습니다. 우리는 빌립과 같이 '와 보라'(Come and see)고 해야 합니다.

② 교회부흥은 여기에서부터 시작합니다.

수원 중앙침례교회는 김장환 목사님이 처음에 미국에서 귀국해서 성경공부부터 시작했는데 그때에 부흥이 시작되었고, 미국의 유명한 교회들이 모두가 전도에서부터 교회가 부흥된 결과를 미국 십대 교회를 통해서 읽을 수 있는 대목입니다. 전도하는 교회는 부흥이 되지 않을 수 없으며 상급이 큽니다(단 12:3).

2. 교회부흥은 기도에 힘을 쏟을 때에 따라오게 됩니다.

교회가 성장하기 위해서는 기도의 열기가 중요합니다.

1) 초대교회는 기도에 힘쓰는 교회였습니다.

"(42절)기도에 전혀 힘쓰니라(devoted…and to prayer)", "(1:14)마음을 같이하여 전혀 기도에 힘쓰니라" 했습니다. 교회 부흥의 요수 중에는 기도가 원동력입니다.

① 기도해서 능력받게 될 때에 전도하는 원동력이 됩니다.

전도는 영적인 전투에 비교되기 때문에 영적 능력이 요구되며 여기에 기도가 요구됩니다. 기도하지 않고는 영적 전쟁인 전도에서 승리할 수 없게 됩니다.

② 기도하는 교회들은 모두가 부흥하는 교회들이었습니다.

여기에 큰 부흥의 역사들이 나타나게 되는데 한국교회의 부흥의 배후에는 강단마다, 골짜기마다, 골방마다에서 기도하는 기도의 무릎들이 있기 때문입니다. 그래서 한국에 왔던 미국 선교사는 한국 교회의 부흥의 원동력은 '마루 장신앙'에 있다고 미국 교회에 보고한 바가 있습니다.
2) 현대 교회들이 기도에 대해서 생각은 있으나 실제가 약해집니다.
생활에 여유와 함께 약해지는 마루장 신앙들을 깨워야 합니다.
① 개인 기도에 힘써야 합니다.
　차가운, 불도없는 마루바닥에서 부르짖던 기도의 시절이 회복되어야 합니다. 몸 속에 피가 계속 생산되어야 살아가듯이 기도 역시 계속적이어야 합니다.
② 교회적인 차원에서 기도의 불이 꺼지지 않게 해야 합니다.
　우리교회는 불꺼지는 시대에 불을 붙이는 교회로 성장해야 합니다. 여기에 사명이 있음을 깨달아 우리 모두 기도의 불을 붙여야겠습니다.

3. 교회 부흥은 모이기를 힘쓰며 떡을 뗄 때는 사랑의 교제에 있고 이것은 초대교회의 특징이기도 했습니다.

(46절) "날마다 마음을 같이하여 성전에 모이기를 힘쓰고" 했습니다. (Every day they continued to meet together in the temple courts)

1) 초대교회는 모이는데 힘을 썼습니다.
현대 사회 구조가 바쁘게 돌아가지만 성도는 이것이 살길입니다.
① 초대교회는 핍박과 환난 중에서도 모이는데 힘썼습니다.
　자기 사욕을 따를 때가 아니라(딤후 4:3)모여야 합니다.
② 말세 성도에게 경고했습니다(히 10:25)
　모이기를 폐하는 것이 말세이지만 '더욱'이란 말에 귀를 기울여야 합니다. 더욱(and all the more…)모여야 할 때입니다.
2) 모여서 영적인 일에 추구해야 할 때입니다.
교회에는 언제나 불이 꺼지지 않아야 합니다.
① 모여서 사랑의 교제와 떡을 떼는 나눔의 광장도 중요합니다.
　수평과 수직이 교차될 때에 이것이 십자가입니다.
② 초대교회는 핍박의 수렁에서도 교회가 부흥한 것이 성령의 이와 같은 인도에 따라서 순종했기 때문입니다.
　찬바람만 날리는 세상속에서 우리교회가 이렇게 부흥되기를 축원합니다.

결론 · 우리교회가 마지막 시대에 성장해야 합니다.

한 사람의 존재가치와 국가
예레미야 5:1

`국가`

인구 증가와 산업의 발달로 인한 세태는 세상에서 인간이 인간의 생명경시를 하는 그릇된 방향으로 흘러가고 있지만 예수님은 한 생명이 천하보다 더 귀하다고 하셨습니다. 남을 죽이는 일이나 자기 생명을 스스로 버리는 일도 살인이기에 살인하지 말라(you shall not murder)고 하셨습니다. 한 사람의 가치가 귀함은 본인 뿐만 아니라 타인이나 국가에 미치는 영향을 볼 때에 더욱 귀한 인식을 하게 됩니다. 여기에 흥망성쇠의 역사가 있기 때문입니다. 소돔과 고모라 성에는 의인 10명이 없어서 망하게 되었다면(창 18:32), 본문에서는 예루살렘 거리에 의인 1명이 없었기에 결국 바벨론에 70년간 망하게 되는 유다의 국운을 보게 됩니다.

덴마크(Denmark)라는 나라는 스칸디나비아 지역에서 제일 심한 박토를 가지고 있으나 '그룬트비' 라는 사람에 의해서 국가가 일어서는 계기가 되었습니다. 반면에 멕시코, 아르헨티나, 필리핀, 이집트 등 여러 나라들은 한 때 부국의 나라였으나 피폐해진 후진으로 전락한 것은 지도자 한 사람을 잘못 만났기 때문입니다. 3.1절에 즈음하여 33인 중에 기독교인이 16명이었고, 세상을 떠들썩하게 했던 때를 생각하며 의인 한 사람을 찾고 계신 하나님 앞에서 우리는 모두 다시 한번 이 나라를 위해서 기도해야 하겠습니다.

첫째, 예루살렘 거리를 순회하시듯이 하나님은 대한민국을 순회하시며 보실 것입니다.

하나님은 온 땅을 감찰하신다고 하셨습니다.

1) 하나님은 온 세상과 마음까지 감찰하시게 됩니다.

"그 넓은 거리로 빨리 왕래하며 찾아 보아라" 했습니다(Go up and down the streets of Jerusalem, look around and consider, search through her squares.).

① 개인의 마음과 생활도 감찰하십니다.

"나의 눕는 것을 감찰하시며" 하였고(시 139:3), 바울은 "마음을 감찰하시는 하나님" 이라 하였으며(살전 2:4, 롬 8:27), 또한 사상까지 아신다고 하였습니다(삼상 16:7, 렘 11:20).
② 개인과 개인 사이도 감찰하십니다.
"너와 나 사이에 감찰하옵소서"(창 31:49) 하였는데 개인과 개인 사이도 모두 감찰하시는 하나님이십니다. 법원 청사의 상징인 저울이 청사 정면에 부착되어 있습니다. 그러나 세상 법정은 때로 억울한 일이 있지만(암 5:7, 15, 21~24) 하나님은 정확하게 감찰하십니다.
③ 국가의 지도자나 국가의 불법도 하나님은 감찰하시고 달아보십니다(시 66:7, 단 5:24~28). 특히 바벨론 왕이었던 느브갓네살 왕과 그의 아들 벨사살 왕을 달아보셨습니다.

2) 예루살렘 거리도 달아보셨습니다.
Go up and down the streets of Jerusalem. 예루살렘 성지(Holy land)로 거룩한 땅입니다.
① 이곳은 성전이 있는데 대대로 약속한 곳입니다(대하 3:1, 창 22:9,10). 그러나 그곳이 하나님께서 버리시는 곳이 되었습니다(사 1:7,8, 렘 3:11).
② 하나님께서는 성전부터 심판하시겠다고 하셨습니다(겔 9:1~6).
3.1절을 맞이하여 우리는 성경적인 입장에서 이 나라를 생각하고 기도할 때입니다. 일제통치 36년과 6.25의 잿더미에서도 건져 주시고 여기까지 발전과 축복해 주신 이 땅이 지금 어디로 가고 있는지 생각하고 회개하며 기도할 때입니다. 우리의 소망은 오직 하나님 밖에 없음을 재인식해야 합니다.

둘째, 유다의 죄는 돌이킬 수 없을 만큼 쌓여만 가게 되었고, 멸망으로 기울게 되었습니다

하나님의 심판은 하루아침에 단번에 이루어지지 않습니다.

1) 선지자를 보내셨습니다.
① 부지런히 보내셨습니다(렘 6:16,17, 렘 25:3,4). 그러나 유다백성은 듣지 아니하다가 망했습니다.
② 하나님 말씀을 듣게 되면 살게 됩니다. 듣는 자는 살게 되고(요 5:29), 하나님은 다시 싸매어 주시며(호 6:1), 그래서 예수님은 지금도 오라고 부르십니다(마 11:28).

2) 유다와 예루살렘의 죄들을 보셨습니다.

① 정치와 사회, 경제 모든 분야에 죄로 가득했습니다.
신발 한 켤레로 의인이 팔리며, 팔았습니다(암 2:6). 이것이 경제요 정치였습니다. 사회 분위기였습니다.
② 종교적으로는 하나님 대신에 우상이 가득 했습니다(렘 5:19, 2:28).
우상이 성읍의 수만큼 많았습니다. 이 세대에 우리는 이 나라 대한민국을 위해서 기도하고 자복하면서 거리거리와 심지어 대학생들 사이에 이동 통신이며 공공 방송에까지 가득한 우상을 타파하기 위해서 기도해야 할 때입니다. 3.1절은 일본을 대항해서 일어나게 되었지만 이제 이 땅에 죄를 대항해서 일어날 때입니다.

셋째, 한 사람의 의인의 결과는 국가의 앞길을 좌우합니다

의인 한 사람의 가치가 유다인을 70년간 팔리게 했습니다.

1) "한 사람이라도 찾으며" 했습니다.
If you can find but one person. 여기에서 'one person' (한 사람)이 중요합니다.
① 예루살렘 거리에 한 사람의 의인을 찾을 수 없었습니다.
사무엘의 절박한 기도가 나라를 살리게 되었고(삼상 12:23), 모세의 구국적 기도가 나라를 살리게 되었는데(출 32:32), 이제는 그들이 없어지게 된 것입니다.
② 멸망이 오게 될 때에는 때가 늦었기에 모세와 사무엘이 와도 소용이 없습니다(렘 15:1, 시 99:6). 언제나 때가 중요합니다.

2) 대한민국의 장래가 교회에 있고 성도들에게 있습니다.
① 예루살렘 거리와 같이 이 땅에서 기도하며 하나님께서 찾으시는 의인들이 되어야 하겠습니다. 지금이라도 늦지 않았기에 회개합시다(욜 2:15).
② 이 나라 대한민국의 살 길은 하나님께 있습니다. 지정학적인 위치나 국토의 분단 등 여러 가지 세태 속에서 우리의 살 길은 하나님께만 있음을 자각해야 합니다.

교회여, 성도들이여 일어나 구국적 입장에서 빛을 발하게 되는 성도들이 되시기를 축원합니다(사 60:1).

결론 · 하나님은 대한민국에 대해서 관심이 크십니다.

하나님께서 주시는 복의 비결
신명기 28:1~6

국가

세월의 흐름을 말할 때에 유수(흐르는 물)와 같다고 했습니다. 저 세차게 흘러가는 강물도 댐을 만들어서 멈추게 할 수 있지만 흘러가는 세월은 막을 장사가 없습니다. 하나님의 축복이 금년에도 성도들의 가정에 임하기를 새해 벽두마다 기도합니다.

전통적인 복(Traditional Bless)을 말할 때에 오복을 말했습니다. 성경은 우리에게 영원한 생명을 얻게 된 영생의 복이라고 했습니다. 예수 그리스도 안에서 얻게 된 영생의 축복이 약속되어 있거니와 세상에 살아갈 동안에도 축복은 약속되어 있습니다(요한 3서).

본문에서 하나님께서 이스라엘 백성들에게 축복을 약속해 주셨는데, 오늘날에도 이 축복은 영적 이스라엘 백성들인 우리들에게 유효합니다. 이스라엘이 거하는 땅은 사막이지만 물만 대면 옥토로 변하는 사막이기에 이스라엘은 지금 세계적인 국가로 유럽의 농산물이며 꽃들을 수출하는 나라가 되었습니다. 우리가 살아가는 세상이 지금 광야와 같은 세상이지만 하나님의 은혜 속에 살아갈 때에 놀라운 변화들이 일어나게 되는 확신의 현실입니다.

우리나라는 지금 국가적으로 더욱 세계 속에 축복을 받아야 합니다. 좁은 국토인데다가 분단된 국가요, 언제나 공산주의와 아직도 총부리를 겨누고 살아가는 나라입니다. 한국 사람에게는 두뇌(Brain) 밖에 없지만 하나님께서 우리나라를 축복하시면 세계적인 나라로 사용하실 수 있습니다. 이 땅에 올림픽(Olimpic)과 월드컵(World Cup)을 통해서 세계 속에 알리게 하신 것은 한국을 통해서 선교의 사명을 다해 나가기 위해서 주신 축복이 있기 때문입니다. 선교의 사명을 위해서는 또한 하늘 문이 열리는 축복을 받아야겠습니다. 현대 그리스도인들에게 약속하신 축복을 받기 위해서 본문에서 몇 가지 은혜를 나누어 보겠습니다.

첫째, 세계 민족 위에 뛰어나게 하시는 축복입니다.

1절 "네 하나님 여호와께서 너를 세계 민족 위에 뛰어나게 하실 것이라" 했습니다.

1) 비록 국토는 좁고 민족적으로 적은 민족이지만 이런 축복을 약속했습니다.
① 국가가 잘되는 것도 하나님께서 세워주셔야 합니다(시 127:1).
오늘의 미국은 청교도 정신(puritanism)이라는 기독교 정신이 그 바탕에 주류를 이루고 있기에 축복이며, 그래서 그들의 돈인 달라(dallers)에는 '우리는 하나님 안에서 신뢰한다(in God We trust)'고 인쇄되어 있습니다.
② 비록 작지만 이스라엘은 구별된 국가였습니다. 너희 민족이 크거나 숫자가 많아서가 아니라(신 7:7) 했습니다. 우리나라가 적은 나라이지만 하나님께서 사용하시면 크게 역사하시는 나라로 믿어야 합니다.
2) 이는 예수 그리스도안에서 약속하신 축복입니다.
① 세계 역사를 볼 때에 복음이 강성했던 나라는 국가도 강성했습니다. 한 때 세계를 지배했던 스페인, 포루투갈, 영국, 프랑스, 그리고 현대 미국을 보시기 바랍니다. 우리나라 역시 믿음 위에 서게 될 때에 축복이 있습니다(갈 3:9).
② 우리나라가 크게 되기 위해서는 하나님 잘 섬기는 나라가 되어야 합니다. 그나마 믿음을 저버리게 되면 망하게 됩니다.

둘째, '하늘의 보고를 열어서 복이 넘치게 하시리라' 했습니다.

지금 말씀 하시던 때는 광야 생활 때입니다.
1) 풍족하게 해 주시리라 했습니다. 나가도 들어가도 복이며, 우양이며 토지며 모든 면에 복이 임하게 하신다고 했습니다.
① 하나님의 축복은 장소가 상관이 없습니다(민 11:18~23).
② 광야에서 보여 주셨습니다. 메추라기 떼와 만나를 먹여 주셨습니다. 예수님은 가나 혼인 잔치에서 보여 주셨습니다(요 2장). 오병이어 사건에서 보여 주셨습니다. 예수님은 가나 혼인 잔치에서 보여 주셨습니다(마 14:14).
2) 기업을 운영하거나 경제생활에서 하나님과 동업하시기 바랍니다.
① 어려움 가운데서 낙심치 말고 하나님이 내 편임을 언제나 인식하시기 바랍니다.
② 믿음대로 하시고 말씀대로 순종해 나가게 될 때에 그대로 될 것을 믿으

시기 바랍니다. 하나님의 약속은 변하시지 않습니다.
3) 금년 1년간에도 하나님의 축복이 임하시기 바랍니다.
① 하나님께서 주시기로 되어 있어도 구해야 합니다(겔 36:36).
② 야베스가 축복을 구하게 될 때에 주셨습니다(대상 4:9~10). 야베스는 그대로 축복을 받습니다.

셋째, 하나님이 지켜 주시고 보호해 주시는 축복이 약속되었습니다.

1) 하나님께서 지켜 주셔야 합니다.
① 하나님은 역대적으로 이스라엘을 지켜 주셨습니다. 당대의 강국에서부터 때를 따라 보호해 주셨습니다.
② 사실적으로 하나님께서 함께 하실 때에는 이겼습니다. 이 사실이 기록된 모습을 보십시오(대하 14:9). 아사 왕은 구스 왕을 이겼습니다. 다윗은 어디를 가든지 이기게 되었습니다(삼하 8:6~15).
2) 하나님께서 이기게 하실 때에 우리가 금년에도 매사에 이기게 될 줄 믿고 나가야 합니다.
① 국제적 관계에도 이겨야 합니다.
② 개인적 차원에서도 이겨야 합니다.

넷째, 하나님께서 이 모든 복을 주시는 복을 받는 비결이 여기에 있습니다.

1) 하나님 말씀을 듣고 그 말씀대로 행하는 것입니다.
① 사람이 사는 길이 여기에 있습니다(요 1:11, 눅 5:1).
② 우리가 사는 길은 하나님 말씀에 있습니다.
2) 우상을 멀리하고 말씀 따라 섬길 때에 축복이 보장됩니다.
① 아브라함이 받은 복을 보십시오(갈 3:9).
② 약속된 축복의 주인공들이 되시기를 바랍니다.
변치 않는 축복의 약속이 성도들에게 임하기를 축원합니다.

결론 · 이 약속은 지금도 유효합니다.

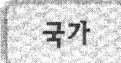 히스기야 왕이 맞은 환난 때의 밤
열왕기하 18:1~7, 19, 35~19:1~3

　환난의 때를 대개 밤으로 표현할 때가 많이 있습니다. 애굽에 10가지 재앙을 내리게 될 때에도 여호와의 밤이라 하였고(출 12:42), 유다 백성들이 바벨론에 포로되어 갈 것을 예언하는 말씀에서도 밤으로 말씀했습니다(미 3:6). 그런데 이 밤은 육적인 밤도 밤이지만 영적인 밤도 있어서 영적인 타락의 밤도 있습니다. 우리나라는 과거 역사 속에서 많은 밤을 만났습니다. 1910년 한일 강점기를 통한 밤이며, 해방 후 6.25 공산주의자들에 의한 밤이 그랬는데 그 상처가 지금까지 고통을 주고 있습니다. 그래서 "너는 내일 일을 자랑치 말라 하루 동안에 무슨 일이 일어날는지 네가 알 수 없음이니라"(잠 27:1) 했습니다. (Do not boast about tomorrow for you do not know what a day may bring forth) (눅 12:19~20, 약 4:13~14)

　본문에서 유다 왕 히스기야는 아하스가 죽고 25세에 즉위하게 되었는데 앗수르 왕이 쳐들어오는 전쟁의 밤을 만나게 되었습니다. 지독했던 환난의 밤을 맞은 히스기야가 어떻게 타개해 나갔는지 살피고 우리가 맞은 여러 가지 밤을 이기는 길을 찾아야 하겠습니다.

첫째, 히스기야는 환난과 능욕의 밤이 왔어도 하나님을 향한 믿음의 정도를 걸어갔습니다.

　밤이 왔을 때에도 변치 않고 꾸준하게 믿음의 정도를 가야 합니다 이것이 믿음의 선진들이 걸어간 길입니다(욥 23:10, 왕하 19:3).

　1) 어떤 일이 있든지 믿음의 정도를 벗어나지 말아야 합니다.

　히스기야는 곤란과 채벌과 능욕의 날이었지만 (왕하 19:3) 하나님을 믿었습니다.

　① 하나님 앞에 정직한 믿음을 바르게 지켜야 합니다.
　　(3절) "히스기야가 그 조상 다윗의 모든 행위와 같이 여호와 보시기에 정직히 행하여" 했습니다. 성도는 세상이 어떻게 변해도 바른 믿음을 유지해야 합니다.

② 하나님만 의지하게 되었습니다.
왕이기 때문에 외형적 힘도 있겠지만 더욱 하나님만 의지했습니다.
(5절) "히스기야가 이스라엘 하나님만 의지하였는데 그의 전후 유다 여러 왕 중에 그러한 자가 없었으니" 했습니다. 전도자 바울은 오직 십자가만 자랑하였고 하나님을 의지했습니다(갈 6:14).
③ 하나님과 연합한 생활 속에서 하나님과 동행했습니다.
(6절) "곧 저가 여호와께 연합하여 떠나지 아니하고" 했습니다. (He held fast to the Lord and did not cease to follow him) 에녹은 300년간 하나님과 동행하였고(창 5:21~24) 예수님은 포도나무 비유에서 주안에 있을 것을 강조하셨으며(요 15:1~7) 바울은 예수 안에(in Jesus)라는 말을 그의 신학의 중심으로 삼았습니다. 이것이 환난의 밤이 왔을 때에 사는 길입니다.
④ 하나님의 계명을 순종하는 생활이었습니다.
(6절) "여호와께서 모세에게 명하신 계명을 지켰더라" 했습니다. (he kept the Commands the Lord had given Moses) 이것이 곧 히스기야의 승리의 비결인바 성경에 약속했습니다(신 28:7).

2) 히스기야는 철저히 우상을 버리고 타파했습니다.
부왕이 섬기던 우상은 물론이고 모세의 놋뱀까지도 부숴서 가루로 흩어지게 했습니다. 우리 주변에는 조상 섬김과 부모와의 갈등적 문제로 신앙을 버리는 경우들이 있는데 안타까운 일입니다.
① 어떤 우상이든지 간에 하나님은 철저히 금하셨습니다(출 20:1~6).
따라서 우리는 이 나라에 우상이 무너지기 위해서 기도해야 합니다. 이 나라에는 구석구석마다 우상이 들끓고 있으며 공공방송이며 자연 환경 가운데도 우상이 난무해 있습니다.
② 대한민국이 살 수 있는 비결은 우상을 타파하고 하나님께 돌아오는 길뿐입니다.
문화재라는 명목으로 성행하는 그릇된 관행도 이 땅에서는 빨리 사라져야 할 문제들입니다. 설악산 국립공원 입장료가 3000원인데 그 중에 1700원은 사찰로 유입되어 1년 결산만 해도 몇 백억 원에 이르는지 모를 일입니다. 실로 통탄할 일이 아닐 수 없다 하겠습니다.

둘째, 히스기야 왕이 만났던 환난과 능욕의 밤을 보겠습니다.

왕위에 올라서 만난 첫 번째 환난과 능욕의 밤을 말합니다.

1) 국가와 민족적으로 당면한 환난과 능욕의 밤이었습니다.
왕으로써 견딜 수 없는 환난이요, 능욕입니다.
① 앗수르 왕 산헤림이 185000명의 군사로 쳐들어 왔습니다.
무너지기 직전의 위기 가운데 처하게 되었습니다. 장차 세상은 무서운 전쟁이 오게 되는데 석학 아놀드 토인비 박사(Arnold Toynbee)는 "계시록의 붉은 말의 정체가 모든 인류에게 공포의 밤으로 몰고 갈 것이라" 했습니다. 최근 일어난 아프카니스탄과 이라크 전쟁에서 우리는 현대 전쟁의 무서움을 보았습니다.
② 이 날이 이런 현상이 오지 않기 위해 기도해야 합니다.
우리에게 전쟁이 오면 전후 50년 이상 발전시켜온 모든 것이 하루아침에 잿더미로 변합니다. 이 나라에 있는 겉으로 드러난 시설들이 모두 무기가 될 것입니다. 가스, 전기, 수도, 컴퓨터 생활 모두가 드러나 있습니다. 이는 전쟁보다 더 무서운 암흑이 될 것입니다.

2) 히스기야 왕은 위기의 밤을 기도로 극복했습니다.
환난과 책벌의 때에 기도밖에 없음을 말씀합니다.
① 선지자 이사야에게 기도 요청을 하였고 히스기야 자신도 기도했습니다. 하나님은 기도를 듣고 계십니다(시 94:9).
② 산헤림이 보낸 편지를 성전에 펴놓고 기도했습니다(왕하 19:15). 이 기도에 하나님은 응답해 주셨습니다.

셋째, 능욕과 환난의 밤이 변하여 응답과 축복의 밤으로 반전되었습니다.

위기가 호기로 변했고 밤이 변하여 낮이 되었고 근심이 찬송이 되었습니다.

1) 기도는 문제를 역전시키게 됩니다.
야구에서 보면 위기의 9회말 투아웃에서 만루 홈런으로 역전이 된 것과 같은 사실입니다.
① 이 기도는 부르짖는 기도였습니다.
기도는 부르짖어야 합니다(렘 33:1~3). 히스기야 역시 부르짖었습니다

(대하 30:20, 왕하 19:1).
② 믿음의 사람들도 기도하고 믿었습니다.
다윗 역시 믿음의 사람으로 유명합니다(삼상 17:45). 그래서 골리앗을 이겼습니다. 우리는 위기 때에 하나님을 믿고 기도해야 합니다. 기도는 상황을 역전케 합니다.

2) 전세가 역전하여서 히스기야의 승리로 끝이 났습니다.
이사야를 통하여 응답이 왔습니다(왕하 19:34).
① 산헤림의 군대는 완전히 망하게 되었습니다(왕하 19:35). 밤이 변하여 낮이 된 것입니다.
② 이스라엘 유다 백성들에게는 축제의 밤이 된 것입니다.
마치 이스라엘은 하나님의 밤이지만 애굽은 통곡의 밤과 같습니다(출 12:42). 이 하나님을 믿고 현재 당면한 문제를 승리 하시기를 축원합니다.

결론 · 하나님은 지금도 역사하십니다.

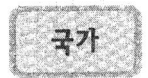

유다 백성들의 불행의 원인
예레미야 5:1

역사가 흘러가면서 이 땅에는 수많은 국가들이 흥망성쇠하면서 지금까지 오게 되었습니다. 그런데 지구촌의 국가들이 흥할 때에는 반드시 그 흥하게 되는 원인이 있거니와 패망하는 곳에도 그 원인이 있기 마련입니다. 고대 로마가 강력했지만 망하게 된 것은 아놀드 토인비(Anold Toynbee) 박사를 비롯한 유명 역사학자들은 한결같이 외부 침략에 의한 망함이 아니라 내부의 부패로 인해서 망하게 되었다고 지적했습니다. 백수의 왕인 사자는 다른 짐승에게 잡혀서 죽기 보다는 자체적인 병 때문에 죽는다고 합니다.

성경에는 이스라엘 백성들이 망하기 전에 선지자들을 통해서 수없이 경고했습니다(렘 1:16). 그러나 듣지 아니하다가 결국 북쪽 이스라엘은 주전 728년 앗수르에 의해서 망하였고 남쪽 유다는 568년 바벨론 느부갓네살 왕의 침공으로 망하게 되었는데 본문은 침공 당하기 전에 예레미야를 통해서 주신 말씀입니다.

우리는 이 시간 다시 한번 8.15 광복절을 맞이하여 하나님의 말씀에 귀를 기울이는 시간이 되어야 합니다.

첫째, 유다가 망하게 된 원인을 밝혀 줍니다.

그것은 하나님을 떠났기 때문입니다. 하나님의 백성이 하나님을 떠나면 망하게 되고 슬픔이 찾아옵니다. 1절 "너희는 예루살렘 거리로 빨리 왕래하며 그 넓은 거리에서 찾아보고 알라. 너희가 만일 공의를 행하며 진리를 구하는 자를 한 사람이라도 찾으면 내가 이 성을 사하리라." 했습니다. (People of Jerusalem run through your streets Look around see for yourselves search the marketplace can you find one person. who does what is right and tries to be faithful to God If you can the Lord will forgive Jerusalem)

1) 구체적으로 유다 백성들이 어떤 죄에서 망하게 되었는지 보겠습니다.
① 의인이 없었다고 했습니다.

소돔과 고모라성은 의인 10명이 없었고 결국 망하게 되었습니다(창 18장). 니느웨 성은 요나가 전하는 말씀에 회개하여 살게 되었습니다(욘 3:6). 그러나 유다 백성은 회개도 없고 의인도 없었습니다.

② 이방신을 따라가며 하나님을 떠났습니다(5:18~19).
제1계명을 범하며 하나님을 불순종하게 되었습니다.

③ 말씀 전하여 주는 선지자들의 말씀을 듣지 아니했습니다(렘 25:3~4). 귀 있는 자는 들으라고 하셨습니다(마 13:43). (Listen, then if you have ears)
성령이 교회들에게 하시는 말씀을 들을찌어다 했습니다(계 2:7). (If you have ears then lister to what the spirit says to the churches)들을 때 살게 되고 믿음이 생기게 됩니다(롬 10:17, 요 5:25).

④ 하나님의 은혜를 모르는 죄였습니다(24절). 은혜를 받고도 은혜를 모르는 죄에 빠지게 되었습니다.

⑤ 불공정한 재판 때문에 억울한 자가 많아지게 되었습니다.
예수님의 말씀에 약대는 삼키고 하루살이는 걸러내는 자들(마 23:24) 했습니다. (Blind guides you strain a fly out of your drink but swallow a Camel) 부정, 부패의 나라였습니다.

⑥ 종교계의 타락이 부패의 온상이었습니다(30~31).
이 땅의 교회들이 정신차려야 할 때가 지금입니다.

2) 회개하는 민족, 회개하는 사람은 소망이 있습니다.

① 이제라도 회개하라고 하였으나 회개가 없습니다. 이것이 망한 원인입니다(사 1:18, 욜 2:12).

② 회개하는 길만이 살 길입니다(마 3:8, 요일 1:9).
우리는 개인의 죄, 민족적인 죄를 회개해야 합니다.

둘째, 사는 길은 하나님을 가까이 하는 길입니다.

이것은 약속하신 말씀이요 생명의 길입니다.

1) 하나님께 가까이 갈 때에 살게 됩니다.
① 하나님의 약속은 생명입니다(신 28:1~14, 시 128:1).
② 하나님을 떠나면 결국 위로 받지 못할 슬픔이 옵니다(렘애 1:1).

2) 하나님을 가까이 하는 길은 멀리 있지 않습니다.
① 말씀 속에서 역사하십니다.
② 성령의 역사로 감화주며 역사하십니다.

셋째, 모든 성도들과 교회들은 지금 구국적 차원에서 기도할 때입니다.

유다 민족의 역사는 우리의 거울입니다.
1) 회개하며 기도해야 할 때입니다.
① 우상 섬기는 죄를 회개하며 우상이 무너지도록 기도해야 하겠습니다. 우상은 망하는 길입니다.
② 사치와 방탕과 불공정한 일들을 위해서 기도해야 하겠습니다. 그리고 정치가 바르게 되기 위해서 기도해야 합니다.
③ 주의 교회들이 바르게 서기 위해서 기도해야 합니다. 청년들이 교회에서 바르게 성장해야 합니다.
2) 궁극적으로 이 나라의 소망은 교회에 있습니다.
① 교회들이 바르게 세워지도록 기도해야 합니다. 교회들이 흔들리고 있는 때입니다.
② 우리교회는 살아있는 교회가 되기 위해서 힘써야 합니다.
   이 나라의 모든 것이 교회에 있음을 직시하고 사명을 다해야 하겠습니다. 8.15 기념주일을 즈음해서 다시한번 이 나라의 살길이 열리기를 축원합니다.

결론 · 과거의 역사는 오늘 우리에게 분명한 거울입니다.

국가

이스라엘이 사는 길, 한국이 사는 길
아모스 5:1~6

사람이 세상을 살아가면서 자기의 힘에 의해서 살아가는 듯이 착각하지만 사실은 자기의 힘이나 노력에 의해서 결정되는 것이 아니고 하나님께서 살려 주시게 될 때에 개인도, 국가도 살길이 열립니다. 그래서 창조주 되시는 하나님께 돌아와야 살 길이 있습니다(잠 16:9, 시 33:10~11). 8.15 해방이 되고 6.25 전쟁이 있은 후에 지금까지 북한이나 남한이나 위기가 많았는데 특히, 북한의 전쟁 위협 속에서 모든 면에서 어렵게 된 때가 많았습니다. 또 다시 이 땅에 전쟁이 온다면 이제는 공멸할 정도로 피해가 클 수밖에 없는데, 본문에 있듯이 1,000명이 살던 곳에 100명만 남게 되고 100명이 살던 곳에는 10명밖에 남지 않을 것이라는 것입니다. 그런데 북한은 김일성, 김정일 우상체제 속에서 똘똘 뭉쳐 있는 반면에 남한은 나사 풀린 것처럼 정신력이 헤이해질대로 헤이해져 있는 상황이지 않습니까? 마치 이스라엘이 그렇습니다(암 4:1, 암 6:4). 이런 때에 우상의 집으로 변질된 벧엘로 나가서도 안되고(창 28:19, 왕상 12:32) 군사력을 자랑하는 곳으로서 변질된 길갈로 나가서도 안되며(수 5:9) 피난처라고 여기는 브엘세바(창 21:14~33, 26:32~33)로도 나가지 말라고 했습니다. 이스라엘이 살 길이 하나님께 있다면 이 세대에 열강들 속에서 한국이 살 길은 오직 하나님 밖에 없습니다.

첫째, 하나님께 돌아와 회개할 때 살 길이 열리게 됩니다.

범죄한 백성들에게 하나님께서 살 길을 열어 주신 것이 회개입니다.

1) 이스라엘 백성이 범죄하였음을 하나님께서 다 아십니다. 그래서 이사야 선지자를 통해서도 회개를 촉구하셨습니다.
① 이사야 선지자의 전한 말씀이 구구절절이 회개하라고 외쳤다는 것입니다(사 1:2~1:18). 여기에는 무수한 제물이 문제가 아닙니다(사 1:11).
② 신약시대 역시 마찬가지로 주님은 회개하기를 요구하십니다. 세례 요한

이 외친 복음도 회개였습니다(마 3:1~5). 예수님 자신도 공생애 가운데 첫 음성이 "회개하라 천국이 가까웠느니라" 하였습니다(마 4:17~).

2) 회개하는 길만이 사는 길입니다. 개인도 회개하고 국가도 회개할 때에 살 길이 열립니다.
① 니느웨 성 사람들은 요나의 전한 말씀을 듣고 회개할 때에 재앙이 내리지 아니했습니다(욘 3:5~10).
② 사무엘 역시 미스바에서 회개운동 할 때에 민족의 살 길이 열리게 되었습니다(삼상 7:1~14).
우리 한국이 사는 길은 하나님께 모든 죄를 고백하며 회개할 때에 교회가 살게 되고 국가의 장래가 있습니다.

3) 반대로 회개치 아니할 때에 망하게 됩니다.
① 아담과 하와는 회개가 없었습니다(창 3:8). 아담을 부르시는 소리는 회개를 촉구하는 소리였습니다.
② 남쪽 유다 역시 예레미야가 전하는 회개의 소리를 외면하였고 오히려 예레미야에게 핍박을 가하게 될 때에 결국 바벨론에게 망하여 70년간 포로생활을 하게 되었습니다.
③ 예수님도 회개를 다시 촉구하셨습니다(눅 13:1~5). '너희도 회개치 아니하면 이와 같이 망하리라' 하였습니다. 결국 회개치 아니하고 오히려 예수님을 십자가에 못박아 죽였고 70년 이후 망한 나라가 되었습니다.

둘째, 여호와 하나님(예수)를 믿을 때가 살 길이 있습니다.

여호와란 말은 히브리어로 '구원자' 란 뜻이요 예수란 이름은 헬라어로 '구원자' (마 1:21)란 뜻입니다. 구약이나 신약이나 구원주는 오직 하나님뿐이십니다.

1) 우상들이 구원주가 될 수 없고 구원할 수도 없습니다.
① 우상을 버려야 민족의 희망이 있습니다. 벧엘이나 길갈 그리고 브엘세바 역시 구원의 곳이 아닙니다.
하나님과 세상에서 머뭇거리지 말아야 합니다(왕상 18:21).
② 하나님께 돌아와 회개하게 되면 살 길이 열리게 됩니다. 야곱은 얍복나루에서 하나님과 씨름하였습니다(창 32:32). 새롭게 미래의 장이 열리게 되

었습니다. 공산주의나 강대국의 우두머리도 하나님께서 움직이십니다.
2) 하나님만이 우리의 구원주가 되심을 믿어야 합니다. 우리의 주적은 아직까지는 무신론주의자인 공산주의집단입니다.
① 하나님은 저들에게서 떠나셨고 하나님은 우리편입니다(민 14장).
② 전쟁은 여호와 하나님께 속했습니다(삼상 17:47).
③ 6.25때에도 우리에게 하나님이 함께 하셨기에 UN군도 올 수 있었던 배경이 되었습니다. 소련 대표가 늦게 참석한 결과도 하나님의 섭리였습니다.

셋째, 구원주 하나님께 기도하게 될 때에 살 길이 있습니다.

'하나님을 찾으라' 했습니다. 기도해야 합니다.
1) 기도는 하나님과 통하는 영적무기 중의 무기가 됩니다.
① 하갈과 이스마엘의 기도를 보십시오(창 21:14~)
② 기도 외에 다른 것이 없습니다(막 9:29).
③ 구스 왕이 100만을 거느리고 쳐들어 왔을 때에 아사왕은 기도로 승리했습니다(대하 16).
④ 히스기야 왕도 기도로 승리했습니다(왕하 19:20). 예레미야 선지자는 외쳤습니다. "너희는 내게로 와서 내게 부르짖고 나를 찾으면 만나리라" (렘 32:2).
2) 하나님께서 이 세대에도 기도에 응답해 주십니다.
① 전쟁터에서도 현재 삶의 현장에서도 기도 속에 위대한 역사가 있습니다.
② 개인도 국가도 기도하는 곳에는 소망이 있습니다. 그리고 하나님께서 사용해 주십니다.
  우리 모두 여호와 하나님을 가까이 하여 살게 되기를 축원합니다.

결론 · 하나님이 지금도 역사하십니다.

# 저울로 달아보시는 하나님
다니엘 5:22~31

아련한 옛 시대가 아닌 얼마 전까지만 해도 시장이나 곡물을 사고파는 자리에는 긴 막대기 자에 눈금을 긋고 물건을 달아보는 때가 있었습니다. 여기에는 많은 사람들이 상대방을 속이기도 하고 속기도 했습니다. 이제 계량기의 발달은 반도체의 컴퓨터(Computer)의 발달과 함께 정확하게 눈금이 있는 전자저울 시대가 되었습니다.

그런데 어느 시대이든지 사람은 잠시 속일 수는 있어도 하나님은 속일 수 없다는 것은 성경이 분명히 말해줍니다. 아나니아와 삽비라가 그랬고 이와 같은 말씀은 성경에 많이 기록되었습니다(시 7:9, 잠 11:20, 17:10, 신 25, 잠 20:10, 11:1). 그래서 하나님께서는 한결같지 않은 저울추는 미워하신다고 했습니다. 본문에서 유대 백성들이 바벨론에 포로되어 가서 있는 가운데 일어난 사건입니다. 유다에서 가져온 성전 기물을 가지고 술파티하던 벨사살 왕에게 손가락이 나타나서 글을 쓰는데 "메네 메네 데겔 우바르신"이라고 썼는데 이를 다니엘이 와서 해석합니다. 다니엘이 해석한 해석을 보면은 왕이 하나님의 저울에 달아본즉 모자란다는 말입니다. 그날 밤에 벨사살은 죽임이 되고 다리오가 왕 위에 올라가게 되었습니다. 성도들에게 뿐아니라 모든 인생들에게 주시는 교훈이 크다고 하겠습니다.

첫째, 저울에 달아보실 때 모자란 이유를 보겠습니다.

여기에서 "데겔"은 모자란다는 뜻입니다. 왜 모자라게 되었을까요. 이는 이 시대에 모든 인생들에게 교훈을 줍니다.

1) 모자람의 이유와 원인이 있습니다.

역사적으로 악한 자는 망했습니다. 독일의 히틀러, 이태리의 무쏘리니 등 독재자들의 말로는 비참했습니다. 하나님은 행동을 달아보신다고 했습니다(삼상 2:3).

① 그의 교만이 그를 망하게 했습니다.

교만은 멸망의 선봉이라고 성경은 분명히 말합니다(잠 18:12, 벧전 5:5). 벨사살 왕은 부왕인 느부갓네살이 교만하였습니다. 망한 것을 알고도 계속 교만했습니다(단 5:20).

② 하나님 없는 인생이기 때문입니다.

하나님이 없는 인생은 망하게 됩니다. 하나님은 창세 때부터 알게 하시는데 자연계시(Revelation of Nature)와 특별계시(Revelation of Specials)를 통해서도 알게 하였는데 불신자가 되면 결국 망하게 됩니다. 더욱 성전에서 사용하던 기명들을 가지고 술 파티하게 되었으니 이는 하나님을 모독한 죄입니다.

③ 벨사살이 망한 것은 향락이 그 원인입니다(5:1).

귀인 일천명을 모으고 향락에 빠져 있었습니다.

고대 백제 시대의 마지막 왕 의자 왕 역시 향락에 빠져서 망하게 된 역사가 있습니다. 로마 역시 일하는 날보다는 취하고 노는 날이 더 많았기에 망했다는 역사가들의 증언이 있습니다. (Anold Toynbee)

2) 벨사살 왕은 패망의 사건은 이 세대의 거울입니다.

성경의 사건들이 우리의 영적인 거울이 됩니다(고전 10:11).

① 겸손을 배워야 하겠습니다. 겸손한 자는 하나님이 더욱 높여 주시지만 교만하면 망하게 됩니다.

② 하나님 중심에서 언제나 경건 연습에 힘써야 합니다.

노아의 때와 같은 시대요(마 24:37) 말세 때입니다. 부자는 호화로이 연락했습니다(눅 16:19). 그래서 경건하게 살고자 하면 핍박을 받습니다 (딤후 3:12). (Everyone who wants to live a godly life in union with Christ Jesus will be Persecuted)

둘째, 저울에 달아보신 결과 모자람은 결국 멸망입니다.

하나님께서 저울에 달아보실 때에 모자라게 되었습니다.

1) 결과적으로 망했습니다.

① 사람은 결과가 아름답고 좋아야 합니다.

벨사살은 결국 좋지 못했습니다. 그가 권력이나 재물이 모자란 것이 아닙니다. 하나님 보시기에 모자란 사람입니다.

② 역사가들이 이를 뒷받침해 줍니다.
역사가 헤로도투스(Herodotus)에 의하면 그날 밤에 모두 술 취해서 적이 오는 것도 모르고 취했기 때문에 적들이 쉽게 무너뜨리게 되었다는 것입니다.

2) 다니엘의 해석은 그대로 되었습니다.
다니엘의 해석대로 벨사살은 죽임 당하였고 메대 사람 다리오가 즉위하게 되었습니다.
① 벨사살은 부왕인 느부갓네살의 결말을 보고 깨달아야 했습니다.
깨달은 사람이 복이 있습니다.
② 역사는 반복입니다.
반복되는 역사가 우리 시대에도 똑같이 적용됩니다.
"일락을 좋아하는 자는 살았으나 죽었느니라"(딤전 5:6)했습니다.
(But she that liveth in pleasure is dead while she liveth) 깨달아야 하겠습니다.

셋째, 성경은 성경에 예언대로 완벽하게 이룩됩니다.

하나님의 말씀이기 때문입니다.
1) 그러므로 이룩되는 성경에 지침 삼아서 살아야 합니다.
① 심판의 말씀은 이루어집니다. 악인의 결말은 좋지 않습니다. 이것이 성경입니다(시 1:4, 렘 17:6).
② 역사의 무대에서 악인은 망하였고 계속 망합니다. (시 37:1)에서 분명히 교훈해 줍니다. 또한 요한계시록에서 총괄적으로 교훈해 줍니다.
2) 다만 스스로가 하나님의 저울에 달릴 때가 있음을 기억하고 살아야 합니다.
① 하나님은 달아보시고 계산할 때가 있습니다(마 25:14).
② 하나님은 국가나 교회도 달아보십니다(겔 9:6).
교회 오래 다녔다고 자랑치 말고 직분 가지고 교만치 말며 하나님 저울에 합격하는 믿음의 사람이 되시기를 축원합니다.

결론 · 하나님의 저울에 합격해야 하겠습니다.

공산주의를 조심하라
요한계시록 12:7~9

국가

이 땅에는 많은 주의(ism)가 있고 사상(ideology)이 있는데 사람이 살아가는데 좋게 하고 유익을 끼치는 사상이 있는가 하면 있어서는 절대로 안 되는 것들이 있습니다. 그것은 사람의 생명을 돌보지 않고 죽게 만드는 공산주의 사상(communism Ideology)입니다. 과거에 공산주의 때문에 국가적 큰 타격과 함께 지금까지도 남북으로 분단된 현실 속에서 통일만 하면 된다는 식의 발상이나 논리는 절대 위험한 발상이 아닐 수 없습니다. 공산주의는 유물사관(唯物史觀)이요 무신론(無神論)입니다. 미국 하버드 대학에서 옛 소련 반체제 인사인 솔제니친이 연설하기를 '공산주의는 치료할 수 없는 미치광이요 미치광이다' 라고 했습니다. 그런데 6.25사변을 겪은 한국 땅에서 전쟁을 모르는 젊은이들이 반미(反美)를 외치며 공산주의 사상에 전염된다는 것은 더욱이 방관만 할 수 없는 일입니다. 문제는 남한에서 생각하는 식의 통일이 절대적으로 아니며 북은 언제나 변치 않고 공간주의 혁명에 의해서만 통일이 되어야 한다는 사상이 분명한 사실입니다. 본문에서 마지막시대에 용의 세력입니다. 마지막 시대에는 교회와 용과의 싸움입니다. 왜 공산주의와 싸워야 합니까?

첫째, 공산주의는 하나님이 없습니다.

그래서 공산주의 실체는 무신론이요 정신세계를 인정치 않습니다. 북에서도 교회나 다른 종교 시설이 있다고 하지만 가짜에 불과 합니다.

1) 그래서 공산주의는 결국 비참하게 무너졌고 장차 망하게 될 것이 분명합니다.
① 공산주의(共産主義) 이론(理論)은 허무요 물거품에 불과 합니다. 지상의 낙원(Utopia)을 건설하겠다던 종주국 소련이 붕괴되었고 이하 동구권이 무너진지 오래 전 일입니다. 폴란드, 동독, 체코, 헝가리, 캄보디아 등 수많은 나라의 결과는 비참함 그 자체였습니다. 북한은 1년에 공산주의 때문에 죽는 숫자가 100만명에 이른다고 황장엽씨는 증언했습니다. 저들

은 하나님이 없는 미치광이 종교입니다.
② 공산주의는 세상에서 제일 극악무도한 살인집단이요 폭력주의임을 알아야 합니다. 우리의 싸움은 혈과 육에 대한 싸움이 아니라 영적 싸움입니다(엡 6:12).
③ 공산주의는 거짓말의 우두머리입니다. 왜냐하면 공산주의 시초는 마귀의 본질인데 마귀는 본래 처음부터 거짓의 아비이기 때문입니다(요 8:4). 공산주의는 살인도 하나의 공산(共産)화(化) 시키는데 방법으로 인정하며 목적을 위해서는 수단과 방법을 가리지 않습니다.
칼막스나 엘겔스 같은 사람들은 모든 수단을 동원해서 공산화시키는 일을 했습니다. 김일성은 6.25를 일으켰고 KAL 858폭파사건 등 수 많은 살인을 했는데 지금도 변치 않고 있습니다.
④ 이들은 종교 말살 정책을 도입합니다. 오로지 공산주의만이 하나님이라고 말합니다. 그래서 큰 교회나 큰 기업은 무너지게 하는 것이 일차 목표입니다. 공산주의는 정신적 가치나 영혼의 존재를 인정치 않습니다. 엘겔스는 정신의 본질은 생물학적 부산물일 뿐이라고 했습니다. 그러나 성경은 분명히 말합니다. 보이는 것은 잠깐이요 보이지 않는 것은 영원하다(고후 4:18).

2) 북한 공산주의(세계공산주의)는 결국 망합니다.
① 종주국인 소련이 망했고 이하 국가들은 지금도 공산주의는 망해 갑니다.
② 망할 수밖에 없는 이유가 있습니다. 평등주의를 내세우면서 철저하게 김일성 우상주의며 완전히 계급투쟁 속에서 살아가는 집단입니다. 평등주의는 구호일뿐 지상낙원이 아니라 지상지옥에 사는 것이 공산주의자들의 백성들입니다.

둘째, 북한 공산주의는 변하지 않고 계속해서 남한의 적화야욕에서 별의별 속임수를 조장했는데 조심해야 합니다.

북한은 모두 망했고 오직 군대만 망하지 않았는데 핵무기를 가지고 위협합니다.
1) 변하지 않는 북의 요소를 보십시오.
① 김일성의 대남 적화 통일 4대 목표가 있습니다.

북한전군의 요새화요, 전인민군의 무장화, 100만 대군 간부화, 장비의 현대화입니다. 이를 위해서 핵무기 뿐 아니라 수많은 곳에 지하 땅굴을 파 내려 왔습니다.
② 이것이 이루어지기 위해서는 미군이 철수되어야 하며 미군이 철수되기 위해서 불가침 조약을 맺자고 운운합니다.
2) 남한은 모든 것이 수면위로 드러나 있습니다. 정치 경제 사회 문화 군사기지도 속이 모두 보이지만 북은 철저히 봉쇄 속에 있습니다.
① 가스관이며 모두가 드러나 있습니다.
② 모든 것이 전산화 되었기에 하나만 사고나면 속수무책일 수 있습니다.

셋째, 우리에게는 그러나 희망이 있습니다. 주변국가도 국가지만 영적이고 신앙적인 희망입니다.

1) 영적인 면에서의 소망입니다.
① 하나님이 우리 편에 계시다는 사실입니다.
② 이 나라에는 구국적으로 기도하는 무리가 많이 있습니다(렘 29:1).
③ 선교하기 위해서 하나님이 쓰시는 나라입니다.
2) 기도제목을 가지고 있습니다.
① 이 민족의 죄를 회개해야 합니다.
② 우상이 무너지게 합시다.
   우리의 기도가 상달될 줄 믿습니다.

결론 · 마지막 시대는 용과의 싸움인데 이겨야 합니다.

진리가 자유케 하리라
요한복음 8:31~36

세상에서 제일 불쌍한 사람 가운데 자유가 없이 속박 가운데 살아가는 사람일 것입니다.

마치 창공을 마음대로 날아야 하는 새가 새장속에 갇혀 지내는 것과 같습니다. 우리나라가 과거에 36년 동안 참 자유 국민으로서의 주권과 권리를 강탈당한 채 살아온 뼈아픈 역사가 있었습니다. 일본과 러시아의 전쟁 속에 지정학적의 위치와 함께 근대의 세계정세가 어두웠던 틈을 타서 1910년 일본은 우리와 강제적으로 한일 합방을 한 채 36년간 괴롭혔습니다. 하지만 1945년 8.15 해방을 맞았고 자유가 왔습니다. 그러나 그것도 잠시 1950년 6.25동란의 뼈아픈 동족상잔의 전쟁이 발발하게 되었고 북녘땅에서는 아직도 매사에 자유가 없이 비참한 역사를 품에 안고 살아가는 우리 민족입니다. 남한만이라도 하나님께서 주신 온갖 축복을 누리게 되었고 세계 속에 한국이 빛나는 이 시점에서 우리는 나머지 반토막 북녘땅에도 빠른 자유의 회복을 위해서 기도할 때입니다. 이스라엘 민족 역시 역사적으로 많은 비참한 역사를 가지고 있습니다. 고대 바벨론을 비롯해서 앗수르와 후대엔 그리스의 알렉산더 왕의 침략과 그리고 예수님 당시에는 로마의 지배하에 있었습니다. 그러나 그와 같은 육신적이고 정치적인 회복도 중요하겠지만 예수님은 보다 더 본질적이고 근본적인 입장에서 본문을 말씀하셨습니다.

첫째, 사람은 본질적이고 근본적인 자유를 얻어야 한다는 말씀입니다.

세상에 육신과 정치적인 속박도 속박이지만 인간은 아담 이후에 모두 죄와 사망의 굴레속에서 묶여 살아왔습니다.

1) 이른바 사망으로부터의 자유입니다. 사도 바울은 이 자유를 외쳤습니다(롬 7:22~24).
① 예수 그리스도 안에서 구원 받아 자유하기 전까지는 누구나가 죄와 사망의 속박 하에 있음을 알아야 합니다. 이 문제는 인생의 제일 중요한 문제

입니다(롬 6:6, 엡 2:1).
② 이미 예수 그리스도를 믿는 사람들은 구원을 얻었고(요 5:24), 해방이 되었음을 믿어야 합니다. 예수님이 선포하셨습니다(롬 8:1, 잠 5:1).

2) 이제 구원 받아 영적인 자유가 왔다면 생활상의 모든 문제 역시 자유로워야 합니다.

생활상의 얽매이기 쉬운 모든 속박에서의 자유입니다. 소위 그리스도인다운 생활 속에서 위로부터 주시는바 성령의 신분을 통해서 생활이 이룩되어야 합니다(약 1:18). 믿는다고 하면서도 생활이 마귀에게 끌려 다니던 옛생활을 버리지 못했다면 문제가 됩니다.

① 바울은 일체의 비결을 배웠다고 했습니다(빌 3:4~11).
특히 현대인에게 돈, 명예 등 세상적인 것이 참 성도의 눈을 어둡게 할 때가 많습니다(딤전 6:5~6).
② 생활상의 모든 문제에서 자유해야 합니다. 욕심은 그 대표적 예이고 그 욕심은 결국 망하게 합니다(약 1:15).

둘째, 이 자유는 예수 그리스도를 통하여 우리에게 주셨습니다.

미국 흑인들에게는 미국 16대 대통령인 아브라함 링컨(Abraham Linchon)이 해방자였다면 우리를 해방시킨 분은 오직 예수 그리스도 밖에 없습니다.

1) 영원한 사망에서 자유케 하셨습니다.
① 대신 죄값을 치루어 주셨습니다(사 53:4). 그리고 십자가에서 우리의 구원과 자유를 다 이루셨습니다(요 19:31).
② 이 사실을 확실히 믿어야 합니다. 믿음속에서 확인해야 합니다(요 5:24, 벧전 1:9).

2) 예수 그리스도를 통한 참 자유와 기쁨은 하나님 말씀 안에서 모두 완성되었습니다.
① 따라서 성도는 하나님 말씀 안에 있어야 합니다. 바울은 예수 안에(In Jesus)라는 말씀을 강조했습니다. 구약에는 도피성 제도가 있었는데(민 35:6,11,13, 수 20:2), 이는 예수 그리스도의 예표요 그림자였습니다.
② 8.15 광복절을 맞아 우리 민족 전체에 예수 그리스도 안에서 참 복음적 자유와 평강이 완성되기를 위해서 기도해야 합니다. 특히 정치적으로도

세계 열강들 속에서 우리 민족을 살려 주실분은 하나님 밖에 없습니다. 여기에 민족통일 문제도 하나님께 기도해야 합니다.

셋째, 이 모든 자유는 우리 그리스도인들이 모두 누려야 하는 축복입니다.

1) 개인마다 모든 문제에 있어서 예수 안에서 자유인이 되어야 합니다. 자유인만이 이 자유를 느낄수 있습니다.
① 우리는 예수 안에서 자유의 사람입니다. 성령께서 이를 우리 속에서 확인시키시고 확신을 주십니다.
② 이 자유가 없다면 매사에 불쌍한 존재가 될 수 밖에 없습니다. 그러므로 자유를 확인해야 합니다(고후 13:5).
2) 내가 자유한다면 아직도 부자유한 이웃과 민족과 세계인들에게 이 예수 안에서의 영.육간의 참자유를 선포하고 말해야 합니다. 이것이 선교라고 하는 이 세대의 큰 사명입니다.
① 우리 민족은 이 세대에 선교해야 하는 사명국입니다. 이웃을 향해서 「예수 안의 참 자유」라고 외쳐야 합니다.
(John 14:6 'Jesus answerd him I am the way, the truth, and the life, no one goes to the Father except by me.)
② 이웃과 나라와 세계인이 한국교회 성도들을 향해서 자유를 외쳐 달라고 부르고 있습니다.
우리 모두 자유를 누리며 자유를 외치는 교회가 되기를 축원합니다.

결론 · 예수 안에 참 자유가 있습니다.

삭개오의 변화된 모습
누가복음 19:1~10

구원

　기독교는 변화 받는 종교요, 체험의 종교라고 말합니다. 그래서 예수 그리스도의 몸된 교회는 용광로와 같아서 깨진 놋주발이 새롭게 변화된 그릇으로 태어나는 곳입니다. 깡패나 술주정뱅이로써 세상에서 더 이상 쓸모없는 인생이 예수 안에서 변화되어 새롭게 새 사람이 되는 일을 수 없이 많이 보게 됩니다. 빌레몬서의 주인공 오네시모는 모두에게 무익한 사람이었으나 옥중에서 바울을 통하여 예수를 만나게 되었을 때에 유익한 사람(몬 11절)이 되었고 사랑받는 사람이 되었습니다(골 4:9).
　오늘 본문에서 삭개오는 여리고 지역의 세리장이었으나 키가 작았으며 사람들에게 욕을 먹는 위치의 사람으로 외로왔습니다. 예수님을 만나게 되었고 새사람이 되어서 아브라함의 자손으로 인정받게 되는 변화가 일어나게 되었는데 여기에서 우리는 몇 가지 크나큰 진리를 발견하게 되며 은혜를 받습니다.

첫째, 교회 안에서 삭개오와 같이 변화 되어야 합니다.

　본래 삭개오란 이름의 뜻은 "깨끗하고 정직한 사람"이라는 뜻인데 그의 생활은 그렇지 못했던 것이 사실입니다.
　1) 그의 직업상으로 볼 때에 깨끗하지 못했던 것으로 봅니다.
　세무 공무원으로서 부정과 부패가 많았고 따라서 백성들의 미움을 사게 되어 죄인이 되었습니다(6절).
　① 삭개오는 지위와 돈은 있었다 하더라도 외로운 자였습니다.
　　세상에는 이렇게 된 외로운 자들이 우리 주변에 많이 있는데 그들이 예수님을 만나서 변화를 받아야 합니다.
　② 예수님께 왔지만 먼저 온 사람들이 많았고 키가 작은 문제로 인해서 예수님을 만날 수 없어서 뽕나무에 올라가게 됩니다. 먼저 온 사람들 때문에 문제가 되는 경우들이 종종 있었습니다(막 2:1, 막 5:25). 현대 교회 안에도 먼저 온 사람들 때문에 뒤에 온 사람들이 예수님을 만나는데 지

장이 되는 경우들이 있음을 유의해야 합니다.
③ 현대인들은 삭개오와 같이 외로운 처지에 있는 사람들입니다.
군중속에 고독한 인생들이 예수께 와야 합니다.

2) 삭개오는 변화 되었습니다.
본래의 이름의 뜻인 깨끗하고 정직한 사람으로 예수 안에서 되찾게 되었습니다.
① 변화된 모습을 보면은 토색한 것이 있을 때에 4배나 갚겠다고 했습니다. 예수 안에서 회개입니다. 불의를 버리고 하나님께 돌아오게된 것입니다 (사 55:7).
② 재산을 팔아서 가난한 자들에게 나누어 주겠다고 했습니다.
재산이 많으면 어릴때부터 계명을 지켜온 청년이라도 주의 말씀을 듣지 아니하고 근심하며 돌아간 일도 있었음을 봅니다.(마 19:16~25).
"부자가 천국에 들어가기가 어떻게 어려운지 낙타가 바늘귀로 들어가기 보다 어렵다" 하였습니다.(Then said Jesus unto his disciples verily I say unto you, That a richman shall hardly enter into the kingdom of heaven) 그런데 삭개오는 변화 되었기에 이런 사실이 가능했습니다. 하나님이 없는 부자들이 변화 되어야 천국에 들어갈 수 있음을 명심해야 합니다.

둘째, 삭개오는 변화 받아 아브라함의 자손이 되었습니다.

삭개오는 본래 유대인으로서 육적인 아브라함의 자손이라고 생각했지만 변화받게 될 때에 이제야 비로소 아브라함의 자손이 되었습니다. 사람은 거듭나게 될 때에 천국 백성이 됩니다(요 3:1~7). 니고데모에게 하신 말씀은 유명합니다(요 3:1~7).

1) 아브라함의 자손이 이방인 같이 살았던 것입니다.
소위 선민이요 택함받은 백성이 이방인처럼 살았습니다.
① 이제 예수님을 만나게 되어서 깨닫게 되었고 변화 받게 되었습니다. 예수님을 만나면 변화됩니다.
"오늘 이 집에 구원이 임하였으니 이 사람도 아브라함의 자손이로다" 했습니다. 예수님께서 친히 구원의 선포를 하시게 되었습니다. (And Jesus

said unto him This day is salvation come to this house for so much as he also is a son of Abraham) 오늘날 교회에서 이런 변화가 일어나야 합니다.

② 아브라함의 자손이란 천국 백성을 총칭하는 말입니다. 믿음이 있을 때에 믿음이 있는 아브라함의 복이 옵니다(갈 3:9). 나사로는 아브라함의 품에 안겼습니다(눅 16:22).

2) 삭개오는 하나님이 기뻐하시는 사람이 되었습니다.

① 한 사람이 회개하고 돌아올 때에 하나님이 기뻐하신다고 했습니다(눅 15:7).

② 우리교회에서 이와 같은 사건이 많아지게 해야 합니다. 이것이 또한 지상교회의 사명입니다.

셋째, 변화된 삭개오는 하나님과 사람들에게 필요한 사람이 되었습니다.

지금처럼 자기 밖에 모르는 이기주의 시대에 우리가 깨달아야 합니다.

1) 재산을 팔아서 가난한 자들에게 나누어주는 나눔의 사람이 되었습니다.

① 변화된 사람은 무엇이든지 나누며 살아가게 됩니다. 상대방을 위해서 생각할 줄 아는 사람입니다.

② 여기서는 희생이 따라야 합니다. 그래야 밀알이 됩니다(요 12:24).

2) 나누는 사람은 하나님이 기뻐하시며 행복한 사람입니다.

① 나누어 줄 때에 행복합니다. 세계적인 부호인 록펠러(Rockpeller)는 세계에 나누어 주는 사람이 되었습니다.

② 우리 그리스도인은 변화 받은 사람들입니다.
　　변화 받은 사람답게 모두에게 유익한 사람이 되기를 축원합니다.

결론 · 교회는 변화 받는 곳입니다.

 # 하나님께서 부르시는 음성
창세기 3:1~10

　하나님께서 인생들을 부르시는 일이 어제 오늘의 일이 아니라 태초부터 지금까지 부르시는데 구약에도 부르셨고 신약에도 부르시며 과거에도 부르셨고 현재에도 부르십니다. 부르심에 있어서는 자연 계시(Revelation of Nature)와 특별계시(Revelation of Special)를 통하여 부르시고 계십니다. 조금만 부르심이 아니라 많이 부르시고 계속 부르시고 계십니다(렘 25:3). 본문에서 첫 사람 아담이 범죄하여 무화과나무 밑에 숨어 있을 때에 하나님께서 두려움과 공포에 떨던 아담을 부르신 모습을 보게 됩니다. 왜 두려워서 숨어 있었습니까. 하나님께 범죄하였기 때문입니다. 하나님 말씀에는 불순종하고 마귀 말에는 순종하였던 결과입니다. 본문에 "네가 어디 있느냐" 하셨습니다. 여기에서 오늘 몇 가지 은혜의 교훈을 듣게 됩니다.

첫째, 하나님께서는 지금도 타락된 인생들을 부르십니다.

　하나님 말씀에 불순종하고 무화과나무 밑에 숨어있는 아담입니다. "아담과 그 아내가 여호와 하나님의 낯을 피하여" 했습니다. (Adam and his wife hid themselves from the presence of the LORD God amongst the trees of the garden)

1) 하나님의 부르시는 음성을 들어야 합니다.
하나님은 지금도 하나님을 피하는 인간을 부르십니다.
① 창조주이시며 전능하신 하나님의 눈을 피할 수 없습니다. 누가 하나님을 피하여 숨을 수 있겠습니까(욥 4절).
　그러므로 또 한번 죄를 짓는 가중적인 일을 범치 말고 돌아와야 살 길이 있습니다. 현대인들은 강대국을 중심으로 천문학적인 숫자의 돈을 이용하여 우주 개발에 힘쓰지만 그곳에 살 길이 있는 것이 아닙니다. 이는 마치 홍수 이후에 무지개 약속을 주었지만 불신한 채 바벨탑을 쌓은 것과 비교가 됩니다(창 9:11~12). 그래서 하늘에 계신 자가 웃으신다고 했습니다(시 2:4).

② 타락한 인생이 사는 길은 하나님께 있습니다.
선지자 요나가 하나님의 낯을 피했지만 성공했습니까?(욘 1:3) 자기뿐 아니라 다른 사람들에게까지 큰 피해를 주었습니다. 사명자는 사명을 다해야 하는데 하나님의 눈을 피할 수 없습니다. 요나에게서 얻은 교훈입니다.

2) 하나님의 부르심에 순종하여 돌아와 생명을 얻어야 합니다.
우리는 기도할 때마다 가족복음화, 국가복음화를 위해서 기도해야 하겠습니다.
① 하나님께서 가까이 부르실 때에 돌아와야 합니다(사 55:6).
유예기간(Postponement)을 주실 때 돌아와야 합니다.
② 탕자가 돌아올 때에 하나님은 기뻐하십니다(눅 15장).
하나님의 부르심에는 지금도 변함이 없습니다.

둘째, 하나님께서 지금 인생들에게 "네가 무엇을 하고 있느냐" 질문하십니다.

1) 네가 어디에 있느냐 하시는 말씀은 네가 왜 그곳에 있느냐는 물으심이요 그곳에서 무엇을 하고 있느냐는 물으심입니다.
① 아담이 지금 어디에 있는 줄 모르시기 때문에 부르심이 아닙니다. 무화과 밑에서 두려움 속에 숨어 있는 모습은 본래 하나님의 뜻이 아니기 때문입니다. 하나님을 떠나면 두려움이 옵니다. 그런데 하나님의 뜻은 두려움이 아닙니다(딤후 1:7).
② 현대인은 막연하게 미래에 대한 공포와 두려움 속에서 살아갑니다. 하나님을 떠났기 때문입니다.

2) 이 시간 우리 자신을 살펴야 하겠습니다.
하나님 안에서는 떨거나 두려워하는 마음이 아닙니다.
① 예수님이 우리에게 주시는 것은 세상이 주는 것과 다르다고 하셨습니다(요 14:27). 하나님을 믿고 예수 안에서 있을 때에 평안이 있습니다.
② 마귀가 주는 것은 두려움과 공포입니다.
아담은 지금 마귀의 말에 속아서 불순종하여 하나님을 떠나서 숨어 있습니다. 그와 같은 인생들이 지금도 우리 주변에 얼마나 많이 있습니까. 지

금은 부르시는 주의 음성을 들어야 합니다. 그곳에 살 길이 있습니다.

셋째, 하나님께서 아담을 부르시는 것은 미래를 보라는 음성입니다.

지금 무화과 밑에 숨어 있습니다. 내일을 모른 채 떨며 숨어있는 아담에게는 미래를 보아야 합니다.

1) 하나님께서 저들에게 소망을 약속하셨습니다.
① 이는 메시야이신 예수 그리스도의 약속이요 복음의 약속입니다. 그래서 짐승을 죽이셨고 무화과 잎을 벗기시고 가죽옷을 입히셨는데 가죽은 짐승이 죽어야 생깁니다.
예수님은 어린양으로 죽으셨습니다(요 1:29).
② 이 세상에 소망은 오직 예수 그리스도뿐입니다.
컴퓨터나 정보산업이 아닙니다. 오히려 컴퓨터의 발달이 지능적인 범죄가 늘어가게 했습니다.

2) 귀 있는 사람은 하나님의 음성을 들어야 합니다.
① 예수님은 말씀 하시기를 들으라 하셨습니다(마 13:43, 계 2:7). 듣는 자는 살아나게 됩니다(요 5:25하).
② 그러나 사람들은 들어야 되는 말씀에는 귀를 막게 되고(행 7:57) 세상 마귀의 소리만 들으려 합니다(딤후 4:4). 우리 모두 하나님의 부르시는 음성에 귀가 열리는 축복이 있기를 메시야이신 예수 그리스도의 이름으로 축원합니다.

결론 · 하나님은 지금도 에덴동산의 아담을 부르시듯이 부르십니다.

예수님을 만나면
누가복음 7:11~17

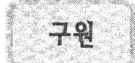

사람이 세상을 살아가면서 누구(who)를 만나느냐에 따라서 인생사(人生史)가 달라지게 됩니다. 운동 선수는 재능이 있어도 감독(coatch)을 잘 만나야 하고 미술이나 음악등 예능계통 역시 선생님을 잘 만나야 합니다. 특히 청춘남녀는 평생을 함께 살아야 되는 배우자를 잘 만나야 하기 때문에 기도해야 합니다. 썩은 수박이나 덜 익은 수박과 같이 겉은 멀쩡한데 속은 썩었거나 덜 익어서 먹을 수 없게 쓸모없는 현상의 사람들이 의외로 많이 있기 때문입니다. 인생사에서 제일가는 것은 평생에 예수님을 만나야 한다는 사실입니다. 베드로, 요한, 야고보 등 12제자는 예수님을 만났기에 교회의 사도로서 초석이 되었고 학식자 바울 역시 예수님 때문에 생애가 바뀌었고 달라지게 되었습니다.

본문에서 한 청년이 젊어서 죽은 채 상여에 실려서 공동묘지로 가는 길속에서 예수님이 만나 주셨고 상여를 멈추신 예수님은 죽은 청년을 살리셨습니다. 영적으로 죽은 자 가운데 있는 인생들이 생명의 예수 그리스도를 만나면 살게 됩니다.

첫째, 예수님을 만나면 슬픈 자의 눈물을 멈추게 하십니다.

나인성에는 지금 슬픈 장례 행렬이 지나고 있습니다.

1) 세상에서 제일 슬픈 행렬입니다. 왜냐하면 세상에서 죽음보다 더 큰 슬픔이 없기 때문입니다.

① 더욱이 이 죽음은 보통 죽음이 아니라 청년의 죽음입니다. 평생을 다 살고 죽은 소위 호상이 아니라 날벼락 같은 청년의 죽음인데 이 청년의 어머니는 자식이 없고 오직 외아들을 믿고 살았던 과부입니다. 이 얼마나 비통한 일입니까?

② 예수님은 이 상여를 멈추게 하셨습니다. 그리고 보통 사람들과 같이 몇 마디 말로 위로하거나 조의금을 몇푼 전달하시는 것으로 끝나는 것이 아니라 본질적으로 죽은 자를 살리시는 일을 하셨습니다. 예수를 만나면

슬픔이 멈추게 됩니다. 유대인들이 하만에 의해서 죽기 일보직전에 구원 받고 생긴 절기가 부림절입니다(에 9:22). 예수를 만나면 슬픔이 변하여 기쁨이 되는 부림절의 축복이 옵니다.

2) 예수님은 인간의 신앙권에서 살리시는 생명이 되십니다.
① 예수님도 십자가에서 죽으심을 맛보셨습니다. 십자가에서 대속적 죽음을 당하셨지만 다시 부활하셨습니다. 나사로를 살리셨으며(요 11:25) 회당장 야이로의 딸을 살리셨고(눅 8:49~56) 예수 믿는 자들을 장차 부활케 하십니다.
② 기독교는 모든 눈물을 멈추게 하는 종교입니다. 예수 안에 영원한 슬픔도 영원한 죽음이 없습니다. 생명의 부활과 함께 영원한 생애가 있기 때문입니다(살전 4:13~17). 예수님은 영원히 눈물을 씻어 주실 것이기 때문입니다(계 21:4). 그러므로 믿음의 사람은 낙심치 말아야 합니다.

둘째, 예수님은 이 청년에게 사망을 멈추게 하시고 다시 생명을 주셨습니다.

예수님은 우리의 사망을 멈추고 영원한 생명을 주십니다.

1) 예수 안에 있을 때에 영원한 생명이 있습니다(요일 5:11~12).
① 예수님 안에서 영원한 생명인 영생이 있습니다(요 3:16). 예수님이 십자가에서 대신 죽으셨기 때문입니다.
② 예수님 안에 있으면 지금도 영생이 약속되었습니다. 그래서 지금도 주님은 지옥으로 가는 인생들에게 외치십니다. 청년아 일어나라! 이때에 예수님을 만나는 사람들은 영원히 살게 됩니다(요 5:25).

2) 예수님은 곧 창조주이시며 창조의 말씀이시기 때문입니다.
① 예수님이 곧 창조의 말씀이십니다(요 1:1~3). 말씀이 가는 곳에는 죽은 영혼이 살게 됩니다(겔 37:1, 시 147:15).

D. L. Moody는 말하기를 "예수 없는 사람은 화병에 꽂힌 꽃에 불과하다"라고 했습니다.

세상의 화려한 것으로 옷을 입고 있다 해도 예수 없는 사람은 시간이 지나면 시들기 때문입니다.

② 나인(Nain)이란 말은「기쁨」이란 뜻인데 이곳에 다시 기쁨이 되찾아 왔습니다. 예수님을 만났기 때문입니다.

셋째, 예수 그리스도는 우리 믿는 자의 영원한 능력(Power)이 되십니다.

세상에 수많은 위인들이 있었지만 예수 그리스도만이 우리에게 생명의 능력이 되셨습니다(요 10:10).

1) 우리에게 영원한 생명을 주시는 분은 예수님이십니다.
① 여기에는 상여가 멈추고 죽음이 멈추듯이 인간의 가장 불행의 문제인 지옥 사망권세가 해결됩니다. 인간의 한계상황(Limit State)인 사망권세도 예수님은 부활로 해결하셨고 우리에게 소망을 주셨습니다.(고전 15:1~).
② 세상 그 무엇 가지고도 인생의 근본 문제를 해결할 수 없지만 창조주 되시는 예수님은 해결해 주셨습니다.
중국의 서안(西安)에 가면 진시 황제의 병마총이 있는데 인생의 노력도 허사임을 보여 줍니다.
현대에 와서 재벌도 죽음 앞에서는 속수무책임을 보여 주는 일이 있습니다.

2) 하나님 되시는 예수님만이 우리의 영원한 생명의 능력자가 되십니다.
① 이제 나인성의 통곡이나 슬픔이 사라지게 되었습니다. 왜냐하면 예수님을 만났기 때문입니다.
② 지금도 예수 없이 인생을 슬픔과 좌절과 고통 가운데 소망 없는 이들에게 예수 전해서 예수를 만나게 해야 합니다. 이것이 교회의 존재 목적이요, 사명입니다. 예수 안에서 영원한 생명을 누리게 되시기를 축원합니다.

결론 · 예수 안에서만 이것이 가능합니다.

소돔과 고모라의 물결 속에서의 구원
창세기 19:29

　창조 이후에 세상은 거대한 역사라는 물줄기를 이룬채 흘러왔습니다. 20세기에서 21세기로 넘어오면서 유명해진 미래학자인 엘빈 토플러(Eovin Topler) 박사는 미래를 가리켜서 제3의 물결이 다가온다고 예고했습니다. 먼 미래가 아니라 바로 지금 제3의 물결이 출렁이고 있는 시대에 살아가고 있습니다. 그런데 그 제3의 물결이 좋은 것만 있는 것이 아니라 우리의 영혼까지 좀먹게 하는 것으로 가득 차 있습니다. 모든 거래가 전자화되고 디지털(Digital) 시대이지만 세계는 대립과 반목이요, 정신까지 황폐해진 세상에 살아가는 것이 현실입니다. 이런 때에 세상은 향락과 죄악이 난무하고 있는데 소위 소돔과 고모라성의 바람이 불어오는 시대에 살고 있습니다.

　그러기에 예수님은 종말사건을 말씀하실 때마다 노아의 때와 같고 소돔때와 같다고 말씀하셨습니다. 그와 같은 심판의 때에 죄악의 바람이 불 때에도 본문에서 볼 때에 아브라함이 기도하므로 인해서 롯이 구원받았던 것처럼 우리도 첫째로 깨어 있어야 하겠고 죄악의 바람에 밀려가는 영혼을 위해서 힘써야 할 때입니다(암 8:11, 신 29:23, 사13:19, 렘 49:18, 습 2:9, 사 10:16, 롬 9:29). 예수님은 이런 때에 "너희는 스스로 조심하라 그렇지 않으면 방탕함과 술 취함과 생활의 염려로 마음이 둔하여지고 뜻밖에 그 날이 덫과 같이 너희에게 임하리라 이 날은 온 지구상에 거하는 모든 사람에게 임하리라" 했습니다.

첫째, 소돔과 고모라의 물결은 어떤 물결이겠습니까?

　이 세대에도 역시 소돔과 고모라의 물결에 조심해야 합니다.

　1) 성도가 말세에 조심해야할 탁류와 같은 물결을 보겠습니다.

　지피지기면 백전백승이라 하였듯이 세상을 바르게 살 때에 승리하게 됩니다.

　① 소돔과 고모라성의 물결은 죄악의 물결이요 악의 물결입니다.

(7절) "내 형제들아 이런 악을 행치 말라" 했습니다. (and said, "No my friends. Don't do this wicked thing) 천사들에게 달려들었던 소돔 백성들에게 롯이 했던 말입니다. 지금 세상은 멸망할줄 모르고 달려가는 동성연애자들이 더 늘어가는 추세이고 후천성면역결핍증(AIDS)이 늘어가며 환락가화 되어가는 때에 살고 있습니다. 이것이 타락된 시대요, 멸망의 세상입니다(롬 1:26~27). 이런 곳에서 구원받아야 합니다.

② 소돔성의 물결은 죽음의 물결이요, 향락의 물결입니다.

롯이 소돔성 사람들에게 자기 두 딸을 내줄터이니 천사들에게 가까이 맡아줄 것을 애원합니다(8절). (Look, I have two daughters who have never slept with a man, Let me bring them out to you) 강남에 가면 하룻밤 술상이 삼백만원이 넘는 곳에서 흥청거리는 환락의 곳이 되어가는 세상이 되었습니다. 이것이 말세 때에 나타나는 고통의 현장입니다(딤후 3:4). 이런 곳을 떠나야 합니다(롬 13:11~14).

③ 소돔성의 물결은 복음을 믿지 않는 불신의 탁류였습니다(19:14).

두 딸들과 약혼한 사위들이 믿지 않는 농담으로 여겼다고 했는데 이 세대가 그러합니다. (But his sons in law thought he was joking) 오직 믿음만이 구원입니다(요 3:36).

④ 소돔성에는 하나님의 진노의 물결이 밀려왔습니다.

죄값은 사망입니다(롬 6:23). 의인 10명이 없었고 예루살렘이 망할 때에는 의인 1명이 없었습니다(렘 5:1). 오직 이 환난에서 피할 길은 하나 밖에 없습니다(암 5:15~19, 9:2).

2) 하나님의 백성은 이런 세상에서 특별히 조심하여 죄에 오염되지 않게 해야 합니다.

① 빛의 갑옷을 입어야 합니다(롬 19:11~14).

② 성도는 유행 따라서 살면 곤란합니다. 말씀 따라서 살아야 합니다. 탕자문명 바벨탑문명은 결국 망하게 되기 때문입니다. 심판의 물결에서 구원받아야 합니다.

둘째, 심판을 받을 수 없는 죄악의 물결에서 나와야 합니다.

결국 하나님의 심판의 물결이 밀려오게 되는데 이곳에서 구원을 받아야 합니다.

1) 하나님 백성은 이런 심판의 곳에서 빨리 나와야 합니다.
   사도 요한을 통해서 강력하게 전파된 복음입니다(요 3:36).
① 심판 때에 은혜의 우산 속에 거해야 합니다.
   비가 올 때에 비옷을 입거나 우산을 사용하듯이 하나님의 은혜의 우산 속에 있어야 안전합니다. 미국의 핵우산이 피난처가 될 수 없습니다(사 31:1).
② 이 우산은 오직 예수그리스도 안에 있습니다.
   우주 개발을 하고 화성 탐사선을 보내서 인간을 그곳에 이주시킨다고 해도 그곳이 피난처가 아닙니다. 예수 안에 있어야 합니다.
2) 하나님께서 유예기간(postponement)을 주실 때에 피하는 길이 있습니다.
① 의인들은 늘 깨어있기 때문에 미리 준비의 시간이 있기 때문에 사는 길이 있습니다(살전 5:1).
② 성도는 언제나 눈앞의 유익만을 보지 말고 먼 곳이지만 믿음의 곳을 바라보아야 합니다. 아브라함은 헤브론 골짜기를 택했지만 성지가 되었고 롯은 불심판 때에 겨우 살게 되었습니다(창 13:13~14).

셋째, 죄된 심판의 물결 속에서도 택한 백성들은 구원을 얻게 됩니다.

선택되었기 때문입니다(행 13:48).
1) 롯은 하나님의 은혜 아래 있던 사람입니다.
① 멸망 받는 곳에 있지 않고 구원의 길로 나가게 되었습니다.
   죄악이 심했던 고린도 성에도 하나님의 백성이 있다고 했던 것과 같습니다(행 18:8~10). 그래서 바울이 열심히 전했던 것처럼 우리는 이 세대에 부지런히 전해야 합니다.
② 롯이 하나님의 특별한 자비의 은혜 아래 있게 되었듯이 주변에 멸망으로 가는 사람들에게 전해야 합니다.
   노아 역시 하나님의 은혜를 입게 되었습니다(창 6:8). (But Noah found favor in the eyes of the Lord)
2) 롯의 구원의 배후에는 아브라함의 기도가 크게 작용했습니다.
① 롯의 구원에는 아브라함의 기도가 있듯이 우리는 탁류속에 떠내려가는

자를 위해서 기도해야 합니다. 주님은 지금도 기도하고 계십니다(롬 8:34, 히 7:25).
② 먼저 구원받은 사람의 사명은 탁류에 있는 사람을 위해서 복음을 전하는 일입니다. 창세기 18장에는 아브라함의 기도가 자세히 기록되어 있습니다. 죄악의 탁류의 물결이 파도치는 때에 우리 모두 탕자처럼 돌아와 구원받는 역사가 있게 하기 위해서 힘쓰는 구원받은 성도들이 되시기를 축원합니다.

결론 · 예수 안에서만 탁류에서 구원이 있습니다.

구원받은 사람만이
할 수 있는 축제
신명기 16:5~17

우리가 살아가는 세상에는 나라와 민족에 따라서 여러 가지 축제나 기념일이 많이 있습니다. 각각 뜻이 있고 의미가 있는 날입니다. 우리나라에는 8.15 광복절이 있고 미국에는 독립기념일이 있는가 하면 설날이나 추석 명절이 있듯이 추수감사절이 있습니다. 이 날은 모두가 일손을 놓고서 즐거워하며 즐기게 됩니다.

이스라엘 역사 가운데는 제일 큰 명절이 유월절(Passover)인데, 유대 이스라엘이 애굽에서 430년만에 모세의 지도 하에 출애굽한 날입니다. 이날은 애굽의 온천지에 통곡이 있을 때에, 양을 잡아 문설주에 피를 발라서 이 집에 있는 사람들이 구원받은 것을 기념하여 즐거워했던 날입니다. 이 날은 예표요 그림자였으니 우리가 영원히 죄에 빠져서 죽게 되었을 때에 예수님이 십자가에 못박혀 죽으셨고 다시 살아나 부활하시게 된 그 때 사건은 우리에게 축제요, 기쁜 날입니다. 인종과 언어와 민족을 따라서 구원받은 그리스도인들은 기뻐하고 즐거워하는 날입니다.

추수감사절이나 매 절기 때 뿐 아니라 매 주일예배 시에도 기쁨으로 예배해야 합니다. 이 곳 신명기 16장에는 두 번씩 강조되어 세 가지가 기록되었습니다.

첫째, 이 날은 하나님 앞에서 다시 생각하고 기억하는 날입니다.

세상에 살면서 기억하고 생각할 것이 많이 있습니다마는 무엇을 생각하고 기억하십니까?

1) 다음과 같은 사실을 기억하고 생각하라고 했습니다(신 16:3, 12).
① 애굽에서 종노릇하며 고통 중에 살던 때를 기억하라는 것입니다. 그때에는 소망도 없었고 고통과 괴로움뿐이었습니다(출 3:9). 이런 가운데서 구원해 주셨던 날입니다.

② 왜 이스라엘 백성뿐이겠습니까?
우리 역사 죄의 사슬에서 구원받게 되었고 하나님의 자녀가 되었습니다. 이 날을 기억해야 합니다(엡 2:1~11,19). 이제는 동일한 천국시민권자가 되었습니다(빌 3:29).
③ 더욱 우리는 민족적으로는 과거 일본 36년간 노예와 같은 생활 속에서 구원받게 되었습니다. 유대인들은 과거 독일의 히틀러에 의해서 당했던 역사를 잊지 않고 기억합니다. 그래서 지금은 동유럽의 폴란드의 '아우슈비츠' 형무소에 가면 끔직한 현장이 재현되어 있습니다. 이스라엘의 수도 예루살렘에도 있습니다. 그들은 이곳을 민족 교육장으로 자녀들에게 보여줍니다.

2) 이 날은 우리가 기억하며 하나님께 감사해야 합니다.
① 구원받은 성도는 감사해야 하는 것이 마땅한 일입니다. 기억이나 생각에 그치는 것이 아니라 감사해야 합니다. 그래서 감사가 회복되어져야 합니다(시 50:14, 22~23).
② 왜 이스라엘뿐이겠습니까?
우리 역시 하나님의 은혜에 감사해야 하는 구원받은 백성들입니다. 주신 은혜와 축복을 감사하며 기억하게 되기를 축원합니다.

둘째, 이 날은 하나님 앞에서 다함께 즐거워하라고 했습니다. 기쁘고 즐거운 날입니다. 마치 사형수가 사면을 받은 것과 같기 때문입니다.

1) 성경은 우리에게 기뻐하고 즐거워하라고 했습니다.
① 유대인은 이 날에 즐거워했습니다(신 16:1, 14~15). 아직도 애굽에 있는 것과 같이 하거나 광야에서 헤매이는 신자가 아니라 예수 안에서 깨어있는 성도가 되어야 합니다.
② 그리스도인의 삶이 여기에 있습니다. 바울은 옥중에서도 기뻐했습니다(빌 3:1,4).

2) 그리스도인들은 기뻐하고 즐거워해야 하며 감사해야 합니다.
① 범사에 감사해야 하는 것이 하나님의 뜻입니다(살전 5:16~17, 고후 9:15). 말할 수 없는 그의 은혜로 인하여 하나님께 감사해야 합니다.
② 이것이 우리 본래 생활 가운데서 체험되어야 합니다. 진정한 감사와 기

삶 가운데서 승리케 되시기를 축원합니다.

셋째, 이 날은 모여서 하나님께 드리는 날입니다. 모일 때에 그냥 빈손으로 모이는 것이 아닙니다. 드림이 있어야 합니다.

1) 우리가 가진 모든 것이 하나님께로부터 온 것들입니다. 공수래공수거입니다.
① 이스라엘 백성들에게 말씀하시기를 빈손으로 보이지 말지니라(신 16:10~17)고 말씀하셨습니다. 주신 축복대로 힘껏 드려야 합니다.
② 주실 축복을 바라보고 드리라고 했습니다(신 16:15). 지금까지도 큰 은혜를 받았지만 앞으로 주실 축복을 예견하면서 감사하는 것입니다.

2) 우리는 매일같이 하나님의 은혜와 축복속에 살아가는 현실입니다.
① 만입이 있어도 어찌 다 그 은혜와 축복을 감사할 수 있겠습니까? 구원의 축복은 물론이고 매일같이 축복 속에 살아갑니다. 건강, 물질, 자녀, 직장, 사업, 산소, 비등 모두 감사의 조건들입니다. 하루에 암세포가 발생할 확률이 누구에게나 있지만 우리는 지금까지 무사히 살아왔습니다.
② 이 모든 것이 하나님의 은혜속에 있음을 알고 주일도 드리고 예물도 드리고 시간도 드리면서 예배하는 것이 그리스도인의 삶입니다(고후 9:7). 추수감사절뿐만 아니라 주일날의 예배시간이 축제의 시간들로써 축복받기를 축원합니다.

결론 · 똑같은 날이지만 특히 주일날은 유일하게 구원받은 성도만이 누릴 수 있는 축제의 성일입니다.

하나님이 세상을 이처럼 사랑하사

요한복음 3:14~16

사람이 세상을 살아가는 동안에 때때로 어떤 일에 대해서 선택해야 할 때가 많이 있습니다. 가령 예를 들면 학생이 학교에 진학할 때에 학교 선택이라든지 시장에 가서 물건을 살 때에 이 제품인가 저 제품인가 선택하게 됩니다. 그리고 자기가 선택한 것에 의해서 살아가게 됩니다. 그러나 선택할 수 없는 것이 있습니다. 이것은 선택적 문제가 아니라 '주어지는 것' 입니다. 가령 예컨대 부모와 자식 관계는 내가 선택할 문제가 아닙니다. 어느 자식이든 부모를 골라서 태어나는 법이 없고 어느 부모든지 자식을 골라서 똑똑하고 지혜있고 하는 식으로 골라서 태어나게 할 수 없습니다. 이 문제는 하나님께서 하시는 영역이기 때문입니다. 마찬가지로 이 세상에 많은 종교와 신들이 있으나 다른 종교와 신들은 모두가 사람이 임의로 만든 것(made in peoples)들입니다. 그래서 성경은 이것을 우상들이라고 했습니다(시 115:4). 옛날 사도 바울은 아덴에서 신들이 많이 있음을 보았는데 심지어 알지 못하는 신에게 라는 제단을 차려놓고 제사하는 것을 보았습니다(행 17:16~34). 세상에는 신이라는 것이 많이 있지만 해가 하나 밖에 없듯이 오직 한 하나님 밖에 없습니다. 부모, 자식을 선택할 수 없듯이 신인(神人) 관계 역시 선택이 아니라 하나님을 믿는 믿음의 관계입니다. 오늘 태신자 초청 총동원 주일을 맞이하여 처음교회 오신 여러분을 환영하면서 하나님이 기다리시고 사랑해 주신 사랑을 감사하며 이 시간에 본연의 하나님 품으로 돌아오는 계기가 되시기를 바랍니다. 하나님과 인간 사이는 내게 선택의 권한이 있는 것이 아니라 창조주 하나님을 믿는 믿음의 관계입니다.

첫째, 하나님은 여러분을 사랑하십니다.

하나님께서 인간을 아름답게 창조하셨지만 인간은 하나님을 배반하였고 불순종하여 죄를 범하여 영원히 지옥 형벌이 오게 되었습니다. 성경에서 하나님은 사랑이시라(요일 4:16) 하셨는데 그 하나님의 사랑에 의해서 독생자 예수님이 이땅에 오셨고 십자가에 못박혀 대속적 죽음을 당하셨습니다. 이를 구약성경에서 많이 예언하며 예고해 주셨는데 놋뱀 사건이 그 중에 하나입니다(민 21:5~). 모세의 놋뱀을 쳐다보면 뱀에 물린 자마다 나았듯이 십자가에 대속적 죽음을 죽으신 예수를 믿고 영접하면 영생을 얻게 하는 길을 열어 주셨으니 이것이 하나님의 사랑입니다.

1) 하나님이 사랑하시기에 예수님이 이 땅에 오셨고 십자가에서 대속적 죽음을 죽으셨습니다. 이는 하나님께서 사랑하시기 때문입니다.
① 구약에 나오는 인물, 사건, 제도들은 오실 구세주이신 예수님의 그림자요 예표입니다. 그리고 그대로 예수님은 십자가에서 우리의 구원을 이루셨습니다(요 19:31). 이제 예수님을 믿고 영접하면 하나님의 자녀가 됩니다(요 1:12).
② 십자가 사건은 현재도 계속 유효합니다. 예수님 외에 다른 방법으로는 절대 구원받을 수 없습니다(요 14:6, 행 4:12).

2) 예수님은 십자가에 죽으셨으나 다시 3일만에 부활하셨습니다.
① 예수님이 죽기만 하고 부활이 없다면 우리가 여전히 죄 가운데 있겠지만 예수님은 우리를 의롭다 하시기 위해서 살아나셨습니다(민 17:1~, 롬 4:24~25). 기독교 역사를 통해서 지금까지 예수님의 부활은 입증되었습니다.
② 지금도 성령으로 함께 하십니다. 부활 후 40일만에 승천하셨으며 보혜사 성령께서 오셔서 우리와 지금도 함께 계셔서 구원하시고 영생얻기 까지 믿음을 주께서 인도하십니다.
③ 그 예수님을 믿지 않아서 다시 재림(second coming) 하시게 될 것이고 영원한 하나님 나라가 이루어질 것입니다. 하나님이 사랑이시기에 여러분을 영원한 곳으로 초대하시는 것입니다.

둘째, 하나님의 사랑은 예수님 안에서 우리를 구원하시기를 기뻐하셨습니다.

예수님 외에는 다른 길이 없기 때문입니다. 임의로 어떻게 할 수 없는 문제가 이 문제입니다. 따라서 예수님 믿는 일은 선택이 아니라 필수 조건으로서 영생의 길입니다.

1) 예수 그리스도가 우리 구원의 법입니다.
① 유월절(passover) 어린양의 사건에서 보여 주셨습니다. 마음의 문설주에 예수님의 피가 발라져야 합니다. 믿으십시오.

② 여리고 성이 무너질 때에 붉은 줄이 내리워진 라합의 집이 구원받았듯이 예수 그리스도의 십자가의 보혈이 늘 우리의 마음의 성벽에 내리워져 있어야 합니다(수 6:3~).
③ 장차 세상은 고대 바벨론이 무너졌듯이 무너지게 됩니다. 이것이 요한계시록입니다(계 18:2). 오직 예수 그리스도의 새로운 왕국이 건설될텐데 그러므로 예수 믿어야 합니다. 이것이 하나님이 우리에게 사랑을 주신 것입니다.
2) 하나님의 사랑이 강권할 때에 믿고 구원받아야 합니다.
① 하나님이 사랑하시기에 기다려 주셨습니다(벧후 3:8). 그러나 언제까지 기다릴 수는 없습니다. 구원의 문이 닫힐 때가 옵니다(창 7:16).
② 하나님이 기다리실 때에 믿고 돌아가야 합니다. 이 문제는 세상에서 반드시 이룩되어야 하는데 선택이 아니라 반드시(must)입니다. 이것이 복음입니다.

셋째, 하나님의 사랑이 우리에게 축복을 약속하셨습니다.

크게 분류하면 두 가지로 요약됩니다.
1) 영에 속한 신령한 복입니다(엡 1:3~14).
① 멸망 중에서 영생 얻게 된 축복만큼 큰 복은 없습니다. 영생의 복을 얻게 된 것이 하나님의 사랑입니다.
② 예수 안에서 우리에게 이 복을 주셨습니다. 믿음의 선물을 통해서 주신 것입니다(엡 2:8). 믿을 때에 구원을 받았습니다(요 5:24).
2) 세상에 살 동안도 풍성한 복이 함께 합니다.
① 세계 지도를 펴고 보십시오. 예수 믿는 나라들과 불신의 나라를 비교해 보십시오.
② 우리 한국 역시 역사 이래 큰 복을 받은 것은 하나님의 사랑의 복음 때문입니다. 이제 우리는 이 복음을 받아서 세계 속에서 다시 전해야 하는 사명이 있습니다. 이 놀라운 하나님의 사랑을 받아서 영육이 살기를 축원합니다.

결론 · 하나님의 사랑을 받아서 영생을 누리시기 바랍니다.

빌립과 내시를 통한 교훈
사도행전 8:26~40

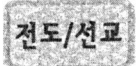

사도행전 8장에는 복음이 예루살렘과 유대 사마리아를 경유하여 아프리카의 에디오피아까지 전파되는 과정이 기록되어 있습니다. 여기에 두 사람이 나오는데 초대교회 일곱 집사중 하나인 빌립으로서 신앙생활 오래된 사람의 본이 되는 인물이며, 또 한 사람은 에디오피아 여왕의 국고를 맡은 내시로서 신앙생활 첫출발하는 새신자의 본이 됩니다. 이 두 사람의 신앙의 모습을 보면서 오늘에 주시는 하나님의 뜻을 찾고자 합니다.

첫째, 우선 빌립을 생각해 보겠습니다.

빌립은 초대 예루살렘 교회 최초 집사 7명중 한 사람으로서 지혜와 성령이 충만하고 칭찬을 받았던 사람입니다. 아울러 모든 직분자의 모범적이었는데 오늘 빌립에게서 세 가지 훌륭한 면을 찾아보게 됩니다.

1) 성실한 봉사자였습니다.

예루살렘 교회 내에 구제하는 일로 인하여 헬라파, 히브리파 유대인 간에 분쟁이 있었는데 사도행전6장에 보면 12사도가 모여 사도는 말씀과 기도에 전념하고 집사를 선택하여 구제와 봉사의 제반업무를 담당하도록 하였던 바, 이때에 뽑힌 집사중 한 사람이 빌립이었습니다. 빌립은 봉사에 앞장선 사람입니다. 교회의 중책을 맡을수록 심령은 낮아지고 섬기는 삶이 되어야 합니다.

2) 열정적인 전도자였습니다.

초대교회 최초 순교자가 스데반이라면 최초 전도자는 빌립입니다. 사마리아에 가서 전도하였고 오늘 본문에 북아프리카에서 지중해 연안「에디오피아」에서 온 내시에게 전도하고 있습니다. 당시 유대인은 사마리아를 혼혈족이라 해서 몹시 경멸하고 천시 대상으로 여겼지만 빌립은 그 사마리아에 가서 복음을 전한 것입니다. 빌립은 유대인을 대상으로만 했던 당시의 선교 분위기를 탈피하여 이방인 선교를 향한 교두보 역할을 하여 초대교회 선교사에 새 장을 마련하였습니다. 또한 유대 율법에 의하면 환관, 내시등은 성전에 들어가서 예배를 드릴 수 있는 자격이 없었는데도 내시에게 복음을 전하고 세례를 베푼 사람이었습니다. 복음에 대한 애착이 있었습니다. 그리스도인의 최대사명은 복음전파입니다. 추수의 계절을 맞이하여 누구에게 복음을 전하고 있으며 누구를 그리스도께로 인도하고 있습니까? 한 마리의 잃은 양을 찾는 주님의 심정을 가슴 속에 간직하고 하나님을 기쁘시게 해 드릴 전도의 열매를 맺으시기를 바랍니다.

3) 믿음의 가정으로서 신앙의 아버지였습니다.

사도행전21장에 바울의 3차 전도여행 중에 가이사랴 빌립의 가정에 몇 일간 유하였다는 말씀이 있습니다. 전도자가 편히 쉴 수 있는 안식처를 제공할 만큼 그 가정이 퍽 믿음적인 분위기였음을 볼 수 있습니다. 빌립에게 네명의 딸이 있는데 예언자로서 소개합니다(행 21:9). 네명의 딸이 좋은 믿음으로 성장하고 있었음을 알 수 있습니다. 어른 되고 먼저 믿은 여러분은 가정에서 작은 목자가 되어야 합니다. (가정예배가 중요합니다.)

둘째, 다음으로 내시를 생각해 봅니다.

내시는 빌립으로부터 전도 받은 초신자였지만 믿음은 왕성했습니다. 후에 에디오피아의 복음화에 앞장섰을 것이며 에디오피아는 아프리카에서 먼저 복음이 들어간 지역입니다.

내시는 모든 초신자의 모범이 됩니다. 초신자내지는 관습적인 신앙생활을 하시는 분이 계시다면 새롭게 신앙을 출발한다는 마음으로 내시가 어떤 결단을 통해 믿음을 성숙시켰는가를 보면서 세 가지의 본받을 점을 배워 봅니다.

1) 예배드림에 정성을 다하였습니다.

솔로몬 왕 때부터 에디오피아와 깊은 유대관계를 가졌던 유대의 전통을 이어서 간다게 여왕의 국고를 맡은 신하 내시 역시 예루살렘을 찾으며 예배하려 했던 것입니다. 에디오피아에서 예루살렘간의 3,000km에 달하는 먼길을 찾아와서 예배하는 것입니다. 장관급인 그가 개인적, 공적으로 자리를 비우면서까지 예루살렘에 온 것입니다. 전례상, 성전밖 뜰에서 예배를 드렸겠지만 문제삼지 않았습니다. 예배생활은 무엇과도 바꿀 수 없는 신앙의 가장 중요한 부분입니다. 내 자신을 하나님께 온전히 제물로 바치는 심정으로 예배하십시오. 6일간 살면서 항상 하나님을 염두해 주고 사십시오. 주일에 할 일을 미리하시고 예배하는 날을 거룩히 준수하십시오. 그래야 복이 됩니다.

  2) 하나님의 말씀을 사랑하고 가까이 하였습니다.

  흔들리는 병거, 참기 어려운 무더위, 불편함 속에서도 빌립의 눈에 비쳐진 내시의 이사야 53장의 성경을 읽는 모습은 무척 진지했습니다. 빌립은 이 순간 그 고난의 종이 「예수 그리스도」이심을 가르칩니다. 말씀의 능력입니다.

  3) 경건한 성례에 참여하였습니다.

  물가에 이르자 자원하여 빌립으로부터 세례를 받았다고 했습니다. 세례 받음으로 온전한 성도가 된 그는 그의 조국에 복음을 전한 훌륭한 전도자가 되었습니다. 세례는 그리스도의 피로 죄씻음을 받는 표시이며 영적으로 거듭나고 그리스도의 몸된 교회에 지체되었음을 확인하는 은혜입니다.

  신앙생활 오래 하셨다고 생각하시는 분은 빌립을 닮으십시오.

  초신자 여러분은 내시가 어떤 과정을 통해 믿음을 성숙시켜 갔는가? 보며 우리 모두의 신앙이 온전해 지시기를 바랍니다.

결론 · 우리 모두 빌립과 내시가 되어야 합니다.

전도 선교 명령 준행의 해
마태복음 28:18~20

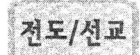

이 세상에 존재하는 모든 것은 그 목적이 있기 마련입니다. 예를 들어서 여기 사용하는 이 마이크 시설은 사람의 목소리를 흡입하여 증폭시켜 주는 역할이 그 목적입니다. 이와 같은 목적인바 그 기능을 잘하게 되면 성공적입니다. 집에서 키우는 개(dog)는 그 본질적인 기능이 낯선 사람이 왔을 때에 짖어서 경계하는 일이라고 봅니다. 하나님께서 선지자들을 세우신 것은 사람들에게 하나님의 뜻을 바르게 전달하고 선포하라고 세우셨지만 선지자의 사명을 다하지 못했을 때에 짖지 못하는 벙어리 개(사 56:10)라고 책망하셨습니다. 이 땅에 교회도 주님이 세우셨고 교회는 주님의 몸이라고 말합니다. 이 땅에 교회가 존재해 왔는바 이 교회의 존재 목적이 무엇일까요? 흔히 말하는 구제, 봉사, 사회봉사 등 많은 일들이 있을 것이지만 교회가 이 땅에 존재하는 본질적인 목적은 복음을 전해서 영혼들이 하나님께 돌아와 구원 받게 하는 이른바 노아의 방주와 같은 역할입니다. 새해에는 더욱 정신차리고 전도명령을 준행하여 교회 존재목적을 구현해 나가는 해가 되기 원합니다.

첫째, 예수님께서 최후 지상명령으로 이 말씀을 남기셨습니다.

소위 유언(One,s last words)과도 같은 말씀입니다.

1) 전도명령, 선교명령은 예수님의 지상유언입니다.
① 승천하시기 전에 주신 말씀이었기에 더욱 중요합니다. 십자가의 도가 영생을 믿는 우리에게는 생명의 도요 진리이기에 이 복음 전해야 합니다 (고전 1:18).
② 그래서 전도하고 선교하는 일은 선택이 아니라 필수적으로 해야 하는 사명의 길입니다.
  세상에 복음이 모두 전파되면 예수님께서 재림하시게 될 것입니다(마 24:14). 세상은 이 복음 사역을 위해서 전쟁의 바람도 억제시켜 놓은 상태입니다(계 8:1, 7:1).

2) 그런데 전도하고 선교하는 현장에는 반드시 성령을 받아야 합니다. 영적이고 신령한 일이기 때문입니다.
① 지상명령하시면서 보혜사 성령을 약속해 주셨습니다. 그리고 이 성령이 오실 때까지 기다리라고 하셨습니다. 전도자가 되기 위해서는 성령의 능력을 받아야 합니다(행 1:4).
② 신약교회의 시작인 사도행전을 다른 말로는 성령행전이라고 할 수 있습니다. 오순절 성령강림으로부터 전도가 시작되었고 교회가 출생했습니다(행 2:1). 그 성령은 지금까지 역사해 왔고 이 세대에 우리에게 임하셔서 전도하라고 하십니다. 성령의 수종자가 되어야 하겠습니다. 이것이 성도의 임무요 교회의 사명입니다.

둘째, 세계역사는 영혼구원역사인 구속사에 그 초점이 맞추어져서 있습니다.

이것이 세계역사요 흐름입니다.

1) 그것은 구약이나 신약이나 같은 하나님의 섭리(Providence)입니다.
① 구약 역시 구속의 역사로 일관해 왔습니다. 그래서 아담이 타락한 이후부터 말라기서까지 구약의 전부는 메시야의 약속이요, 메시야는 구원주입니다.
② 신약 역시 오신 메시야인 예수 그리스도의 역사입니다. 예수님이 우리의 구원주가 되시기 때문입니다.
2) 하나님은 복음을 위해서 역사의 모든 일들을 행하셨던 과거를 보게 됩니다.
① 일반 역사에도 서양사의 헬라의 알렉산더 왕의 코이네 정책은 후시대에는 이것이 신약성경은 헬라어로 기록하게 했습니다. 로마의 313년 콘스탄틴(Constanius)의 기독교 공인 등은 복음사의 하나님에 위대한 섭리에 있었습니다.
② 이 나라의 근대사에서 교회가 들어오게 되고 지금까지 교회가 발전부흥케 된 것도 모두가 하나님의 역사입니다. 일제 36년을 통해서 조선 왕조가 무너진 일도 복음사에서 보면 고무적인 일도 있습니다. 지금도 이 복음전파의 핵심이 한국에 있게 되었습니다. 선교의 사명을 다해야 할 때입니다.

셋째, 이제 지금부터 미래의 선교 사명은 한국교회에 있습니다.

이 세대에 우리의 사명은 전도명령 선교명령을 다하는데 있습니다. 이것이 이 세대의 한국교회의 사명이요 존재목적입니다.

1) 미래의 선교에 우리를 사용하시기를 원하십니다. 그러므로 이 사명자가 되기 위해서 어떻게 해야 하겠습니까?
① 성령 충만하고 기도하는 교회가 되어야 합니다. 세계교회에 성령의 불이 꺼질 때에 한국교회가 다시 붙이는 역할을 해야 합니다. 이 불은 성령의 불입니다.
② 이 사역을 위해서 하나님께서는 한국을 알리게 하기 위해서 올림픽(Olimpic) 월드컵(Worldcup)을 치르게 하셨고 경제 발전을 통해서 세계 속에 한국 제품을 알리게 하셨습니다. 지금은 정보통신(IT)의 강국이 되게 하신 것도 따지고 보면 전도를 위해서입니다.

2) 이제 남은 시대의 복음전도의 사명은 우리교회에 있음을 깨달아야 합니다.
① 우리교회에도 이 사명의 축복이 있습니다. 전도 선교는 축복중에 축복이요 아무나 할 수 없는 중대한 일임을 깨달아야 하겠습니다.
② 빚진 자의 심정으로(롬 1:14) 전해야 합니다. 듣든지 아니 듣든지 전해야 하겠습니다(딤후 4:105).
   금년 한해 동안도 전도자의 사명을 다해 나가게 되기를 축원합니다

결론 · 지금은 전도해야 하고 선교해야 할 때입니다.

왜 예수를 바라보아야 합니까?
히브리서 12:1~2

우리가 이 세상에 머물면서 신앙생활하는 것은 마치 경주자가 경기장에서 경주하는 것과 비교가 되는데 경주자의 눈에 많은 것이 들어오게 됩니다. 예컨대 마라톤 선수가 42,195km를 뛰게 되는데 많은 것들이 시야에 들어오겠으나 선수는 끝까지 목표만을 향해서 달려야 합니다.

우리의 목적지는 천국이요, 예수 그리스도이십니다. 바울 사도는 고대 고린도 지역의 올림픽을 보았을 것으로 생각되는데 이때에 외친 말씀이 있습니다(고전 9:25). "이기기를 다투는 자마다 모든 일에 절제하나니 저희는 썩을 면류관을 얻고자 하되 우리는 썩지 아니할 것을 얻고자 하노라" 했습니다. 그 바울 사도는 마지막 딤후 4:7~8에서 의의 면류관을 고백했습니다. 일반적으로도 어떤 일에 성공자가 되기 위해서는 그 일에만 몰두하여 싸워 나가게 될 때에 승리자가 됩니다. 본문에서 '예수를 바라보자' 했는데 '바라보자'는 헬라어로 '아포롯데스'라는 말로서 한번 바라보고 마는 것이 아니고 끝까지 계속 바라보는 것을 뜻합니다.

우리는 천국에서 예수님을 만날 때까지 예수님만을 바라보기 위해서 본문에서 몇가지 말씀을 생각해 봅니다. 예수님 외에는 우리의 구원이 없습니다.

첫째, 예수님만 바라볼 때에 승리할 수 있기 때문입니다.

경주하는 도상에 수많은 사건이나 일들이 있겠으나 예수만 바라보아야 합니다.

1) 예수님을 바라볼 때에 다음과 같은 유익이 있습니다.
① 예수님을 바라볼 때에 확고한 믿음이 생기게 됩니다. 베드로의 일에서 배우게 됩니다(마 14:31). 교회생활과 주의 일을 하는 성도들이여! 예수만 바라봅시다.
② 예수님만 바라볼 때에 성공적인 성화(聖化, sancfication)에 이르게 됩니다. 우리가 예수 믿고 거듭 났어도 당장 천국에 들어가지 않고 이 세상에

머물기 때문에 이 때에 우리에게 요구되는 것이 성화입니다. 점진적으로 성화에서 승리케 됩니다. 바울도 했던 일을 뒤로 하고 푯대인 예수만 바라본다고 했습니다(빌 3:12).
③ 성도에게 요구하시는 성도의 거룩을 이룩해 나가야 됩니다. 하나님께서 성도에게 요구하시는 것은 거룩입니다(벧전 1:16, 살전 4:3, 계 11:44).
④ 예수님을 바라볼 때에 인내가 가능합니다. 예수님은 인내로써 십자가를 참고 이기셨습니다. 인내로서 경주해야 합니다(약 1:4, 5:10~11). 영국의 시성(詩聖) Milton 은 44세 때에 소경이 되었지만 인내로써 참고 견딜 때에 시성이 되었고, 미국의 16대 대통령인 링컨은 수많은 실패 끝에 대통령이 되었습니다.
⑤ 예수님을 바라볼 때만이 천국의 주인공이 됩니다. '하나님 보좌 우편에 앉으셨느니라' 했습니다(행 7:56, 롬 8:18).
2) 이것은 먼 옛날 사건이 아니고 현실적인 교훈입니다.
① 예수만 바라볼 때에 승리자가 됩니다.
② 신앙생활을 남의 이야기로 듣지 말고 내 이야기가 되어야 합니다.

둘째, 예수를 바라볼 때에 벗을 것을 벗게 됩니다.

예수님 외에 구원이 없습니다. 운동선수는 최소한의 옷을 입고 뛰듯이 성도는 벗을 것을 벗어야 합니다.
1) 성도가 이기기 위해서 벗을 것을 벗어야 하겠습니다.
① 죄를 벗어야 합니다. '죄를 벗어버리고' 했습니다. 회개할 때에 용서가 있습니다(요일 1:9, 사1:18).
② 무거운 것을 벗어야 합니다. 죄는 아니지만 신앙생활에 방해가 되는 모든 것을 과감히 벗어야 합니다.
2) 지금 나에게 신앙생활에 방해되는 것이 있다면 그것이 벗을 것입니다.
① 과거에 얽매인 죄의식도 벗어야 합니다. 하나님께서 이미 용서해 주셨기 때문입니다. 그리고 어두움을 벗어 버려야 합니다(롬 13:12).
② 벗을 때에는 과감하게 벗어 던져 버리고 주를 따라야 합니다. 예수 안에 살기를 힘써야 합니다.

셋째, 예수 그리스도만이 우리 신앙의 표준입니다.

예수님 외에는 우리의 구원이 없습니다. 매사에 표준(標準 Standard)이 있습니다.

1) 신앙의 표준은 오직 우리 주 예수 그리스도이십니다.
① 사도들을 비롯해서 그 어느 인물도 표준이 될 수는 없습니다. 다만 참고적인 인물이 되는 것뿐입니다. 교회 안에서 어느 누구도 표준이 없습니다. 오직 예수님이십니다.
② 표준 되시는 예수 그리스도만 믿고 따라야 합니다. 결과는 천국이요, 상급이 있습니다.

2) 예수님은 승리자로서 표준이 되십니다.
① 십자가로써 승리하셨습니다(골 2:15하). 예수님처럼 승리하기 위해서 예수님을 보아야 합니다.
② 신앙인에는 실패의 사람도 많이 있는데 그들을 보면 곤란합니다. 가룟 유다, 아나니아와 삽비라, 데마, 알렉산더와 같은 사람입니다.
오직 예수만 바라보고 승리케 되시기를 축원합니다.

결론 · 여러분은 지금 누구를 바라보십니까?

그리스도로 옷 입은 자
갈라디아서 3:26~29, 창세기 37:3~4

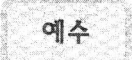

사람이 입고 있는 옷의 역사는 매우 길고 긴 역사를 가지고 있습니다. 성경에서 발견되는 옷의 역사는 아담이 범죄하고 무화과나무 밑에 숨어서 무화과 잎으로 치마를 엮어 입고 있는 모습에서 시작되는데(창 3:7), 그 다음에 하나님께서 가죽옷을 지어 입혀주셨으며(창 3:21), 이 가죽옷은 짐승이 희생되어야 생산되기 때문에 이 가죽옷의 주인을 양으로 생각한다면 예수 그리스도의 예표요 그림자가 됩니다(요 1:29). 예수님은 우리의 죄를 지고가신 속죄양이 되었습니다. (The next day John saw jesus coming toward him and said, "Look, the Lamb of God, who takes away the sin of the world!") 그리고 예수님은 우리에게 영원히 수치를 당하지 않도록 하시기 위해서 옷을 입혀 주셨습니다. 옷의 기능은 가리워주는 역할인데 오늘날들은 가리는 역할 외에도 미를 추구하는 가치가 있기 때문에 겉옷은 물론이고 속옷까지 상상을 초월하는 비싼 값을 주게 되는 병폐속에 살아가는 시대입니다. 참 성도는 값비싼 옷을 입지 아니한다 할지라도 반드시 영적으로 예수를 옷입고 있어야 합니다. 이것은 예수 그리스도의 신부된 모습이요(계 19:8) 본문에서 예수로 옷입으라고(… have clothed your~selves with Christ)했기 때문입니다. 창세기 39장에 나오는 요셉은 예수 그리스도의 예표인 동시에 성도의 좋은 모델입니다.

첫째, 성도는 이 세상에서 하나님의 사랑의 옷을 입고 살아야 합니다.

이 세상에는 옷이 많이 있지만 성도는 하나님의 사랑의 옷을 반드시 입어야 하는데 요셉이 그것을 보여 주었습니다. 야곱의 사랑으로 채색옷을 입고 있었습니다(창 37:3).

1) 하나님의 사랑의 옷을 입고 있는지 확인해 보시기 바랍니다.
① 하나님께서 사랑하셔서 독생자를 주셨고 그 사랑의 옷이 우리에게 입혀지게 되므로 부끄러움을 면하게 된 것입니다(요 3:16, 롬 10:11).
예수님이 우리에게 주신 옷은 하나님의 사랑의 옷입니다. 야곱이 요셉에게 입혀주게 된 채색옷에서 비교됩니다.

② 이 옷을 입고 있으면 우리는 하나님의 사랑으로 하나님의 자녀가 되었다는 중표가 됩니다. 이 사랑은 변하지 않는 옷입니다(요일 4:16).
2) 사랑의 옷을 입고 있으면 자연적으로 남에게 보여주고 싶듯이 생활이 필요합니다.

속담에 옷이 날개라는 말이 있듯이 어떤 옷을 입고 있느냐에 따라서 그 사람의 신분이 달라지게 됩니다. TV Drama에서 볼 때에 똑같은 배우라도 고급 옷을 입고 있을 때와 종의 옷을 입고 나올 때의 차이는 극과 극입니다.

① 예수로 옷이 입혀진 사람은 생활 속에서 나타내 보여야 합니다.
가령 사랑의 옷을 입고 있다면 사랑을 나타내야 합니다(요일 4:19).
② 형제를 사랑해야 합니다(벧전 4:8).
③ 우리교회 성도들은 모두가 예수 그리스도로 옷을 입어야 합니다.
아무리 좋은 옷도 장롱 속에 감추어만 있다면 가치가 없습니다. 입고 다닐 때에 옷이 가치가 있습니다. 그래서 본문에서 "예수 안에서 옷 입었느니라"고 했습니다.

둘째, 성도는 이 세상에서 고난의 옷도 입어야 합니다.

예수를 알고 난 다음에 계속적으로 좋은 일만 있는 것이 아니고 고난의 길이 있을 때도 있습니다. 그래서 십자가를 지고 따라 오라고 하였습니다(마 16:24). 복음과 함께 고난을 받으라(딤후 1:8) 했습니다. 그 좋은 대표적인 일이 요셉이라고 할 수 있을 것입니다. 채색옷만 입은 것이 아니고 죄를 이기게 될 때에 고난의 옷, 죄수의 옷을 입기도 했습니다.

1) 성도는 예수 복음 위해서, 의를 위해서 때때로 고난도 따르게 됩니다.
① 요셉의 예를 통해서나 수많은 믿음의 조상들에게서 배우게 됩니다.
바울은 고난을 함께 받아야 한다고 했습니다(롬 8:14~18). 바울은 때때로 죽을 것도 각오했습니다(행 20:24).
② 이 고난은 이유 없이 애매한 고난입니다.
요셉이 애매한 고난을 받았듯이 바울도 예수 전도 때문에 고난을 받았다면 성도가 세상에서 바른 믿음을 지키기 위해서는 고난이 오게 되는데 이 고난의 옷도 즐겨입을 수 있어야 합니다(벧전 2:19). 바울은 오히려

옥중에서 기뻐하였고, 기뻐하라고 했습니다(빌 4:4). (Rejoice in the Lord always. I will way it again Rejoice!)

2) 진리를 위해서 받은 성도의 고난은 아름다운 옷입니다.
① 믿음의 선진들이 그랬습니다.
예수 이름으로 선을 행하다 진리 때문에 오는 고난이라면 참고 견디세요. 아름다운 옷입니다.
② 세상 사람들은 모두가 부끄러운 옷을 입고서 좋아하는데 우리는 믿음의 선진들과 같이 아름다운 의의 옷을 입고 고난을 즐거워해야 합니다(벧전 3:14, 마 5:10).

셋째, 성도에게는 영광의 옷이 기다리고 있습니다.

예수님이 십자가를 지시고 고난을 겪으신 후에 영광의 보좌에 앉으셨듯이 일찍이 요셉을 통해서 보여 주셨고 이것은 최후의 성도의 모습이기도 합니다.

1) 성도에게는 장차 나타날 영광이 아름답습니다.
① 요셉은 죄인의 옷을 벗고 애굽 국무총리의 영광의 옷을 입었습니다. 이것은 성도에게 보여주시는 예표요 그림자인데 예수님이 모든 무릎앞에서 영광을 받으셨습니다(빌 2:11).
② 예수님이 가신 길은 최후에 얻는 영광의 길입니다.
성도는 최후에 영광의 옷을 입게 될 것입니다(계 7:17). 그래서 Peny(페니)라는 사람은 말하기를(no cross, no crown) 십자가가 없이는 면류관도 없다고 했습니다.

2) 우리는 예수로 더불어 옷 입어야 합니다.
이것이 성도입니다.
① 이 약속은 지금도 변하지 않고 계속 유효합니다. 따라서 늘 내 마음에 확인해야 합니다. 확인이 중요합니다.
② 세상에서 비싼 옷을 입지 못해도 예수로 말미암아 날마다 이 옷입고 즐거워하는 예수님의 신부들, 천국의 보배들이 되시기를 축원합니다.

결론 · 우리가 지금 입고 있는 것은 예수로 입은 옷입니까? 확인하시기 바랍니다.

예수님의 부활, 나의 부활
요한복음 11:25~26

사람들이 세상에서 제일 두려워하고 무서워하는 일이 있다면 죽음에 관한 두려움과 공포가 으뜸이라고 심리학(psychology)에서는 많은 학자들의 대동소이한 주장입니다. 사람의 죽음으로 끝이 아니라 반드시 천국과 지옥이 있으며 예수님께서 재림 때에 부활이 있습니다. 사도 바울은 죽은 자들을 위해서 슬퍼하지 말고 재림과 부활을 인하여 서로 위로하라고 했습니다(살전 4:13~17). 예수님은 본문에서 죽은 나사로를 살리기 앞서 교훈을 주셨습니다. 나는 부활이요, 생명이니 나를 믿는 자는 죽어도 살겠고 무릇 살아서 나를 믿는 자들은 영원히 죽지 아니하리니 네가 이것을 믿느냐 했습니다. (Jesus said to her, "I am the resurrection and the life He who believes in me will live, even though he dies and whoever lives and belives in me will never die, Do you believe this?") 또 한번 부활 주일을 맞이하여 본문에서 은혜를 나누려 합니다.

첫째, 예수님은 믿는 모든 이들의 부활이 되셨습니다.

예수께서 죽은 자 가운데서 그냥 계셨다면 우리의 믿음은 헛되고 여전히 죄 가운데 있었을 거지만 예수님은 분명히 생명의 부활을 하심으로써 우리의 부활을 보증해 주셨습니다. 이는 성경이 우리에게 밝혀 주고 있습니다(롬 4:24~25, 롬 5:18).

1) 예수님의 부활은 우리가 의롭다 하심을 얻게 하는 입증이요 증거가 되었습니다.
① '죄의 삯은 사망이요' 했는데 첫사람 아담 이후에 모든 인간은 죄인이었고 죽게 되었습니다. 그러나 이제 둘째 아담이신 예수 그리스도 안에서 살게 되었습니다. 예수 그리스도 안에서 부활이 약속되었습니다.
② 예수 그리스도의 부활로 사탄 마귀의 계략이 끝이 나게 되었고 영원히 실패자가 되었습니다. 구세주로 오신 예수 그리스도를 십자가에 죽으면 끝

이 날 줄 알았지만 예수님의 부활로 사탄은 완전 실패자가 되었습니다.
2) 예수님의 부활 사건은 세 가지로 보여 주었습니다. 실제 사건으로써 중대한 면을 보여 주셨습니다.
① 부활하심으로써 평상시의 말씀을 입증해 보여 주셨습니다. 요 2:19에서 예수님이 평상시에 부활하실 것을 말씀하셨는데 이것이 실제로 입증된 것입니다. 사실이요 공수표가 아니었음을 보여 주신 것입니다. 우리의 부활 역시 사실로 이루어집니다.
② 예수님의 생애 가운데서 죽은 자들을 살리시게 되었는데 예수님께서 부활하셨고 우리 역시 부활하게 됩니다. 나인성 과부의 아들을 살리시고 (눅 7:11~16) 나사로를 살리셨고(요 11:44), 회당장 야이로의 딸을 살리셨습니다(막 5:41).
③ 예수님 자신이 실제로 죽은 자 가운데서 살아나셨습니다. 그리고 네가 다시 부활할 것을 믿느냐 라고 질문하십니다.

둘째, 부활의 주님은 또한 우리의 생명이 되십니다.

왜 우리가 생명을 얻게 되고 부활의 대상이 됐습니까? 그것은 예수의 생명 안에 우리가 있기 때문입니다.
1) 예수 안에 있을 때에 생명이 있습니다.
① 예수 안에 있을 때만이 영원한 생명의 보장입니다.
미국의 유명한 부흥사였던 D.L Moody(무디)가 임종시에 둘러선 가족과 모든 이들에게 말했습니다 Behold this glorious. (보라 영화롭도다) The earth recedes. and the heaven is coming.(땅이 물러가고 하늘이 임하는구나) God calls me.(하나님이 부르신다) 계속해서 말하기를 내일 아침 신문에 내가 죽었다는 보도가 났거든 믿지 말라. 내가 죽은 것이 아니라 하늘에 올라간 것이다 하면서 두 아들을 불렀습니다. 믿지 않는 큰 아들에게는 잘가거라(Good bye)라고 하였고 믿는 둘째 아들에게는 또 만나자(See you again)라고 했습니다. Good bye(영결식)와 See you angin(다시 만남)은 큰 차이가 있습니다. 우리는 예수 안에 있을 때문이 천국이요, 영원한 생명이 약속됩니다.
② 예수 밖에서는 우리의 생명이 없습니다(요일 5:11~13). 부활하신 예수

안에서 살아야 있습니다.
2) 세상에서 제일 급하고 긴급한 일은 예수 안에 살아가는 일입니다(마 6:33).
① 세상 사람들과 같이 세상적 소유 개념으로만 살지 말고 천국 개념으로 살아야 합니다(눅 16:23).
부자와 나사로를 보시기 바랍니다.
② 예수님이 내 안에 계신가를 늘 확인하며 살아야 합니다(고후 3:5).

셋째, 예수님은 우리에게 질문하십니다. 이것을 네가 믿느냐? (Do you belive this?)

1) 내 안에 부활의 주님을 모실 때만이 이 사실이 가능합니다.
① 이것은 신념(信念)과는 다릅니다.
적극적 사고방식(positive thinking)으로 유명한 노만 빈센트 필(Norman Vincent peale) 박사가 기자로 일하려고 신문사에 시험을 본 후 낙방해서 자신의 신 사고가 그릇됨을 깨달아 예수 안에 돌아와 유명한 목사가 되었습니다.
② 예수 안에 있을 때만이 인생이 바뀌게 됩니다. 부활하신 예수님은 우리의 인생이 바뀌게 합니다(눅 24:31). 엠마오의 두 제자와 같이 바뀌게 됩니다.
2) 부활하신 예수님이 지금 우리에게 똑같이 질문하십니다.
① 네가 이것을 믿느냐(Do you belive this) 여자는 대답했습니다(Yes, Lord She answered).
② 예수님의 부활은 따라서 모든이의 생명이요 부활의 약속입니다. 부활 신앙으로 승리케 되시길 축원합니다.

결론 · 예수님의 부활은 곧 우리의 부활입니다.

예수님이 지신 십자가
마태복음 27:45~56

　이 세상이 창조된 이후에 크고 작은 일들이나 사건들이 수를 헤아릴 수 없이 많이 존재했습니다. 한 국가의 흥망성쇠에서부터 시작해서 한 개인의 일들에 이르기까지 어찌 다 말을 할 수가 있겠습니까마는 뭐니뭐니해도 제일 위대한 사건은 예수 그리스도의 탄생(Incarnation)과 십자가 대속적 죽음을 통한 생명의 부활이요 여기에서 얻어지는 영혼 구원의 사건이라고 말할 수 있을 것입니다. 예수님은 B.C.와 A.D.(기원전과 기원후)로 역사를 바꾸어 놓으셨을 뿐아니라 믿는 모든이의 구세주가 되십니다. 다시한번 예수님의 고난을 생각하는 종려주일을 맞이하게 되었고 고난 주간을 돌입하면서 또 한번의 부활주일을 바라보는 시점입니다. 136장 찬송 "너 거기에 있었는가"(Where you there whom they crucifel my Lord?를 부르면서 이사야 53장을 읽으며, 오늘 본문을 통해서 은혜 나누는 시간이 되기를 바랍니다.

첫째, 예수님의 십자가 고난은 인간이 범한 죄를 대신 당하신 사건이었습니다.

　인간이 지은 범죄의 모든 죄 값을 한꺼번에 십자가에서 대신 당하신 사건입니다.

1) 죄 값은 사망이라고 했습니다.
　(롬 6:23) '죄의 삯은 사망이요' 했는데 첫사람 아담 이후에 모든 인간은 죄인이었고 죽게 되었습니다.
　① 성경은 우리에게 가르쳐 주었습니다.
　　의인은 하나도 없고 모두 죄인입니다(롬 3:10, 23 요일 1:8~9). 자기의 죄를 인정하고 회개해야 합니다. 이 길만이 살길이요 예수님이 이룩해 놓으신 살길이 되시기 때문입니다.
　② 구약시대에는 유대인들에게 주신 제사법전을 통해서 오실 메시야에 대하여 보여 주셨는데 양이나 소가 죽게 되어 있습니다.

그러나 이 짐승들은 흠이 없는 건강한 짐승들이어야 했는데(레위기 1~4장) 이는 예수께서 죄 없으신 모습을 예표하신 말씀입니다(히 4:15). 예언대로 예수님은 흠 없으신 분으로서 오셔서 죽으셨고 대속해 주셨습니다(히 9:10~12).

2) 예수님의 십자가에서 죽으심은 믿는 자들의 죄를 대속해 주셨습니다.
① 우리 죄를 대신 갚아 주셨기에 다 이루셨다고(요 19:32) 외치셨습니다.
영원히 망하게 된 죄에서부터의 해방이요 생명의 길이 되었습니다.
세익스피어는 그의 '맥배드'에서 세상에 외쳤습니다. '벙큐드를 죽인 그 피와 유령이 끝까지 그를 괴롭히듯이 죄란 이처럼 무섭고 비참한 것이다' 라고 했습니다. 예수님은 우리의 모든 죄 문제를 십자가에서 해결하셨습니다.
② 이번 고난 주간에 다시 한번 자기의 죄 문제를 심각하게 생각하고 죄사함의 축복을 확인하는 은혜의 시간이 되시기 바랍니다(롬 7:21, 롬 6:3, 롬 8:1~2). 여기에 영원한 영적 자유가 보장되어 있습니다(요 8:31).

둘째, 우리를 구원하심은 하나님의 영원하신 사랑에 의한 것입니다.

왜 하나님이 이렇게 독생자까지 희생하시며 우리를 구원하시는가 라고 질문한다면 하나님은 사랑이시기 때문입니다.(아가페)

1) 하나님은 사랑이시라고 했습니다.
① 하나님은 사랑이신데 '그 큰 사랑' (엡 2;4)이라고 했습니다. 그 큰 사랑이 십자가에 못박게 했습니다(갈 6:14).
② 사도 요한은 하나님은 사랑이라고 했습니다(요 3:16, 요일 4:8,16).
안디옥 교회의 교부였던 이그나티우스(Ignatius)는 로마의 골로세움경기장 내의 사자 밥이 되며 죽으면서도 하나님의 사랑을 간증했습니다.

2) 이와같은 하나님의 원대하고 그 큰사랑을 받은 우리는 어떻게 해야 하겠습니까?
① 하나님을 사랑해야 합니다(요 21:15~)
예수님의 질문에 답해야 할 차례입니다.
② 서로 사랑해야 합니다.
그것이 하나님의 뜻이기 때문입니다(요일 2:9).

사랑을 배워야 하겠습니다(롬 12:10, 벧전 4:8, 계 2:5, 마 24:12). 고난주간에 생각할 일은 주님을 배우는 일입니다.

셋째, 예수님의 희생은 믿는 자들에게 영원한 생명을 있게 하였습니다.

세상에서 생명(Life)만큼 중요한 일이 어디에 있겠습니까?(엡 2:1)

1) 예수님은 생명이 되십니다(요 14:6).
① 예수님이 우리의 생명이 되시기 위해서 오셨습니다.
  예수 안에 있을 때에 영원히 살게 됩니다.
② 예수님은 영원한 생명을 믿는 자에게 주셨습니다.
  그래서 예수 믿는 자는 영원히 살게 됩니다(요일 5:11~13).
2) 예수님 없이는 영원히 멸망 밖에 없습니다.
① 예수 안에서 영원히 사는 길을 걸어야 하겠습니다.
② 세상에 죄에서, 사망에서 도피할 길은 예수님 밖에 없습니다(민 35:6).
  이 고난 주간에 내가 살게 된 원동력이 예수님의 고난에 있음을 인식하여 십자가에 승리하게 되시기를 축원합니다.

결론 · 예수님의 고난이 우리의 살길이 되었습니다.

예수 그리스도의 부활과 우리의 신앙
마태복음 28:1~15

봄은 소망의 계절입니다. 겨울 내내 죽은 것 같은 대지에 생명이 약동하기 때문입니다. 봄은 영어로 스프링(Spring, 또는 Spring Time)이라고 합니다. 용수철과 같이 땅에서부터 솟아 오르는 계절입니다. 자연적인 계절이지만 예수님께서 십자가에 죽으셨다가 무덤에서부터 부활하신 날이 오늘 우리가 지키는 주일입니다. 바울의 고백(고전 15장)과 같이 예수님의 부활이 없었다면 우리가 가장 불쌍한 자에 속하겠지만 우리는 예수님이 부활하셨음을 믿습니다. 필립 헨리(Philip henry)는 '주님의 날은 날들의 여왕이여 그는 주일의 진주라' 하면서 이웃과 친구들에게 부활을 전했습니다. 예수님의 부활이 없다면 기독교 역시 일반적인 종교로 전락해 버리고 말겠지만 예수님은 생명의 부활을 하셨기에 기독교는 생명의 종교입니다. 예수 그리스도의 부활은 기원전과 기원후(Before Christ, Anno Domini)로 나누어지는 분수령으로 2000년간 지켜져 왔습니다 다시 한번 맞이하는 부활절에 우리의 신앙적 의미를 되새겨 보겠습니다.

첫째, 예수 그리스도의 부활은 역사의 무대에서 벌어진 현실 사건입니다.

부활이 이론이나 관념이 아니라 사실입니다.

1) 예수 그리스도의 부활은 실제 사건이요, 역사입니다.
① 예수 그리스도의 부활은 실제 시간 속에서 이룩되었습니다. 독일어의 게쉬데(관념적 시간)가 아니라 히스토리(실제적 시간)에 속한 부활개념입니다.
② 사람들이 믿지 못하는 이유는 불신앙 때문입니다. 그러나 예수님은 부활하셨고 부활의 첫 열매가 되셨습니다(고전 15:20). 첫 열매를 따라서 그를 믿는 이들이 부활하게 됩니다. 삼위일체를 말한 터툴리안(Tertullian)

은 그의 호교론(Apologeticus)에서 예수님의 부활이 그 당시 황제인 티베리우스(Tiverius)에게도 보고 되었다고 했습니다.

2) 예수 그리스도의 부활과 같이 그는 믿는 모든 성도가 부활하게 될 것입니다(고전 15:23).
① 예수님의 부활은 부활의 첫 열매로서 중요합니다. 구약 성경에 예수님의 부활을 예견했습니다(민 17:13~17). 아론의 싹난 지팡이 사건이 그것이었습니다. 예수님은 우리의 대제사장이 되십니다.
② 그와 같이 우리가 부활하게 될 것입니다(살전 3:13~17). 그래서 죽었다고 하지 않고 '잠잔다' 고 했습니다. 자는 자들이 다시 깨어나는 시간이 있듯이 부활의 시간이 옵니다.
③ 그런데 부활에는 생명의 부활이 있고 심판의 부활이 있다고 했습니다(요 5:28~29, 계 20:5~6). 예수 안에 사는 모든 사람들은 생명의 부활에 참여하게 됩니다.

둘째, 예수님의 부활은 육체적 부활이었습니다.

이론적 부활이나 상상력에서 나오는 이야기가 아닙니다.

1) 예수님은 육체적 부활을 하셨습니다.
① 제자들까지도 놀라고 반가운 나머지 영으로 생각했습니다(눅 24:7).
그러나 예수님은 육으로 부활하셨습니다.
② 그 증거가 몇 가지로 입증되었습니다. 제자들과 함께 대화를 나누셨고 못자국 난 손과 옆구리를 보여 주셨으며 음식도 잡수셨습니다(요 20:16~). 또한 500여 형제에게 보여 주셨습니다(고전 15:30).

2) 믿는 성도들의 부활도 육체적 부활입니다.
① 지금은 영과 육이 잠시 분리(Separation) 되어 있지만 다시 결합되어 부활합니다(계 1:7).
② 역사상에 이룩된 사건이듯이 장차 역사 선상에서 반드시 이룩될 것입니다(요 11:25).

셋째, 예수님의 부활이 우리 믿는 성도들에게 주시는 의미가 있습니다.

현실 생활 가운데서 얻어지는 것이 무엇이겠습니까?

1) 부활을 통해서 이것을 주셨습니다.
① 기쁨입니다. 십자가에 못 박힐 때 모두 슬퍼했습니다. 이제는 기쁨이 넘치게 되었습니다.
② 우리에게 영원히 사는 큰 소망이 생겼습니다(요 14:19). '내가 살았고 너희도 살았음이라' 했습니다.
2) 부활절을 맞이하는 성도의 삶은 중요합니다.
① 산 자를 죽은 자 가운데서 찾듯이 살지 말아야 합니다.
② 부활의 증인들이 되어야 하겠습니다.
　방황하는 시대에 부활 신앙으로 승리하시기를 축원합니다.

결론 · 우리는 부활신앙에 있습니다.

영원의 세계가 있습니다_천국
요한계시록 21:1~7

이 세상이 끝이요 모든 인간들에게 마지막이라고 한다면 인간은 다른 피조물과 비교해서 하나도 다를것이 없을 것입니다. 그저 세상에서 먹고 마시고 잠자고 생산해 내고 후손을 키워내고 하는 것은 짐승들이나 다른 미물들도 모두 하는 일이기 때문입니다. 의롭게 살고 착하게 살고 거룩하게 살아야 할 이유가 아무것도 없다고 할 것입니다. 이것은 성경의 확실한 증거들입니다(고전 15:32, 사 22:13, 56:12, 벧전 1:24, 전 1:2, 12:13). 그러나 분명한 사실은 이 세상이 끝이 아니고 분명한 내세가 있는데 이 시간에는 천국편에 관해서 말씀을 드리려고 합니다.

천국에 관한 표현은 성경에 많이 있습니다(마 3:2). '하나님 나라(막 1:15)' '하늘나라(요 3:5)' '아버지의 나라(마 13:4)' '인자의 나라(골 1:13)' 수많은 표현들이 있지만 한마디로 천국(kingdom of heaven)이 많이 있습니다(마 4:17). 세례요한도 요단강 저편에서 외치기를 '회개하라 천국이 가까이에 있느니라'(마 4:17)했습니다 이는 예수님도 외치신 말씀입니다. (From that time Jesus began to preach his message: away from your sins because the kingdom of heaven is near) 영국의 극작가 섹스피어(Shakespeare)는 '생명이 있는 것은 반드시 죽는다 그리고 저 세상에 가서 영원한 생명을 얻는다. 이는 뻔한 일이 아닌가' 했습니다. 본문을 중심으로 천국에 관한 말씀을 보겠습니다.

첫째, 천국에 관한 어원적 표현을 보고 그 뜻을 생각합니다.

1) 천국은 왕국이라고 하였습니다.
헬라어에서 바실레이아라고 합니다.
① 세상에 수없이 존재했다가 없어졌던 과거 군주시대에 외국과는 전혀 다른 영원한 왕국입니다(단 2:44). 우리가 가는 천국은 다른 왕국입니다(마 8:11, 딤후 4:18).
② 낙원이라고 했습니다. 낙원은 (파라다이스)입니다. 영원히 좋은 나라입

니다(눅 22:43, 계 2:7). 사도바울은 3층천에 관해서 말했습니다. 세상에는 그냥 충성과 봉사, 헌신하는 것이 아닙니다. 분명하게 낙원에서 받게 될 것입니다(계 22:12, 마 16:27).
③ 영원한 본향이라고 했습니다. 세상은 나그네 길이기 때문입니다(히 11:13~16).
④ 그 밖에 수없이 많은 표현들이 있습니다. 더 크고 온전한 장막(히 9:11), 하늘에 있는 영원한 집(고후 5:1~) 거룩한 새 예루살렘(계 21:2).
2) 예수님이 우리 위해서 예비하셨습니다(요 14:1~6).
① 내 아버지 집에 거한 곳이 많다고 했습니다. 예수님이 믿는 자 위해서 예비하신 나라입니다.
② 이 세상은 잠간이지만 그곳은 영원한 곳이기에 언제나 그곳에 소망을 두어야 합니다. 누가복음 16장에서 나사로나 부자의 예에서 봅니다. 그래서 예수님은 천국을 비유로 설명하셨습니다(마 13장).

둘째, 천국 영원한 그 곳은 어떤 곳인가를 성명해 줍니다.

지금은 거울을 보듯이 희미하나 그때는 확실합니다(고전 13:12).
1) 천국은 이 세상에서 제일 좋다고 하는 것보다 비교할 수 없게 좋은 곳입니다.
① 제일 좋다는 보석류로 설명했습니다(21:19~).
벽옥, 남보석, 녹보석, 홍마노, 홍보석, 황옥, 녹옥, 담황옥, 비취옥, 청옥, 자정으로된 열두진주문입니다. 그러므로 그때까지 견고하게 서서 흔들리지 않고 신앙생활 해야 합니다(고전 15:58).
② 이곳은 하나님의 영광이 가득한 곳입니다.
성경을 보세요(계 21:11~23) 공원묘지나 화장터의 슬픔이 모두 사라져 버리고 영원한 행복이 있는 곳입니다.
③ 영원토록 사랑만 있는 곳입니다.
2) 예수님이 믿 는자를 위해서 준비하셨습니다.
① 구약에도 말씀으로 계속 약속했습니다(단 2:4~7, 9:13~14).
② 신약에도 예수님이 계속 약속했습니다(마 1:15, 12:22~29, 마 13:25~30, 요 14:6).

③ 우리는 이 천국에서 주인공이 되어야 합니다. 믿음의 사람들이 주인공 되는 곳입니다.

셋째, 천국을 준비하는 생애가 되어야 합니다.

동물과 같이 정처 없이 살아가지 않고 분명한 목적이 있어야 합니다. 그곳이 천국입니다.

1) 누가 천국에 들어가게 됩니까?
① 예수 믿는 사람입니다(요 1:12, 3:16). 회개했습니다. 거듭났습니다(요 3:1). 영접했습니다. 믿기 때문에 구원받게 되었습니다(행 16:31, 벧전 1:9).
② 세상에서의 판단기준이 아닙니다. 성경이 우리에게 말씀한대로 됩니다.

2) 끝까지 예수이름 붙들고 해야 할 일이 있습니다.
① 신앙생활에 이기는 자가 되어야 합니다(계 2:7~11).
② 말씀을 청종하고 행해 나가시기 바랍니다(계 22:14).
③ 믿음으로 행하여 나가시기 바랍니다(계 19:8). 성도들의 믿음의 행실입니다.

우리교회 여러 성도님들이여 모두가 천국의 주인공들이 되시기를 축원합니다.

결론 · 천국이 반드시 옵니다.

 # 영원의 세계가 있습니다_지옥
요한계시록 21:1~8

사람들은 흔히 생각하여 말하기를 세상에 살다가 죽으면 그만이지 무슨 다음 세상이 있겠느냐고 말합니다. 그러나 분명한 사실은 성경이 진리로써 우리에게 말하기를 사후세계가 존재함을 증거해 주고 있습니다. 미물들도 나방에서 알로 알에서 벌레가 태어나고 다시 애벌레로 바뀌어 가면서 몇 차례 살아가게 됩니다. 사람도 분명히 이 세상에 태어나기 전에 모태에서 10개월 가까이 살아왔고 다시 세상에 살다가 영원한 세계로 돌아가게 됩니다.

영원한 세계는 이른바 천국과 지옥 두 세계가 존재하게 되며 이 시간에는 지옥편에 관해서 생각해 봅니다. 아담 안에서 오는 사람들은 죄인이기에(롬 3:10) 죄값은 사망(롬 6:23)인바 영원한 지옥형벌입니다. 그러나 예수 믿고 믿음 안에 있는 사람들은 영원한 생명이 주어지게 되며 영광이 있습니다(엡 2:1, 요 14:6, 요 5:25). 지옥편을 전하는 이유는 우리 모두 예수 믿고 무서운 지옥 가지 말고 예수안에 살다가 영원한 천국에 가자는 뜻으로 전합니다.

첫째, 성경에는 분명히 지옥에 대해서 말씀했습니다.

성경에서 말한 지옥의 어원적 의미(語源的意味)를 봄으로써 지옥에 대해서 생각해 봅니다.

1) 지옥이 어떤 곳입니까?

① 지옥이란 말은(Hell) 히브리어에서는 '스올'인데 그 뜻은 구걸한다. 불완전하다는 뜻이 있습니다. 그래서 살려달라고 구걸합니다(눅 16:24). 평생토록 예수 믿고 천국가라고 권고 할 때에는 믿지 않다가 지옥 가서야 구걸해 보았지만 그때는 이미 늦었기에 할 수 없습니다.

② 이곳은 구멍 뚫린 상태(to be hollow)로써 지하의 컴컴한 어두운 곳을 뜻하는 것으로 지옥 모습을 보여 줍니다(욥 10:21~22). 지옥은 어둡고 캄캄 곳입니다(잠 9:16~19).

③ 이곳은 음부입니다. 히브리어의 '샤하트' (창 37:35)로써 이곳은 무덤을 뜻하며 누구도 피할수 없는 종착역임을 나타내 줍니다(욥 33:24, 시 30:9).
④ 신약의 헬라어에도 '스올(Sheol)'은 하데스나 코이로스로써 말했는데 이곳은 보이지 않는 세계(유 1:13)요, 어두운 곳입니다. 또한 이곳은 '게헨나'로 힌놈의 골짜기(왕하 23:15)로써 쓰레기 장의 뜻하며 쓰레기장과 같이 영원히 악취와 함께 불꺼지지 않는 상태의 곳을 말합니다.

2) 지옥이 어떤 곳인가?
① 유황 불못이 타는 곳입니다.
그곳은 영원히 고통의 장소입니다. 그곳은 영원히 슬픔이 있는 곳이요 그곳에는 다시 구원받을 수 없는 곳이 있습니다(눅 16:24, 마 25:41).
② 이 지옥은 항상 고통만 존재할 뿐 영원히 죽지도 않습니다.
영원한 불못입니다(마 25:41). 영원한 벌받는 곳입니다(마 25:46). 울며, 있을곳 영원히 어두운 곳입니다(마 8:12, 13:42). 영원히 망하는 곳입니다(살후 1:9), 계 19:20, 20:14~15). 그러므로 이와 같은 지옥가지 말고 예수 믿고 천국가야 합니다.

둘째, 지옥갈 사람들에 대해서 말씀했습니다.

1) 죄지은 사람이 지옥갑니다.
① 그러나 예수 믿는 사람들은 예수님이 십자가에서 모두 대속해 주셨기 때문에 영생합니다(요 19:30, 요 5:24, 롬 8:1).
② 예수님의 피가 죄를 씻었습니다(히 9:22).
2) 믿지 않는 불신자가 지옥갑니다.
① 불신자는 지옥밖에 없습니다(마 10:14). 믿으라고 사랑의 손을 내밀 때 믿고 구원 받아야 합니다. 믿음 안에 구원이 있습니다(벧전 1:9, 엡 5:6, 요 3:16, 36).
② 회개치 않는 자가 지옥갑니다. 죄짓고 회개가 없고 예수도 없으니 지옥 가게 됩니다(사 1:18, 골 2:10, 요일 1:8~9). 예수 믿어서 천국가는 백성들이 되어야 합니다.

셋째, 예수 믿고 천국갑니다.

평상시에 우리의 외치는 소리가 이것이 되어야 합니다. '예수 믿고 천국 갑시다' 입니다.

1) 이것이 하나님의 뜻이기 때문입니다.
① 믿고 구원 받는 것이 하나님의 본뜻입니다. 멸망은 하나님의 본뜻이 아닙니다(벧후 3:9, 딤전 2:4).
② 구원 받는 성도는 이 사명이 있습니다. 전하는 사명입니다(18:23, 겔 33:1, 눅 16:29). 전도는 지옥 가는 사람을 천국 가도록 이끌어 주는 것이 전도입니다. 부지런히 전도해서 지옥가지 않도록 해야 합니다.

2) 예수님 외에는 다른 길이 없습니다.
① 예수님만이 구세주이시기 때문입니다(요 3:16, 요 14:6, 행 4:12).
② 많은 사람을 옳은 대로 인도하면 상이 있습니다(단 12:3)
우리 모두 복음 안에 살고 천국갈지언정 예수 버리고 살다가 지옥가는 사람이 없게 되기를 축원합니다.

결론 · 불신 지옥입니다. 예수 천국입니다.

예수 그리스도의 재림과 성도의 생활
누가복음 21:34~36

성경에서 예수 그리스도에 대한 중심적인 교리를 기독론이라고 하는데 이 기독론에서 중심되는 교리들은 동정녀 탄생, 십자가의 대속적 죽으심과 부활 그리고 승천하심이며 마지막으로 다시 이 땅에 재림의 약속입니다.

따라서 재림(Second Advent)이야말로 우리 모든 믿는 성도의 기다림이요, 믿음의 목표가 됩니다. 이 세상의 모든 일들이 창조된 이후에 지금까지 모든 것의 초점은 예수님의 재림에 맞추어져 있다고 볼 수 있습니다. 그래서 지금은 그렇게 대망하며 기다리던 예수님의 재림이 곧 문 앞에 이르게 된 때라고 생각합니다. 모든 세상 돌아가는 일이 예수님의 재림에 징조대로 되어가기 때문입니다. 예수님의 말씀과 같이 그날과 그때는 아무도 모르고 아버지만 아시겠지만(마 24:36) 그러나 되어지는 징조들은 말씀했습니다. "이런 징조들이 일어나거든 일어나 머리를 들라 너희의 구속이 가까이 왔느니라" 하시더라(눅 21:28) 했습니다. (When these things begin to happen, stand up and raise your heads because your salvation is near) 분명히 예수님은 약속하신 대로 다시 재림하십니다(행 1:11, 계 22:20~21). 이러한 때에 우리의 신앙생활은 어떠해야 하겠습니까? 다시 한번 말씀에서 은혜를 나누어 보겠습니다.

첫째, 예수 그리스도의 재림은 필연적입니다.

오시든지 말든지가 아니라 반드시(must be) 오신다고 약속한 일이기 때문입니다. 그래서 우리의 미래는 예수님 재림에 소망이 있습니다(마 24:44).

1) 예수님은 반드시 오십니다.
알 수는 없지만 재림하십니다(마 24:36).
① 재림은 그래서 필연적입니다
이 때는 큰 심판의 때입니다(말 4:1, 렘 12:3, 벧후 3:8, 출 12:42). 천사장의 나팔 소리와 함께 오시게 됩니다(살전 4:16~17).

② 예수 그리스도의 재림은 전우주적입니다(마 24:21, 계 1:7).
지역적으로 오시는 것이 아니라 전체 지구촌에서 동시에 볼 수 있도록 번개의 번쩍임 같이 오시게 됩니다(마 24:27). 그러므로 재림 예수로 왔다는 이단에 속지 말아야 합니다.

2) 예수님 재림을 두고 성경은 말했습니다.
너희가 어떠한 사람이 되어야 마땅하겠느뇨? 했습니다. (Since all these things will be destroyed in this way, what kind of people should you be?)
① 언제나 예수님 재림과 종말을 대비하는 생활을 해야 하겠습니다. 영적 잠에 취하지 말아야 하겠습니다.
② 말세 때에 방종과 사치와 죄악의 때입니다.
노아의 때와 같고 소돔성과 같은 때입니다(마 24:37). "롯의 처를 생각하라"(눅 17:32) (Remember Lot's wife)했습니다. 그러므로 말세 성도로써 시대의 분위기에 빠지지 말고 말씀에 귀 기울여야 하겠습니다.

둘째, 말세 때에 성도는 바르게 생활해야 합니다.

지혜 있고 바르게 살아야 하겠습니다.
1) 지혜 있고 바르게 산다는 것은 무슨 뜻입니까?
성경에서 그 해답이 기록 되었습니다.
① 세상에 대해서 조심해야 하겠습니다.
34절 "너희는 스스로 조심하라" 했습니다. (Be careful not to let yourselves become occupied with too much feasting...) 일락에 빠지지 않게 조심해야 합니다(딤전 5:6). 성도는 성전입니다(고전 3:16).
② 생활 속에서 속이지 말아야 하겠습니다.
생활의 염려는 타락을 가져옵니다(마 13:22).
2) 언제나 깨어 있어야 합니다(마 25:1).
열 처녀의 비유에서 다짐해 주셨습니다.
① 언제나 기도 생활을 잊지 말아야 합니다.
칼빈(J. Calvin)은 "기도는 하나님과 통하는 통신 수단이다"라고 했습니다.
② 영적으로 깨어있는 생활입니다.

어거스틴은 로마서 13:11에서 깨닫고 돌아와 하나님의 사람이 되었는데 이제 깨어있는 것이 말세 때에 해야 하는 일입니다.

셋째, 지금은 일어나 머리를 들 때입니다.

왜냐하면 모든 징조들이 나타나고 있기 때문입니다. 세상에 취해서 살 때가 아니라 일어날 때입니다.

1) 세상 돌아가는 징조들을 보시고 깨달아야 합니다.
일어나서 머리를 들라고 하셨습니다(눅 21:28).
① 우주적인 징조들이 일어나고 있습니다.
② 각종 질병들과 의학계의 징조들을 보시기 바랍니다.
③ 사람이 살아가는 민심에서 징조를 봅니다.
④ 지구에 사람이 살만한 에너지(Energy)가 고갈되어 갑니다.
⑤ 빨리 왕래하며 지식이 더해 갑니다(단 12:4).
영국에서는 둘리 양이, 미국에서는 원숭이가, 한국에서는 송아지가 복제 되었습니다. 하나님의 영역까지 침범하는 시대에 살아갑니다.

2) 모든 징조들을 우연이라고 돌리지 마십시오.
① 성도들과 교회에 보내시는 주님의 신호들입니다.
② 이런 때에 우리교회 성도들은 깨어서 재림준비 잘해야 하겠습니다.
우리교회 성도들은 세상에 살지만 주님께 소망이 넘치게 되기를 축원합니다.

결론 · 지금은 마지막 시대입니다.

말세 때의 성도의 생활상
빌립보서 4:4~7

　말세라 함은 세상에 끝이 온다는 뜻인데 이것으로 곧 예수 그리스도의 재림(Second Advent)과 관련이 있어서 예수께서 다시 오실 때가 가까이 왔음을 나타내 주는 용어입니다.
　이 말세 때의 특징은 모든 것이 다원화되고 다양성을 요구하기 때문에 불신앙의 문화와 비성경적인 일에까지 수용되어 살아가기 쉬운 때입니다.
　세상에 대하여 아닌 것은 아니요(no), 할 수 있어야 그것이 진짜 신앙이요 진리입니다. 노아 홍수 이전에 에녹은 300년을 하나님과 동행하였고 히브리서 11장에서 믿음의 큰 산맥들은 믿음으로 승리했던 믿음의 산중인들입니다.
　말세 때에는 불법이 성하기 때문에 많은 사람의 사랑이 식어지게 되고(마 24:12) 믿음이 식어져서 믿음을 찾을 수 없는 시대입니다(눅 18:8). 지금은 노아 홍수 때와 같이 어려운 때에(마 24:38) 우리가 살면서 우리의 신앙은 어떠해야 하는가? 하는 문제를 본문에서 소개합니다.

첫째, 말세 때의 성도는 예수 안에서 언제나 기뻐하는 생활이 되어야 합니다.

　빌립보 서신은 총체적인 제목이 '기뻐하라(빌 4:1)' 입니다.
　여기 외에도 데살로니가전서 5장 16절에서 항상 기뻐하는 것이 하나님의 뜻이라고 했습니다.

　1) 언제나 총괄적인 신앙 안에서 기쁨이 요구됩니다.
　이것이 말세 때에 승리하는 생활입니다.
　① 사도바울 자신이 모범을 보였습니다.
　　빌립보 교회가 세워진 배경이 사도행전 16장에 잘 나타나 있는데 바울과 실라가 아시아 전도계획을 포기하고 성령의 인도 따라 빌립보지역에 가서 전도하다가 귀신들린 자를 고쳐준 것이 화근이 되어서 옥에 갇히게 되었지만 그 가운데에서도 낙심치 않고 찬송과 기도가 온 감옥 안에 들려지게 됩니다. 이때에 옥문이 열리고 옥사장이 구원받는 계기가 되었고 그로 말미암아 교회가 세워지는 큰 역사가 일어나게 되었습니다. 그래서 빌립보서의 총제목을 붙인다면 '기뻐하라' 입니다. 말세 때에 다양화된 세상에서 신앙적인 어려움이 없지 않지만 성도는 기쁨으로 생활하는 것이 주님의 명령입니다.

② 본문에서 사도 바울은 모범적으로 말했습니다.

"주 안에서 기뻐하라. 내가 다시 말하노니 기뻐하라" 입니다. 종말은 두 가지 종류가 있는데 하나는 개인적인 종말이요 또 하나는 전체적 종말 내지는 우주적 종말입니다. 이런 때에 영적 잠을 자지 않고 깨어 있어야 하는데 기쁨으로 깨어 있어야 합니다. "그가 홀연히 와서 너희의 자는 것을 보지 않도록 하라" (막 13:36) 했습니다.

2) 기쁨으로 생활하는 사람은 어떤 사람이겠습니까?

① 구원받은 감격에 의해서 기뻐하는 것입니다.

영원한 죄에서 구원받아 영원히 살게된 기쁨입니다. 바울은 다메섹 도상 이후에 이 기쁨으로 승리했습니다.

영국의 뱃사람으로 타락하다가 돌아와서 목사가 된 죤 뉴톤은(John Newton) 405장에서 "나 같은 죄인 살리신 그 은혜 놀라워"라고 찬송했습니다. (Amaging Grace how sweet the sound that save a wretch like me. I once was lost but now am found was blind but now I see).

② 참 기쁨은 환경이나 상황을 초월해서 기뻐하는 기쁨입니다.

바울이 모범을 보였으며 수많은 순교자들이 그랬습니다. 미국의 여류시인으로써 찬송가 작시자인 크로스비(Crosby Frances Jane)은 생후 두주만에 실명하게 되는데 6000여곡의 찬송을 부르게 되었고 우리 찬송가에도 24곡이나 수록되었습니다. 특징은 모두가 기쁨과 소망적 인내라는 사실입니다. 그가 8세 때에 시를 썼는데 나는 보지 못하지만 행복하다고 말했습니다. 이것이 예수 안에서 행복이요 기쁨인바 말세 성도가 가져야 할 생활태도입니다.

둘째, 말세 때에 성도는 타인에게 관용하는 생활이 되어야 합니다(5절).

"너희 관용을 모든 사람들이 알게 하라. 주께서 가까우시니라" 했습니다.

(Show a gentle attitude toward everyone the Lord is coming soon)

1) 말세 때에는 많은 사람의 사랑이 식어지기 때문에 서로가 시비가 많이 일어나게 됩니다. 용서가 없고 각박하며 자기 밖에 모르는 이기주의가 팽배해 집니다.
① 이런 때에 성도는 관용된 생활을 해야 합니다.
'관용'은 헬라어로 '에피에이케이나'인데 '너그럽다' '후덕하다는' 뜻입니다. 성도는 마땅히 사람들에 대하여 너그럽고 후덕해야 합니다. 사랑은 허다한 죄를 덮느니라(벧전 4:8) 했습니다.
② 우리는 마태복음 18장에서 그 교훈을 얻게 됩니다(마 18:35). 일흔번씩 일곱 번이라도 용서하는 너그러움과 후덕입니다.

2) 성경의 믿음의 선진들에게 배우게 됩니다.
① 예수님은 십자가에서 보여 주셨습니다(눅 23:24). 스데반 집사님은 순교장에서 보여 주었습니다(행 7:70).
② 큰 사람은 관용의 사람입니다.
욥기 1장에서 욥은 동방의 큰 사람이라고 하였는데 42장에서 보면 욥은 자기를 괴롭게 했던 사람들을 위해서 기도했습니다.
러슬(Rustle)은 "남에게 행복을 주는 사람은 자기 자신이 행복해진다"고 했습니다.

셋째, 말세 성도는 날마다 깨어 있는 생활에 힘써야 합니다.

'예수님이 깨어 있으라'고 당부하셨기 때문입니다.

1) 깨어 있는 신앙은 영적으로 생명력 있는 신앙생활입니다.
① 깨어 기도해야 합니다(6절) (마 25:1).
② 감사입니다(골 4:2). 기도를 항상 힘쓰고 기도에 감사함으로 깨어 있으라 했습니다. 말세때 성도로써 깨어 승리케 되기를 주의 이름으로 축원합니다.

결론 · 멕콘키(T. Mckonkey)는 "기도의 골방은 곧 평강을 낳는 곳이다." 했습니다.

아멘 주예수여 오시옵소서
요한계시록 22:16~21

이 세상의 모든 일은 시작이 있듯이 매사에 그 끝이 있습니다. 긴 강도 발원지가 있는가 하면 끝이 있고 긴 철도 역시 출발지가 있으면 종착역이 있듯이 천하에 모든 것이 시작이 있고 끝이 있다고 했습니다(전 3:1). 인생 역시 날때가 있고 죽을 때가 있다면 세상도 시작이 창조때로부터 되었다면 이 세상 끝이 반드시 있는데 다름아닌 종말이요 예수님의 재림때입니다. 많은 사람들이 전문분야에서 말하기를 앞으로 30~40년에 모든 지구의 에너지(Energy)가 바닥이 나고 인간이 살수 없는 황폐한 지구 환경으로 바뀐다고 합니다. 성경에는 가장 중대한 약속이 기록되었습니다. 구약에는 창조 이후에 예수 그리스도 메시야를 약속하셨고 그 약속대로 예수님이 오셔서 인류구원의 도래를 완성하셨습니다.

이제 두 번째 재림하시겠다고 약속하신 재림의 약속이 되어 있는데 그 약속의 날이 시시각각 다가오고 있습니다(행 1:11, 살전 5:1, 벧전 3:1). 지구촌에 모든 그리스도인들뿐 아니라 이 땅에 살다간 천상의 성도들 역시 재림을 기다리고 있습니다. 초대교회 성도들은 갑바도기아(벧전 1:1) 토굴이나 로마의 카타콤 토굴 속에서 예수님의 재림을 고백했습니다. 사도요한은 밧모섬(Patmos Land)에 유배 되어서 본문을 받게 되었고 예수님의 재림을 기다렸습니다. '아멘 주 예수여 어서 오시옵소서' 입니다. 예수님이 왜 오십니까?

첫째, 예수님께서 자신이 친히 오시겠다고 약속하셨기 때문입니다.

1) 이것은 예수님의 약속(Promise)
① 하나님의 약속은 변함이 없이 이루어집니다(히 6:18, 딛 1:2).
하나님은 거짓이 없으십니다. 그러나 마귀는 거짓의 아비가 됩니다(요 8:44).
② 성경은 약속의 예언대로 반드시 완성됩니다. 구약의 모든 예언대로 신약이 이룩되었습니다. 세상의 모든 과학이론에서 물리학의 숫자가 그대로

적용될 때에도 때때로 실수할 때가 있습니다. 그래서 고귀한 우주 비행사들이 콜롬비아 호를 타고 귀환 중에 공중 폭발해서 죽었습니다. 하지만 성경의 약속은 조금의 오차도 없습니다.

2) 예수님의 재림 역시 그 약속이 분명하게 이루어집니다. 예수님의 재림은 세상의 오차범위에 들지 않습니다. 정확하기 때문입니다.
① 구약의 약속대로 신약에 그대로 오셨고 구원을 완성하셨습니다. 한번도 실망하게 하시지 않으셨습니다.
② 우리 모두는 지금 그의 약속을 기다립니다. 예수님이 약속을 하셨기 때문입니다(요 14:1).

둘째, 재림의 약속을 믿고 기다리는 성도들을 위해서 재림하십니다.

교회사는 재림의 역사입니다. 구약은 신약을 기다렸고 신약은 성령을 기다렸고 그후 지금까지 재림을 기다립니다.

1) 주의 교회사가 지금까지 재림을 기다렸습니다.
① 초대교회사부터 지금까지 재림을 기다렸습니다(살후 3:10). 장소에 불문하고 재림을 기다리면서 신앙을 지켰습니다.
② 예수님의 재림이 최고의 꿈(Dream)이요, 소망(Hope)이었습니다. 초림의 예수님은 연한 순(사 63:1~)처럼 힘없이 십자가를 지셨으나 이제 철장권세를 가지고 오십니다(계 2:27). 지체하지 아니하신다고 했습니다(히 10:37).

2) 이 세대에 우리 역시 기다립니다.
① 예수님의 재림은 모든 우리에게 세상을 이기는 능력이 됩니다. 이제 바르게 믿음 지켜야 합니다(벧후 3:11).
② 우리를 고아와 과부와 같이 버려두지 않으시겠다고 약속하셨습니다(요 14:18). 복음전도자 빌리그레함 목사는 말하기를 오늘 현대교회들의 위기는 주님의 재림을 인식하지 않고 잊어버리고 사는 것이라고 경고했습니다.

셋째, 예수님의 재림은 산 자와 죽은 자를 심판하기 위해서 오십니다.

사도신경 가운데 저리로서 산자와 죽은 자를 심판하시리라 했습니다.

1) **초림으로 오신 예수님은 구원주로 오셨습니다.**
① 그래서 십자가의 재물로서 희생하셨습니다.
② 의로운 번제로 오신 예수님은 양과 염소를 준비한 자와 불신자를 심판하러 오셨습니다.
미국의 부흥사였던 무디(D.L Maody)는 어떤 사람의 질문이 "예수님께서 왜 오십니까?"라고 할 때에 "그분은 믿음을 지킨 사람들을 위해서 오신다"고 대답했습니다.

2) **그분이 오심에 있어서 우리가 취할 자세는 무엇이겠습니까?**
① 인내하며 영적준비가 되어 있어야 하겠습니다. 마태복음 25장에서 세 가지 비유로써 가르치셨습니다.
② 영적으로 깨어 있어야 하겠습니다. 마태복음 25장에서 세 가지 비유로써 가르치셨습니다.
우리 모두 깨어서 오실 예수님을 맞이하게 되시기를 축원합니다.

결론 · 예수님은 반드시 오십니다.

 # 말세 성도에게 필요한 습관
히브리서 10:19~25

사냥꾼(Hunter)들이 사냥을 할 때에 해당 짐승들이 가지고 있는 습성을 이용하게 되면 사냥하기에 용이하고 어부들이나 낚시꾼들이 고기를 잡게 될 때에도 고기들이 가지고 있는 습성을 이용해서 잡게 되면 용이하다고 합니다. 사람에게도 습관은 매우 중요합니다. 속담에 세살버릇이 여든까지 간다고 했는데, 좋은 습관은 앞길을 좋게 하지만 나쁜 습관은 인생을 망치는 경우도 있기 때문입니다. 제2의 천성이라고 부르는 습관은 바르게 교정해야 합니다. 삼국을 통일한 김유신은 평상시에 술집을 자주 가게 되었는데 어머니의 호된 꾸지람 앞에서 술집을 끊어 버리기로 결심하게 되었는데 타고 다니던 애마가 평상시의 습관대로 술집으로 가게될 때에 말에서 내려서 애마의 목을 치고 난 다음에서야 마음을 정해서 삼국을 통일하게 되었다는 일화가 있습니다.

믿음의 조상 아브라함은 손 대접하기를 좋아하는 습관으로 천사까지 대접하게 되었습니다(히 13:1). 본문에서 말세를 만난 성도들에게 "모이기를 폐하는 어떤 이들의 습관과 같이 하지 말고 모이기를 힘쓰라"고 했습니다. 좋은 신앙은 좋은 습관을 키워나가는 데서 옵니다. 몇 가지 말씀을 교훈 삼아서 말세 성도의 바른 길로 나가야 할 때입니다.

첫째, 말세 성도로서 모이기를 열심히 하는 습관을 키워야 합니다.

전자에 말했듯이 사람의 습관은 매우 중요한데 신앙적 습관은 말세 때에 성도의 습관은 중요합니다.

1) 모이는데 좋은 습관이 무엇이겠습니까?
① 예배시간은 반드시 하나님께 드려야 한다는 마음 자세입니다.
신앙생활에서 예배는 선택적인 문제가 아니라 생명과도 같습니다(롬 12:11). "부지런히 게으르지 말고 열심을 품고 주를 섬기라" 했습니다 (Not slothful in business fervent in spirit serving the Lord) 천국은 침노하는 자가 빼앗는다고 했습니다(마 11:12).

② 예배시간은 늦지 말아야 합니다.
예배시간에 늦는 것도 하나의 습관화된 그릇된 사람들이 있습니다. 가령 국가의 고위층과 만나게 된다면 늦게 나올 수 있겠습니까? 예배시간은 하나님과의 약속임을 알아야 하겠습니다. 밤 예배를 비롯해서 모든 예배를 드려야 합니다(요 4:24). 하나님은 영이시기 때문입니다(요 4:24) (… God is spirit and they that worship him must worship him in spirit and in truth)

2) 신앙생활의 좋은 습관은 계속 연습해야 합니다.
운동 경기에 연습의 양은 그 운동의 결과에서 나타납니다.
① 예배 드릴 때에 외형적인 자세까지도 하나님께 바르게 세워야 합니다. 옷 입은 것까지도 좋은 습관이 중요합니다.
② 헌금 드리는 일까지 습관이 중요합니다.
여기에 예비하신 축복이 있기 때문입니다(고후 9:6~7). 우리가족들이 예배드릴 때에 좋은 습관만 연습되기를 바랍니다.

둘째, 말세 성도는 평상시에 성경 읽으며 기도하는 습관이 있어야 합니다.

종교개혁자 마틴 루터(Martine Luther)는 하나님께서 인간에게 주시는 복중에 하나가 하나님 말씀을 성문화 시켜서 주신 것이라 하였는데 이 축복된 성경을 늘 읽어야 합니다. 칼빈(Jhon. Calvin)은 기도는 하나님과 통하는 통신수단이라고 했는데 기도하는 습관을 키워야 합니다.

1) 성경 읽는 습관이 몸에 배어 있어야 합니다.
① 성경 읽는 일만이 영적 싸움에서 이기게 하는 일입니다(계 1:3). "이 예언의 말씀을 읽는 자와 듣는 자와 그 가운데 기록된 말씀을 지키는 자가 복이 있다"고 했습니다. (Blessed is he that readeth, and they that hear the words of this prophecy, and keep those things which are written there in for the time is at hand)
② 인생의 사는 길이 여기 말씀에 있기 때문입니다.
이 말씀은 양식이요(마 4:4). 앞길을 인도합니다(시 119:105). 꿀과 꿀송이보다 더 달다고 했습니다(시 19:7).

2) 언제나 기도 속에 살아가는 습관이 중요합니다.
① 기도는 영적 호흡이기 때문에 기도해야 합니다.
　호흡은 무시로 습관적으로 하듯이 기도하는 생활 역시 그러해야 합니다.
② 기도 생활은 특정인만 하는 전매 특허가 아니라 예수 안에서 누구나가 해야 할 생활이 되어야 합니다. 시험에 들지 않게 깨어 기도하라고 했습니다(마 26:41).

셋째, 말세 성도는 습관적으로 서로가 서로를 사랑하고 격려해야 합니다.

지금 시대는 서로가 서로를 모르는 이기주의 시대에 살아가지만 성도는 서로 격려하고 권해야할 책임이 있습니다.

1) 서로서로 사랑으로 격려하는 습관을 가져야 합니다.
① 사랑하기 때문에 격려하는 일입니다.
　격려할 때에 그 말에 순응해서 또한 신앙의 길로 열심내야 합니다. 격려해서 교회에 앉혀야 합니다.
② 각 기관과 구역에서 이끌어야 합니다.
　그물망(Net~work)된 교회가 되어야 합니다. 서로서로 연락망이 잘된 교회가 되어야 합니다.
2) 내가 지금 서있는 현재가 말세임을 기억해야 합니다.
현실은 말세 때입니다.
① 예수님께서 언제 오라고 하실지 모르는 종말적 인간이기 때문입니다.
② 우리교회는 체제가 잘된 교회가 되어야 합니다.
　서로가 격려하여 좋은 습관이 살아있는 교회로써 우뚝 서 가는 교회가 되기를 축원합니다.

결론 · 말세 성도의 습관은 매우 중요합니다.

영적 유예기간
에스겔 7:1~9

우리가 살아가는 세상에는 매사에 시간과 그 때가 있습니다. 그래서 전도서 3장에는 범사에 때가 있다고 강력히 말씀했습니다. 일반적인 일에도 때가 있겠지만 영적이고 신령한 면에서도 범사에 때가 있는데 창조 때가 있었듯이 하나님의 심판의 때가 분명히 오게 되는데 이것을 세상 종말이라고 말합니다.

하나님은 앞으로 심판에 대해서 과거에 사건을 통해서 보여 주셨는데 소돔과 고모라의 불심판(창 18:19장)이나 노아 홍수 사건(창 6~7장)에서 예표로 보여 주셨습니다. 일본이 원자탄에 의해서 망했지만 지금은 그 위용을 상상할 수 없는 원자탄들이 세계 곳곳에 쌓여 있으며 하나님께서 준비하신 불이 또한 무섭게 준비되어 있는 그 심판의 때가 다가오고 있는 때입니다. 본문에서 유대인들이 바벨론에 70년간 포로가 되고 나라가 망하게 되는데 그 심판이 하루아침에 망한 것이 아니라 하나님께서 유예기간(Postponement)을 주셨지만 유대인들은 그 기간을 사용하지 못한 결과 이제 망할 것만 남게 되었다는 말씀입니다. 모든 것이 끝이 났고(2절) 하나님의 진노가 임하는데(3절) 가중스러운 것에 대한 보응의 때요(3절), 여기에는 아껴보거나 긍휼이 없고(4절) 재앙의 때(5절)라고 했습니다. 지금은 하나님께서 주신 유예기간의 때입니다. 본문에서 깨달아야 하겠습니다.

첫째, 하나님께서 유대인들에게 유예기간을 주셨습니다.

유예기간(Postponement)은 기회를 주시는 것입니다. 일종의 긍휼의 표요 사랑의 보시이기도 합니다.

1) 하나님께서는 유예기간 동안에 사랑과 긍휼을 보여 주셨습니다. 이스라엘 백성들은 이 유예기간 동안에 많은 기회를 얻었습니다.
① 많은 선지자들을 부지런히 보내 주셨고 말씀을 듣게 했습니다.
많은 시간 많은 날 동안에 부지런히 보내 주셨습니다(렘 25:3~7, 7:13, 11:7~8, 26:5~). 또한 생명의 길과 멸망의 길을 제시하시며 경고해 주시기도 했습니다(신 30:18~20).

② 유예기간 동안에 기회를 주셨지만 그 기회를 살리지 못하고 계속해서 하나님께 범죄하게 될 때에 바벨론에 70년 동안 망하게 되었습니다(렘 29:19~20, 32:33, 35:15, 대하 36:15).
2) 유예기간 마저 활용하지 못한 결과는 비참한 심판이었습니다.
① 유예기간은 언제나 계속되지 않습니다. 끝날 때가 옵니다. 노아 홍수 때에도 노아는 120년간 방주를 짓고 있었지만 사람들은 홍수가 나서 저희를 다 멸하기까지 깨닫지 못했습니다(마 24:38~39). 그러므로 영적 유예기간 때를 바르게 알고 살아야 합니다.
② 유예기간이 지나면 피할 길이 없습니다.
유예기간은 언제까지 계속되는 것이 아닙니다. 유예기간의 끝이 있는데 유대인은 지금 그 끝에 와 있다는 사실입니다(렘 14:11~, 15:1~). 이때는 민족의 지도자였던 모세와 사무엘이 구한다고 할찌라도 하나님의 마음이 유대인을 향할 수 없다는 것입니다. 이것이 유예기간의 끝에 있다는 증거입니다. 하나님께서 모든 인생들에게 주신 영적 유예기간 때에 깨달아야 할 말씀입니다.

둘째, 지금은 하나님께서 인생들에게 주신 유예기간과 같은 때입니다.

하나님께서 아담 이후에 모든 시대 시대마다 선지자들이나 주의 말씀을 통해서 메시야이신 예수 그리스도를 전했습니다.
"세계 구속의 여명"의 저자 에릭 사우어(The dawn of world redemption by Erich Sauer)의 신학에서 이런 사실을 배우게 됩니다.
그리고 예수님은 오셔서 십자가로서 우리의 구원 위해서 승리 하셨습니다. 이것은 "십자가의 승리"란 책(The triumph of the crucified)에서 밝히 증거했습니다.
1) 하나님께서는 오랜 세월동안 기다려 오셨습니다.
이제 돌아와서 믿는 일만이 생명의 길이요 살 길입니다.
① 유예기간 때에 믿어야 합니다.
천년이 하루같이 하루가 천년같이 주셨으나 언제까지나 기다려 주시는 분이 아니라고 했습니다(벧후 3:8).
"사랑하는 자들아 주께는 하루가 천년 같고 천년이 하루같은 이 한가지는 잊지 말라. 주의 약속은 어떤 이의 더디다고 생각하는 것같이 더딘 것이 아니라 오직 너희를 대하여 오래 참으나 아무도 멸망치 않고 다 회개하기에 이르기를 원하시느니라" 했습니다. (But beloved be nor ignorant of this one thing that one day is wait the Lord as a thousand years, and a thousand year as one day) 하나님은 또한 모든 사람이 구원에 이르기를 원하십니다(딤전 2:4).
② 하나님께서는 인간을 심판하시는 것이 본심이 아니십니다(렘애 3:33). 그러나 회개치 아니할 때에는 예외가 없습니다(눅 13:1~5).

2) 때가 되면 주께서 도적같이 오시게 됩니다.
반드시 이 역사상 어느 때에 오시게 될 것입니다.
① 밤에 도적같이 오시게 됩니다(마 24:42~43).
② 준비된 자녀에게는 영생이요, 불신자는 심판하시러 오시게 됩니다. 그러므로 이 집행유예 시간 때에 정신 차리고 신앙에 서있어야 하겠습니다.

셋째, 유예기간 때에 할 일이 있습니다.

1) 유예기간 때에 준비기간으로 삼아야 합니다.
① 예수님은 종말론을 계속 강조하셨습니다(마 24:42~43).
여기에는 달란트 비유에서부터 달란트 비유와 양과 염소의 비유를 통해서 교훈하셨습니다.
② 이 모두가 유예기간 때에 사는 사람들에게 강조하신 말씀입니다.

2) 유예기간이 끝이 나면 심판의 때입니다.
유대인들은 철저하게 본문에서 그 사실을 보았습니다(19절).
은과 금으로도 해결할 수 없다고 했습니다.
① 영원히 사는 길은 예수 이름 밖에 없습니다(요 14:6, 행 4:12).
예수 이름으로 세상을 살아야 할 것입니다.
② 세상 끝에는 세상 모든 것을 가지고도 해결할 수 없습니다.
오히려 세상 모든 것은 지위 고하를 막론하고 심판의 대상이 됩니다(계 6:14~ 겔 9:1~ 계 7:1~).
그러므로 하나님이 주신 유예기간에 바르게 신앙생활로 승리케 되기를 축원합니다.

결론 · 지금은 시시각각 그 끝이 다가오고 있는 때입니다.

 # 인생들에게 제일 중요한 문제
히브리서 9:27~28

　인생사에서 제일 크고 중요한 문제가 어떤 것이라고 생각하십니까? 사람에 따라서 개인마다 돈, 권력, 학벌, 사회적 지위 등 수많은 일들을 거론하겠지만 모두가 헛되고 잠시후면 없어지는 일들에 불과합니다. 세상에서 제일 부귀영화와 지혜가 전무후무했던 솔로몬 왕은 결과적으로 "이 모든 일들이 헛되고 헛되도다."(Meaningless, Meaningless)라고 외쳤습니다(전 1:1~). 그리고 일의 결국을 다 들었으니 하나님을 경외하라고 가르쳤습니다(전 12:13~14). 사람이 이 세상을 살아가면서 제일 크고 중요한 문제는 영생에 관한 문제입니다.
　독일의 문호였던 하이네(Heine heinrich)는 "사람은 어디로 와서 어디로 가는 것일까, 황금 별빛 번쩍이는 저편에서는 누가 사는 것일까?"라고 읊게 되었습니다. 일본의 무예가였던 도쿠가와 이에야스는 "인생은 무거운 짐을 지고 먼 길을 가는 것과 같다"고 했습니다. 철학자는 철학에서 문학인은 문학적으로 인생을 논하겠지만 우리는 성경에서 해답을 찾게 됩니다. 여름동안 무성하던 나무마다 앙상한 가지만 남은 12월에 예수님의 성탄을 앞에 놓고 우리는 일생의 제일 크고 중요한 문제를 발견합니다.

첫째, 인생은 누구나가 죽음 앞에 이르게 되는데 이 때에 복된 사람이 되어야 합니다.

　제일 중요하고 큰 일이 무엇이겠습니까.
1) 죽음 문제는 어느 누구나 한번은 거쳐야 하는 일인데 예외가 없습니다(27절). "한번 죽은 것은 사람에게 정하신 것이요" 했습니다.
　(Just as man is destined to die once)
① 인생 문제에서 제일 중요한 문제는 죽음에 대한 사건입니다.
　이 세상에 살 동안 사는 것도 중요하지만 잘 죽는 문제 또한 제일 중요하고 큰 문제입니다. 여기에는 운동 경기에서 볼 수 있는 작전타임이라든지, 연습이 없습니다. 언제나 대비해서 살아야 합니다. 민방위 훈련이나

수도나 전기가 끊어진다는 등의 예고와 같은 공지사항도 없습니다. 갑자기 찾아옵니다. 그래서 안개와 같다고 비유하셨고(약 4:14), 내일 일을 자랑하지 말라고 했습니다(잠 27:1). "너는 내일 일을 자랑하지 말라 하루 동안에 무슨 일이 일어날는지 네가 알 수 없느니라" 했습니다. (Do not boast about tomorrow for you do not know what a day may bring forth)
② 우리는 세상에 살아갈 동안에 언제 죽음이 올지 모릅니다. 따라서 세월을 언제나 아끼며 기회를 사서 바르게살기를 힘써야 합니다(엡 5:16).
2) 하나님 앞에서는 시간이 언제일지 모르기 때문입니다. 여기에는 예외가 없습니다.
① 예수님은 말씀 했습니다(눅 16:19~31). 부자와 나사로의 이야기는 큰 교훈이 아닐 수 없습니다. 어리석은 부자의 이야기 역시 큰 교훈이 아닐 수 없습니다(눅 12:20~21).
② 마지막 순간에 하나님 앞에 바르게 사는 사람이 성공적인 인생을 살아가는 사람입니다. 그래서 주안에 죽는 자들이 복이 있다고 말씀했습니다(계 14:13). 저희 수고를 쉬고 그치는데 행한 일이 따르기 때문입니다.

둘째, 하나님 앞에 심판을 받게 될 때에 제일 중요한 문제가 이때에 복된 사람이 되어야 합니다.

(27절) "그 후에는 심판이 있으리니" 했습니다. (… and after that to face judgment) 이솝 이야기 가운데 나오는 베짱이와 개미의 이야기 가운데서 베짱이는 겨울을 준비하지 않고 있다가 엄동설한 가운데서 낭패를 겪게 되듯이 인생 역시 하나님의 심판대 앞에 설 때가 있음을 늘 인식하고 준비해야 합니다.

1) 심판 때가 다가옵니다. 피할 수 없이 다가옵니다.
① 육체를 위하여 심었으면 썩어질 것을 거두게 되겠지만 성령을 위하여 심었으면 영생을 거두게 됩니다(갈 6:8~). 우리는 지금 어디에서 무엇을 심으며 살아가고 있습니까?
② 예수님은 비유로써 말씀했습니다.
달란트 비유가 그것입니다(마 25:1~14~). 므나 비유가 그것입니다(눅 19:12~25). 내게 주신 시간 속에서 심판 때를 인식하며 살아야 합니다.

2) 최후 심판의 시간은 시시각각 다가옵니다. 이것이 반드시 이루어질 날이 있습니다.
① 개인적인 심판이요 최후 백보좌 심판입니다.
사도 요한은 이 사실을 분명히 전했습니다(계20:11~15) 의롭게 믿음 안에 살아야 하겠습니다. 지금은 영적 유예기간의 때(postponement)이기 때문에 이 기간 때에 준비해야 합니다.
② 영원한 천국도, 영원한 지옥도 영원합니다.
잠시 잠간의 점과 같은 세상을 위해서만 살아서는 곤란합니다.
영생(Eternal life)이 있거니와 영벌의 때가 있습니다(마 25:41).

셋째, 인생에 있어서 제일 중요한 일은 영생의 길인 예수 그리스도가 제일 중요합니다.

(28절) 예수 그리스도께서 십자가에 죽으시기 위해서 오셨습니다. 왜 성탄절이 있습니까? 영생의 문제와 직접 관련이 있기 때문에 중요합니다.

1) 영생의 길은 예수 그리스도 뿐입니다.
① 성경의 총 제목은 예수 믿고 영생얻는 문제입니다.
성탄절은 여기에서 중요한 일입니다(요 1:12 3:16 36, 요 14:6, 행 4:12, 요일 5:11~13, 요 20:31).
② 예수 그리스도는 우리의 영생의 줄(Rope)이요, 생명의 길(Way of life)인데 유일합니다. (Only) 그러므로 인생에서 예수 이름을 붙잡는 일이 제일 중요합니다.

2) 인생 문제는 예수 이름 밖에 다른 대책이 없습니다.
예식장에서 주례자가 없는 경우를 대비해서 예비 주례자도 있고 자동차 바퀴도 예비 타이어가 있으나 영생은 오직 한 길 밖에 없습니다.
① 예수 외에는 구원의 길이 없습니다.
그러기 때문에 종교 다원주의 사상은 거짓말입니다.
② 예수님을 통한 구원의 길은 하나님의 영원하신 구원 계획(salvation plan)속에 예정 되었습니다. 낙엽이 뒹구는 계절에 인생을 생각하고 예수 안에 있기를 축원합니다.

결론 · 인생사에 무엇이 제일 중요하다고 봅니까?

그물 비유에 담겨진 천국 복음
마태복음 13:47~50

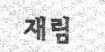

마태복음 13장은 이른바 천국 비유(metaphor)장입니다. 그래서 천국 비유에 관한 말씀으로 가득차 있습니다. 4가지 마음밭에 관한 비유(13:3, 23~) 알곡과 가라지 비유(24~30), 겨자씨의 비유(31~32), 가루 서말 속에 갖다 넣은 누룩의 비유(33~), 밭에 감추인 보화비유(44), 진주 장사의 비유(45~46), 그리고 오늘 본문으로 채택한 어부가 바다에 그물을 던져서 끌어 올리게 되는데 이때에 그물 속에는 좋은 고기만 올려지는 것이 아니라 각종 더러운 것들까지 따라 오게 되는데 어부는 좋은 고기와 그렇지 않은 것을 골라서 건어 올리고 버릴 것은 버리게 되었듯이 천국역시 그러하다는 비유의 말씀입니다. 우리가 하나님의 왕국(Kingdom of God)인 천국에 들어갈 때까지는 이 세상이라는 그물 속에 있게 됩니다. 그런데 이 그물 속에는 좋은 것만 있는 것이 아니고 나빠서 버릴 수밖에 없는 것들도 많이 있습니다.

첫째, 이 비유에서 주시는 말씀은 성도는 매사에 천국과 관련을 지으면서 세상을 살아갈 것을 교훈해 주십니다.

(47:48) "또 천국은 마치 바다에 치고 각종 물고기를 모으는 그물과 같으니 그물에 가득하매 물가로 끌어내고 앉아서 좋은 것을 그릇에 담고 못된 것은 내어 버리느니라" 했습니다.

1) 그물 속에는 좋은 고기만 있는 것이 아니고 각종 더러운 생활 찌꺼기로 가득 오염되어 있습니다.
① 그러하듯이 세상이라는 바다 속에는 온갖 더러운 것들이 가득하기 때문에 성도는 구별된 생활이 중요합니다. 희랍의 철인 '디오게네스'는 대낮에 등불을 켜들고 "세상이 왜 이렇게 어두운가?"라고 외쳤다고 합니다.
② 그물 속에 잡다한 것들이 들어있다고 해서 그물을 버릴 수는 없고 버릴 것은 버리고 살아가는 것이 중요합니다. 그래서 세상에 죄악이 관영할 때에는 수도원 제도가 발달되었던 교회사를 보게 됩니다. 이 세대에 우

리는 수도원 생활의 문제가 아니라 세상에 대해서 소금(salt)과 빛(light)의 생활이 중요합니다.

2) 매사에 천국과 관련시켜 살아야 합니다.
① 악한 생활은 과감하게 버려야 합니다. 그물 탓, 바다 탓할 것이 아니라 버릴 것은 버려야 합니다. 과거 성결교회의 이명직 목사님은 "공중에 날아가는 새가 오물을 머리에 떨어뜨리는 것은 어쩔 수 없는 것이지만 머리에 둥지를 짓게 해서는 안된다"고 했습니다. 더러운 것은 입밖에 내지 말고 버려야 합니다(엡 4:26~29).
② 매사에 천국과 관련시켜서 영적생활을 해야 합니다.
상급과 관련이 있고 신앙과 관련이 있습니다. 이 사람이 복이 있습니다(시 1:1~6).

둘째, 세상 끝날에는 악인과 의인이 반드시 분류됩니다.

(49) '세상 끝에는 이러하리라 천사들이 와서 의인 중에서 악인을 골라내어' 라고 했습니다.

1) 예수님의 재림 때에 관한 말씀입니다. 지금은 한 그물 속에 있듯이 세상에 살지만 분류할 때가 반드시 옵니다.
① 알곡이냐, 쭉정이냐로 갈라집니다(마 3:12).
② 준비된 슬기로운 처녀와 미련한 처녀로 분류됩니다(마 25:1).
③ 충성스러운 일꾼이냐로 분리됩니다(마 25:1).
④ 양이냐, 염소냐로 분리됩니다(마 25:31).

2) 때는 재림 때요 심판의 때입니다.
① 주님의 경고는 반드시 이루어집니다.
② 좋은 편에 내가 서기 위해서 힘써야 합니다
과일을 살 때에 고르듯이 골라낼 때가 옵니다. 천사를 보내셔서 일을 하신다고 했습니다(마 24:30~31). 히로시마에 원자탄이 떨어지기 전에 경고했는데 이 경고의 소리를 들었던 사람들은 살았습니다. 그때에 20만명이 죽었고 10만명이 원자병에 시달렸지만 이제 예수님의 재림 때에는 온 세상에 임하게 되는 심판이 있습니다.

셋째, 이 비유는 예수님 재림 때에 악인의 심판이 있다고 하는 비유의 말씀입니다.

세상을 어떻게 살든지 자유이지만 그에 따른 결과는 자기가 책임져야 합니다.

1) 심판과 지옥이 반드시 있습니다.
① 마귀들과 그의 추종자들을 위한 심판이 있습니다. 천국은 하나님 모시고 성도들이 사는 곳이지만 지옥은 마귀와 그의 추종자들이 가는 곳입니다(마 25:41).
② 지옥은 불타는 곳입니다(50절, 눅 16:24).
③ 지옥은 흑암한 곳입니다(마 22:13).
④ 지옥은 소망이 없고 구더기도 영원히 죽지 않습니다(막 9:48).
⑤ 지옥은 영원히 후회만 하는 곳입니다.

2) 천국 백성으로 살아갑시다.
① 천국백성으로 살아야 천국갑니다(히 9:27).
② 하나님은 모든 백성이 구원에 이르기를 원하십니다(딤전 2:4).
  어부가 좋은 고기를 고르듯이 좋은 천국 백성으로 살아서 천국의 주인공들이 다 되시기를 축원합니다.

결론 · 우리는 천국의 주인공들입니다.

> 비유

누룩의 비유에서 보는 성도의 영향력
마태복음 13:33

생명의 말씀인 성경에는 많은 비유들이 있습니다. 천국 복음에 관한 비유들도 가득차 있습니다. 깨닫지 못하기 때문에 깨닫게 하기 위한 방편으로서의 비유입니다. 유치원이나 저학년일수록 책에 그림이 많이 있고 고학년으로 올라갈수록 책에는 깨알 같은 글씨만 가득한 것과 같습니다. 예수님은 성경에 예언된 말씀(시 72:2)과 같이 비유를 사용하면서 천국을 말씀하셨습니다(마 11:15, 1 :9, 계 2:7, 호 4:14). 본문에서는 천국 복음은 가루 서말 속에 넣어서 전부 부풀게 한 누룩(Malt)과 같다고 하였습니다. 누룩은 변화시켜 주는 역할을 하기 때문에 좋은 면에서도 사용되었지만 나쁜 면에서도 누룩을 비유했습니다. 사두개인의 누룩(마 16:6~12), 그릇된 사상의 누룩(갈 5:9, 고전 5:6~) 그러나 본문에서는 천국 복음에 관한 것으로 누룩을 비유로 들게 되었습니다. 본문에서 몇 가지 말씀의 교훈을 배우게 됩니다.

첫째, 가루 속에 누룩(Malt)을 넣어야 합니다.

예컨대 구약시대에는 가루를 반죽할 때에 기름으로 반죽한 것과 같은 원리가 됩니다(레 6:21).

1) 가루 서말은 많다는 뜻입니다. 서말이라는 양은 많지만 누룩이 들어가게 되면 전부 부풀리게 할 수 있게 됩니다.

① 성경에 '스아' 라는 말이 나오는데 한 스아는 한말과 같습니다.
창세기 18장에서 아브라함은 나그네 대접할 때에 '고운 가루 한 스아' 로 반죽해서 대접했습니다.

② 그러나 이렇게 많은 서말 가루 일찌라도 누룩이 들어가게 되면 그 가루를 부풀리게 합니다. 그러하듯 악한 누룩도 그 그릇된 사상이 퍼질 때에는 급속도로 못쓰게 할 것이기에 조심해야 되고 그리스도 복음 역시 크게 번져 나가서 온 세상을 구원할 것이기에 힘써서 전해야 합니다. 시작은 미약하나 나중에는 심히 창대케 됩니다(욥 8:7).

2) 이 세대에 우리 믿는 성도들은 천국 복음을 위한 누룩이 되어야 합니다.
① 불신세상이 거대하고 많아도 우리가 누룩될 때에 그 곳에는 급격한 변화가 일어나게 됩니다. 예컨대 1919년 삼일 운동때에 국민이 16만명이었고 기독교인이 불과 1.5%인 30만명밖에 되지 아니했지만 그 가운데 16명이 독립 투사 33명 중에 포함되었습니다. 교회가 사회에 미치는 영향이 대단했음을 말해 줍니다.
② 이 누룩이 개인 마음을 변화시키고 가정 속에 들어갈 때에 가정이 변화되고 국가나 사회에 들어갈 때에 국가도 변화됩니다.

둘째, 이 세대에 우리는 천국 복음을 위한 누룩이 되어야 합니다.

가루 서말이라는 많은 불신 속에 우리 그리스도인은 적은 수에 불과하지만 그러나 역사는 바뀌어지게 됩니다.
1) 믿는 성도는 천국 복음의 누룩과 같은 존재입니다.
① 누룩은 침투하는 능력이 있습니다. 그래서 세상을 향해서 복음으로 침투해야 합니다(요 17:8). 하나님께서 예수님을 이 땅에 보내셨고 예수님은 우리를 세상에 보내셨습니다.
② 누룩이 될 때에 세상을 정복해 나가게 됩니다. 이 땅에 복음을 위해서 일했던 사람들을 보십시오. 언더우드(Underwood) 선교사를 비롯해서 많은 이들을 기억해야 합니다.
2) 거대한 세상에 누룩이 되기 위해서는 깨지고 희생해야 합니다.
① 이것은 소금의 역할과 같습니다(마 5:14). 소금이 녹아야 합니다.
② 예수님 자신이 깨어지고 희생하셨고 우리의 구원을 완성했습니다(요 19:31). 밀알이 되어야 합니다(요 12:21). 슈바이쳐 박사는 유명한 학자였으나 아프리카 밀림에서 희생했습니다.

셋째, 누룩이 들어가기만 하면 가루는 부풀게 되어 있습니다.

이것이 누룩의 역할이요 힘입니다.
1) 누룩이 들어가게 될 때에 좋아지고 아름다워집니다.
① 맛없는 인생이 맛있게 변화됩니다. 이것은 유월절 때에 체험케 했습니다 (출 13:6~).

② 예수 믿는 사람은 침투해서 맛있는 역할을 해야 합니다. 여기에는 사랑과 덕이 필요하고 희망을 주는 역할이 필요합니다.

2) 예수님은 먼저 솔선수범하셨습니다.
① 내가 먼저 실천해야 하겠습니다. 이론보다 실천이 더욱 중요합니다.
② 교회 일을 비롯해서 내가 있는 곳에서 언제나 누룩이 되기 위해서 힘써야 합니다.
  우리교회 성도들 모두가 이렇게 천국 복음을 위해서 살기를 축원합니다.

결론 · 누룩은 힘이 있습니다.

가라지 교훈을 통하여 주는 교훈
마태복음 13:24~30

예수님께서 천국복음을 전하시며 가르치실 때에 자연을 통한 비유(metaphor)를 들어서 설교를 하신 적이 많습니다. 공중에 날아가는 새 한 마리에서 비롯해서 풀 한 포기 꽃 한 송이가 모두 예수님의 설교재료였습니다. 신약에는 물론 구약에도 보면 자연적인 소재가 많이 있는데 하나님께서 욥을 교훈하실 때에도 자연적인 재료가 많이 기록되었습니다(욥 25:7, 36:27, 38:22,41 등).

농부가 밭에 정성을 다해서 좋은 씨를 뿌렸는데 싹이 날 때 보니 곡식이 아닌 가라지가 섞여서 자라고 있습니다. 하인들이 주인에게 "뽑아버릴까요"라고 건의할 때에 주인은 말하기를 "가만두어라, 가라지를 뽑다가 곡식까지 뽑을까 염려스럽다" 하고 추수때까지 두었다가 가라지는 뽑아서 불에 던져 넣을 것이라고 했습니다. 여기에서 곡식은 하나님의 아들들이고 가라지는 악한 자의 아들들이며 가라지를 심은 원수는 마귀요, 추수때는 세상끝이요, 추수꾼은 천사들이요, 가라지의 운명은 불에 넣어지게 되고, 천사를 보내는 분은 인자요, 천사들이 이땅에서 거두어낼 악한 가라지는 모두 없어지게 하는 것과 또 불법을 행하는 자들이요, 가라지가 던져질 풀무불이요, 가라지가 불못에서 보여지는 반응은 이를 갈며 있을 것이고 의인들이 갈곳은 아버지의 보좌요 의인들이 받을 영광은 해와 같이 빛나리라 하였고 가라지 비유를 마감하시며 예수님은 "귀있는 자는 들을찌어다"라고 하셨습니다.

첫째, 이 세상에는 곡식도 자라지만 가라지도 함께 자랍니다.

세상에는 좋은 천국백성만 사는 곳이 아니라 지옥 갈 사람도 있습니다.

1) 세상에는 선인과 악인, 거듭난 의인과 거듭나지 못한 불의한 사람도 있습니다.
   ① 오히려 세상에는 때때로 악한 자가 더 큰소리 칠대가 있습니다(합 1:13, 2:4, 렘 12:1, 창 4:1).

② 잡풀이 곡식보다 웃자라서 큰 방해가 됩니다(마 13:22). 그래서 역사 속에는 온갖 만행들이 가득합니다. 바로 왕, 히틀러, 공산주의자들의 만행, 개인적인 악한 일들이 많습니다.
③ 악한 자들은 온갖 불법을 자행합니다. 예수님도 핍박받았고, 죽임 당하였고 교회사에서 수많은 핍박과 순교자가 나오게 되었습니다.
④ 그러나 불의자는 가라지의 말로와 같습니다(시 1:4, 시 37:1).
2) 악한 가라지는 뽑지 않는 이유가 있습니다.
① 곡식을 보호하기 위해서 입니다. 곡식까지 다치는 경향이 있기 때문입니다. 그래서 악한자도 악한 날에 적당하게 쓰임 받습니다(잠 16:4). 예컨대 바로 왕의 역할입니다. 그 핍박 속에서 이스라엘 민족이 하나님 바라보고 가나안땅에 소망을 두었던 것과 같습니다.
② 그러므로 가라지 때문에 오히려 감사하며 힘차게 신앙생활을 바로해야 하겠고 위해서 기도해야 합니다.

둘째, 인간은 추수꾼이 아니라 천사들이 추수꾼입니다(29절).

1) 천사들이 활약상을 봅니다.
① 천사들은 부리는 영이요 심부름꾼입니다(히 1:14).
요한계시록이나 다른 곳에도 천사들은 심부름꾼입니다(계 7:1, 겔 9:1).
② 하나님의 섭리에 맡기고 바른 신앙위에 서야 하겠습니다(롬 12:7, 눅 9:54).
그래서 신학적으로 사회 복음주의사상은 성경적이 아닙니다.
2) 지금은 추수때가 아니고 밭에서 함께 자라는 은혜의 때입니다.
① 지금은 심은 것을 가꾸어야 할 때입니다. 부지런히 자기 신앙관리에 힘써야 하며 복음 전해서 생명을 건지는 일에 힘써야 할 때입니다.
② 욥기서의 욥과 같이 인내로써 승리하며 견고히 서야 할 때입니다(히 19:35, 약 5:10~11).
환경탓이나 사회분위기 탓할 때가 아니라 바른 신앙을 지켜 나가야 할때 입니다.

셋째, 앞으로 반드시 추수때가 옵니다.

농부가 병충해나 홍수나 가뭄과 싸우며 농사가 끝나면 추수때에 추수하듯이 때가 되면 추수의 그날이 옵니다.

1) 가라지는 영원한 불에 던져 넣게 됩니다.
① 이 지옥불은 영원한 불입니다(마 25:41).
② 이 지옥불은 영원한 불못이라고 했습니다(계 21:8). 세상불은 꺼질 때가 있어도 지옥불은 꺼지지 않고 영원히 타게 되는데 불신자들이 울며 갑니다(마 3:12).
③ 지옥불은 벌레도 죽지 않는 곳입니다(막 9:48, 마 5:22, 계 20:10~14, 막 9:48).
④ 이 지옥은 끝이 없습니다. 지옥가지 말아야 곳입니다.

2) 알곡이 가는 곳은 천국입니다. 성도들이 가는 곳입니다.
① 천국은 밤이나 어두움이 없습니다(계 22:5).
② 질병이나 고통이 없습니다. 눈물이 없고 죽음도 없는 영원히 아름다운 나라입니다.
③ 성도들이여 알곡신앙 가지고 살다가 영원한 천국의 주인공들이 되어야 합니다.

꿈이나 나그네길인 세상 위해 천국을 보고 승리케 되시기를 축원합니다.

결론 · 귀 있는 사람은 들어 보시오.

> 비유

부자와 나사로를 통해 배우는 인생론
누가복음 16:19~31

우리가 살아가는 세상은 매사에 상대적으로 구성되어 있습니다. 그래서 20세기의 최대의 물리학자인 아인슈타인(Einstein Aibert 1879~1955) 박사는 유명한 상대성 원리(相對性 原理)를 말하기도 했습니다. 높은 데가 있으면 낮은 데가 있고 큰 것이 있으면 작은 것이 있듯이 부자가 있으면 가난한 사람도 있습니다. 문제는 높은 사람이든 낮은 사람이 든지 그 높고 낮은 것이 문제가 아니라 하나님 말씀 안에서 살아가는가가 더욱 중요한 내용입니다.

본문에서 예수님은 부자와 나사로의 비유를 통해서 우리에게 인생을 깨닫게 하셨습니다. 우리와 신학은 다르지만 알버트 슈바이처 박사는 부유한 생활을 뒤로 하고 아프리카로 달려가 의료 선교로써 일을 했습니다. 지금도 세계 도처에는 슈바이처와 같이 인생을 바르게 살아보려고 힘쓰는 사람들이 많이 있습니다. 이것이 또한 성경의 위력이기도 합니다. 다행스럽게 우리는 예수 안에서 사는 믿음을 가지게 되었으니 감사와 감격스러운 마음으로 바른 인생론을 펼치며 살아야 합니다.

첫째, 인생은 모두 태어날 때가 있듯이 한번은 죽을 때가 있습니다.

이것은 평생을 통해서 바르게 배워야 되는 귀중한 진리입니다. 죄값으로 죽음을 예약한 채로 태어나게 됩니다(히 9:27). 국가적으로나 세계적으로 꼭 필요한 사람도 죽게 되고 20세기의 최대의 악인이라 불리우는 히틀러(Hitler, Adolf 1899~1945)도 56세 밖에 살지 못하고 죽었습니다. 건강을 진찰하는 의사들도 때가 되면 죽습니다. 진나라의 시황제도 죽었습니다.

1) 부자 역시 죽었습니다.

현대에 와서 보험제도(Insurance system)가 잘 발달되어 있지만 본인이 죽은 후에 본인에게는 아무런 효과나 혜택이 없이 그저 가족들에게만 혜택이 돌아갑니다. 그러므로 영원한 보험(Enternal insurance)은 오직 예수 그리스도밖에 없습니다.

① 부자가 있었다고 했습니다. '한 부자가 있어' 라고 했습니다. 이름을 밝힐 수 없는 부자였습니다. 이 세대에 예수 없이 살아가는 부자들에게 경고해 주시는 말씀입니다. 영원한 세계에서 예수 없는 어리석은 자들에게는 불행이 옵니다.
② 이 부자의 생활을 말씀했습니다. 예수 없는 이 부자의 생활은 불행한 생활 그 자체였습니다.
자색 옷과 고운 베옷을 입었습니다. 당시에 최고의 화려한 옷이요, 소위 로얄칼라(Royal color)로서 왕실에서나 부자들이 입었던 옷입니다. 그러나 주님은 외모의 옷을 중요시 여기시지 않습니다.(벧전 3:3, 계 3:17~18). 지금도 백화점에 가면 수백만원짜리 옷이 있다고 합니다(고급 브랜드).
날마다 호화로이 연락했다고 했습니다(Lived in Great Juxury everyday) 매일 잔치속에 살았습니다. 현대 사회에 와서는 소위 오렌지족들이 설치는 시대가 되었습니다. 하룻밤에도 술값으로 수백만원씩 사용하는 무리가 있다고 합니다.

2) 가난한 거지도 죽었습니다.
① 그 이름은 나사로입니다(Lazarus).
이름의 뜻은 '하나님께서 도우신다' 는 뜻입니다. 그는 천국에 입성했습니다. 성도는 세상에서 보다 천국에서의 이름이 더욱 중요합니다(계 20:12, 빌 4:3).
② 나사로의 평상시의 생활은 빈곤했습니다. '헌데를 핥으며' 라고 단적으로 보여줍니다. 부자의 상에서 떨어지는 부스러기를 먹게 되었으며 개들이 와서 그 헌데를 핥게 되었습니다. 가난한 생활이었습니다. 예수님도 우리의 부유를 위해서 가난하게 되셨다고 했습니다(고후 8:9).

둘째, 육신의 죽음 뒤편에는 반드시 심판이 있습니다(히 9:27)

주위의 사람들에게 부지런히 전도해야 합니다.
1) 나사로도 죽었지만 상황은 완전히 뒤바뀌게 됩니다.
① 가난한 병자의 죽음은 더욱 그의 장례식이 초라할 수밖에 없었겠지만 그러나 그의 영혼은 완전히 상황이 바뀌었습니다. 장례식이 화려하다고 해서 행복한 죽음이 아닙니다.

② 천사들에 받들려 아브라함의 품에 안기게 되었습니다. 믿음의 사람들이 가는 곳입니다. 그래서 예수 안에서 죽는 자가 복이 있다고 하였습니다(계 14:13). 행한 일이 따릅니다.

2) 부자도 죽었습니다.

부자의 격식에 따라서 장례식이 화려했겠지만 그것이 죽은 자와 무슨 상관이 있겠습니까? 산자들의 잔치에 불과합니다.

① 부자가 죽었으니 얼마나 화려했겠는가 생각해 봅니다. 무덤 역시 크고 화려했을 것입니다. 그러나 그것은 죽은 자와는 아무런 관계가 없습니다.

② 영은 지옥에 들어갔습니다. 음부(Hell)는 곧 지옥입니다. 마귀가 들끓는 곳이요 불못입니다. 그곳은 고통받는 곳입니다. 물도 없으며 쉴 시간도 없습니다(계 21:8, 막 9:48). 우리 모두 예수 잘 믿고 지옥가지 말자고 서로 권면하며 전도해야 합니다.

셋째, 먼저 믿는 성도들에게 주시는 교훈이 있습니다.

부자와 아브라함의 대화에서 모두 나타나게 됩니다. "세상에는 모세와 선지자들이 있으니 저들에게 들을지니라" 했습니다. 우리는 모세와 선지자의 입장으로서 불신자에게 전도해야 합니다.

1) 부자가 지옥에서 안타깝게 부르짖는 소리를 들어야 합니다.

① 먼저 구원 받은 성도들의 몫입니다(겔 33:1). 파수꾼의 사명이 여기에 있습니다.

② 늦기 전에 구원해내야 합니다. 지금도 지옥문으로 가는 사람이 얼마나 많습니까? 그들은 너무 늦었습니다. (It was to late)

2) 교회의 존재 목적은 전도요, 선교에 있습니다.

① 언제나 전도할 준비가 되어 있어야 합니다.

② 전도해서 구원하는 길만이 살 길입니다. 지옥문은 좁히고 천국문을 넓게 해야 합니다.

우리교회가 이 사명 다 할 수 있게 되기를 축원합니다.

결론 · 지옥의 핏소리가 지금도 우리 귓전을 때려야 합니다.

성도들을 향하신 나무 비유
시편 92:12~15

> 비유

하나님이 창조하신 지구상의 식물들의 수는 헤아릴 수 없게 많이 있습니다. 그 가운데에는 성경에서 하나님 백성인 성도들과 관계 지어서 말씀하신 나무들도 많이 있습니다. 영적으로 은혜의 수단으로서의 관계로써 말씀하신 나무들입니다. 그 가운데 제일 이해하기 쉽게 말씀하신 나무가 있다면 어느 나라에서나 흔하게 보는 포도나무일 것입니다(요 15:1~). 포도나무는 열매로써 사람들에게 요긴한 나무이듯이 성도는 열매가 풍성해야 합니다(마 3:10, 눅 13:6~, 사 5:1~). 그 외에 성경에서 중요하게 비유로 말씀하신 나무 중에 오늘 본문에 썼듯이 종려나무라든지 백향목이 있습니다. 포도나무나 감람나무는(시 52:8) 열매를 요하는 나무이지만 종려나무는 백향목과 함께 그 나무 자체가 귀합니다. 종려나무는 승리를 상징하는 나무요(마 21:8), 백향목은 솔로몬이 성전을 지을 때에 사용한 귀한 나무입니다. 그래서 의인으로 비유했습니다. (The rightous will flourish like a palm tree, they will grow like a cedar of Lebanon) 본문에서 몇 가지 교훈을 얻게 됩니다.

첫째, 성도들은 이 나무들과 같이 하나님께서 택하셨기에 복이 있습니다.

세상에 나무들이 한 두 그루이겠습니까만 이 나무들은 특별하게 하나님께서 택하셨습니다. 세상에 인종도 많고 사람도 많이 있습니다. 잘난 사람, 못난 사람, 부자, 가난한 자 종류도 많지만 그 가운데 우리를 택하신바 된 나무와 같습니다.

1) 우리는 선택된 백성이 되었습니다.
사도 베드로는 이렇게 전했습니다(벧전 2:9). "오직 너희는 택하신 족속이요 왕같은 제사장들이요 거룩한 나라요 그의 소유된 백성이니" 했습니다.
① 성도는 하나님의 택하신 족속입니다.
(창 12:1~) 갈대아우르에서 아브라함을 부르시듯 택하셨습니다.

이는 하늘에 신령한 복을 주심과 같습니다(엡 1:3~).
토기장이가 진흙으로 귀한 그릇 만듦과 같습니다(롬 9:19~).
② 성도는 왕 같은 제사장들이기에 귀한 존재입니다.
이제는 구약시대와 같이 제사장을 통하지 않고도 하나님께 예수 이름으로 직접 기도하고 예배할 수 있습니다. 성도가 성전이기 때문입니다(고전 3:16).
③ 성도는 거룩한 나라입니다.
그래서 우리의 시민권은 하늘에 있습니다(빌 3:20).
하나님께서 빼어 내셔서 백성 삼으셨습니다(신 4:20, 시 78:71).
2) 이 나무들이 복되듯이 성도는 복된 생활이 중요합니다. 어떻게 해야 복된 생활이겠습니까.
① 나무로써의 역할을 하듯이 성도의 역할이 중요합니다.
이 나무는 백향목이요 종려나무이듯이 성도의 생활 역시 그러해야 합니다. 못쓰게 되는 가시나무가 되면 곤란합니다(삿 9:8).
② 승리의 상징인 종려나무와 같아야 하고 기둥으로써의 살아있는 백향목이 되어야 합니다. 백향목은 그 나무 자체에서 향이 나게 됩니다(고후 2:14~16). 그리스도인은 언제 어디에서나 그리스도의 향기요 교회의 기둥이 되어야 합니다. 특히 교육기관 학생들은 명심해야 할 것입니다.

둘째, 성도는 하나님이 성전에 심으신 복된 나무와 같습니다.

레바논의 백향목이나 종려나무가 한두 그루가 있겠습니까만

1) 문제는 하나님께서 특히 성전에 심으신 것입니다(시 52:8).
① 성전에 심으신 나무는 하나님께서 특별관리 하십니다.
이 나무들이 귀하지만 더 귀한 것은 하나님께서 특별히 관리사하신 나무이기에 귀한 것입니다. 성도라고 해서 일반 불신자보다 잘난 면이 없지만 성도는 하나님 백성이기에 귀합니다.
② 이는 시냇가에 심은 나무와 같다고 했습니다.
그래서 복이 있습니다(시 1:1~6). 이는 여호와를 경외하며 하나님을 의뢰하는 사람이라고 하였습니다.
(렘 17:7~9) 성도는 언제나 이와같은 영적의식(靈的意識)을 가지고 살아야 합니다.

2) 그래서 지상에 존재하는 하나님의 교회는 중요합니다.
이 땅에 지상교회가 없다면 우리는 여전히 하나님의 은혜를 모른채 죄중에 방황자로서 망할 것입니다.
① 우리는 교회 안에 있다는 사실을 명심하고 자녀 교육 역시 이런 사상 위에서 양육해야할 것입니다. 자녀들은 교회 울타리 안에서 양육됨이 복이 있습니다.
② 지상교회는 물론 완전한 교회는 아니고 불완전한 교회이지만 하나님께서 택하신바된 백성들의 보호구역이요 방주와 같습니다. 다윗이 고백했듯이 내가 부족함이 없으리로다 내 잔이 넘치나이다(시 23중에서) 하는 고백이 따라야 합니다. (I shall not be in want, my cup overflows)

셋째, 성도는 여호와의 집에서 흥왕하기 때문에 복이 있습니다.

(14절) "늙어도 결실하며 진액이 풍족하고 빛이 청청하여" 했습니다. (They will still bear fruit in old age they will stay fresh and green)

1) 먼저 이 나무는 1년초가 아니라 긴 세월동안 장수하는 나무입니다.
① 늙어도 진액이 풍족하여 가무는 해에도 걱정이 없습니다. 예수 안에 있기 때문입니다. 자녀의 믿음의 대가 이렇게 이어져야 합니다.
② 믿음이 변함이 없는 성도의 모습을 보여 줍니다.
모두 변해도 이 사실은 변함이 없어야 합니다(엡 6:24). 구원에 이르도록 성장하게 될 것입니다(벧전 2:2).

2) 푸르고 청청하여 여호와의 정직하심을 나타낼 사람입니다.
① 자연 생태계도 하나님의 일을 이루듯이 성도는 생애에서 하나님의 뜻을 이루어야 합니다(롬 1:20).
② 하나님께서는 하나님의 자녀들을 향하신 뜻이 크십니다.
나무 한 그루도 뜻이 있듯이 성도에 대한 뜻이 분명합니다.
우리교회 성도들이 모두 종려나무와 백향목과 같이 되기를 축원합니다.

결론 · 성도는 하나님 앞에서 귀한 존재입니다.

일꾼

잠잠하지 않는 파수꾼
이사야 62:6~9

성경에서 하나님이 사용하시는 일꾼들을 설명할 때에 여러 가지 직업상의 용어들을 통해 설명했는데 군인, 농부, 운동선수 등입니다(딤후 2:1). 하나님께서 여러 시대마다 부르셨던 일꾼들의 직업도 다양합니다. 바울과 같은 학자, 모세와 같은 애굽 왕궁의 왕자, 베드로와 요한 야고보와 같은 어부, 마태와 같은 세리, 아모스와 같은 농부도 있는데, 하나님은 이들을 해지는 데서부터 해뜨는 곳까지 사방에서 부르셨습니다(시 50:1, 시 113:3). 하나님께서 사방팔방에서 사람들을 부르신 목적은 하나님의 일꾼이 되기 위해서인데 이것은 다른 용어로서 파수꾼의 사명입니다. 또는 그리스도의 일꾼입니다(고전 4:1~2). 이곳에는 충성뿐입니다.

본문에 있는 이사야 40~66장까지는 구약에 있지만 구약 속에 존재하는 신약복음서(新約福音書)라고 부릅니다. 이유는 장차 다가올 메시야에 대한 예언과 메시야 왕국에 대한 실현이 구체적으로 예언되었기 때문입니다. 그 예언대로 예수님이 오시게 되었고 예수님이 실현해 놓으신 그 복음으로 인해서 구원 받은 우리는 세상에서의 직업(職業)이 무엇이든 간에 불문하고 먼저 구원 받은 자로서 이 복음을 전해야 할 사명이 있습니다.

왜냐하면 천국의 시민권자들이기 때문입니다(빌 3:20). 세상의 생업은 제각기 다르지만 천국이라는 목적이 같은 예수 안에 있습니다. 본문에서 몇 가지 은혜를 나누어 보며 사명을 찾습니다.

첫째, 성도는 하나님께서 세우신 파수꾼임을 잊지 말아야 합니다.

예수 그리스도의 복음의 파수꾼입니다(6절). "내가 너를 성벽 위에 파수꾼으로 세우고" 했습니다. 이사야가 아닌 이 세대에는 우리 자신들입니다.

1) 파수꾼에 대해서 알아보겠습니다.
① 파수꾼은 망루에 서서 사방팔방을 살피는 사람입니다. 요즈음 같으면 군대의 보초병이요, 회사의 경비하는 사람입니다. 목적은 적이나 도적의

오는 것을 막기 위해서입니다.
② 파수꾼은 언제나 깨어 있어야 합니다. 파수꾼의 기본 수칙은 깨어 있어야 한다는 것입니다. 잠을 잔다든지 졸다가는 큰일입니다. 맥아더 장군은 말하기를 "작전은 실패가 있어도 경계 근무는 실패가 없다"고 했습니다. 예수님은 우리에게 깨어 있어야 한다고 하셨습니다(마 24:42). 사명 완수를 위해서는 성도가 깨어 있어야 합니다.

2) 파수꾼은 반드시 해야 하는 사명이 있습니다.
① 그것은 적지에 대한 파악이요, 아군에 피해가 없도록 하는 데 있습니다(국민의 생명과 재산을 보호하는 데 있습니다). 이 사명을 다하기 위해서 병사들이 훈련을 하게 됩니다.
② 파수꾼이 외치는 내용이 무엇입니까? 전방에 이상 징후가 있을 때에 파수꾼은 외쳐댑니다. 여기에 파수꾼의 사명이 있듯이 먼저 구원받은 우리는 신앙에 대해서 외쳐야 합니다. 빨리 예수께 돌아와서 구원받으라고 전해야 합니다. 원치 않든 원하든 간에 우리 믿는 성도는 이 세대에 파수꾼이요 사명자들입니다.
③ 누구에게 전해야 합니까? 가족부터 시작해서 이웃과 이 나라와 나아가서 전세계 인류에게 민족과 국가와 열방을 뛰어넘어서 전해야 합니다. 그곳에 구원 받을 하나님의 백성들이 있기 때문입니다(행 13:18), 행 18:9, 계 7:9).

둘째, 파수꾼이 해야 할 일은 멈추지 말고 해야 합니다.

지금도 육·해·공군 병사들이 바다에서 공중에서 육지에서 지키듯이 우리는 한시도 우리의 사명을 잊으면 안 됩니다. 만일 휴전선의 병사가 졸고 있다면 어떻게 되겠습니까?

1) 쉬지 말고 사명에 충실해야 합니다.
6절 "그들로 종일 종야에 잠잠치 않게 하였느니라 너희는 쉬지 말며" 하였고, 7절 "여호와께서 예루살렘을 세워 세상에서 찬송을 받게 하시기까지 그쉬지 못하시게 하라"고 하였습니다.
① 파수꾼의 사명이 쉬지 않듯이 전도자의 사명은 쉬지 않고 전도해야 합니다.
② 그들이 듣든지 아니 듣든지 전해야 합니다(딤후 4:1~4).

2) 불신풍조가 판을 치는 시대에도 더욱 전해야 합니다.
① 세상에 불신풍조가 만연한 시대입니다. 그래도 전해야 합니다.
② 성도가 세상에 존재하는 목적은 전도에 있습니다. 수가성 여인은 물동이를 버리고 성에 들어가 전했습니다(요 4장). 이 일은 멈추지 않고 해야 하는 일입니다.

셋째, 하나님의 구원 계획이 파수꾼인 우리를 통해서 나타납니다.

8절 "여호와께서 오른손, 그 능력의 팔로 맹세하소서" 했습니다.

1) 하나님께서 하나님의 교회, 하나님의 일꾼과 백성들을 지켜 주십니다. 왜냐하면 복음을 전하기 위해서 입니다.
① 이 때에 교회와 성도는 세계를 향하여 전해야 합니다. 세상이 죄악으로 악하게 되는 때입니다.
② 세상 나라가 망해도 주의 교회는 크게 세워집니다(마 16:18).
2) 하나님은 지금도 일하시는데 사명자를 통하여 일하십니다.
① 이사야 선지자도 하나님께 쓰임 받았습니다(사 6:7). 예레미야도 쓰셨습니다(렘 1:4). 바울도 쓰셨습니다(행 9:15).
② 수많은 일꾼 가운데 오늘도 파수꾼으로서 우리가 쓰임 받기를 원하십니까?
잠잠하지 말고 부지런히 쓰임받기를 축원합니다.

결론 · 여러분은 그리스도인이십니까? 그렇다면 파수꾼입니다.

하나님의 참 일꾼들
디모데후서 2:15

우리가 죄 가운데 빠져서 영원히 죽게 되었을 때에 예수 그리스도의 십자가 공로 의지하여 구원받아 하나님의 자녀가 되었고 영원한 천국의 시민권자가 되었습니다. 세상의 그 무엇과도 바꿀 수 없는 축복 중에 축복입니다. 그리고 또 축복인 것은 하나님의 일을 할 수 있는 일꾼이 되게 하신 것이 축복 가운데 축복입니다. 그렇다고 해서 우리가 무슨 자격이나 특별한 힘이 있어서가 아니듯 직분이나 사명을 주신 일 역시 하나님의 은혜입니다. 이와 같은 놀라운 은혜를 받은 우리 성도들은 무조건 감사하며 하나님의 일꾼으로서의 자리를 굳게 지켜야 하겠습니다.

제자들이 배와 그물을 버리고 예수님을 따라 갔듯이(마 4:18) 예수 그리스도의 참 제자는 하나님의 참 제자가 되는 일입니다(고전 4:1). 사람이 마땅히 우리를 그리스도의 일꾼이요 하나님의 비밀을 받은 자로 여길찌니라 "그리고 맡은 자들에게 구할 것은 충성이니라" 했습니다. 하나님의 참 일꾼의 요건이 무엇인지 오늘 본문에서 생각합니다.

첫째, 참된 주의 일꾼은 진리의 사람이 되어야 합니다.

참된 일꾼의 자세는 진리 위에서 진리에 붙잡힌바 된 자가 참된 주의 일꾼이 됩니다. 두 아들 가운데 둘째 아들이 말씀의 순종자가 되었습니다(마 21:28).

1) 참된 진리 위에 세워진 신앙이 아니면 주를 배반하고 떠나게 되기 때문입니다. 예수님을 따르는 자가 많았지만 모두 제자는 아니었습니다. "네가 진리의 말씀을 옳게 분변하며"라고 했습니다.
   ① 하나님이 성령은 진리의 영이시기 때문입니다(요 14:17). 은혜를 받았다면 진리에 서야되는 것이 당연합니다. 그리고 그와 같은 사람이라야 일꾼이 되게 됩니다.
   ② 진리 위에 굳게 서지 못했을 때에 예수님을 배반하고 교회를 배반하게 되고 또는 사단에 미혹되는 경우도 있습니다. 그래서 말씀을 듣고 행하

게 될 때에 복이 있습니다(계 1:3, 히 5:12~). 선악을 분별하는 말씀의 진리 위에 서야 하겠습니다.

2) 진리 위에 굳게 서기 위해서는 해야 할 일이 있습니다.
① 성경을 부지런히 읽고 배워야 하겠습니다.
성령은 진리의 영이시기 때문에 바른 신앙은 성경과 밀접한 관계 속에 있습니다.
② 읽어야 하겠습니다. 읽고 들을 때에 믿음이 성장하며 믿음이 좋아집니다(롬 16:19).
③ 하나님 말씀이 사람을 변화 받게 합니다. 그리고 말씀이 가는 곳에는 영적 생동감과 영적능력이 생기게 됩니다(히 4:12, 겔 37:1). 진리에 선 사람이 참 일꾼이 됩니다.

둘째, 하나님의 일꾼은 바른 인격을 가져야 합니다.

"부끄러울 것이 없는 일꾼으로 인정된 자로"라고 했습니다. 진리 위에 서 있는 사람은 바른 인격이 됩니다.

1) 심판 때가 반드시 다가옵니다. 심판대에서 웃는 승리자가 되어야 하겠습니다.
① 주신 것도 빼앗길 날이 옵니다(마 25:14~).
② 한번 죽은 것은 정해져 있습니다(히 9:27~). 그 때에 칭찬 듣는 일꾼이 참 일꾼이요, 바른 인격자입니다.

2) 우리는 지금 주의 일꾼입니다. 그러므로 부끄러움이 없는 일꾼이 되기 위해 힘써야 합니다.
① 주의 일꾼은 주를 기쁘시게 해야 합니다(빌 1:20). 살든지 죽든지 주를 존귀하게 해야 합니다. 하나님의 영광을 위해서 일해야 합니다(고전 10:31).
② 주의 일꾼은 내 뜻이 아니라 하나님의 뜻에 따라 살아가는 것이 참된 모습입니다. 우리 모두 내 뜻이 아니라 하나님의 뜻에 맞추어서 살기 위해 힘써야 하겠습니다.

셋째, 하나님의 참된 일꾼은 성령의 뜨거움이 있어야 합니다.

(5절) "자신을 하나님 앞에 드리기를 힘쓰라" 했는데 힘쓰라는 말은 '열정',

'뜨거움'을 뜻합니다. (헬라어:스프다손) (롬 12:11) "부지런하여 게으르지 말고 열심을 품고 주를 섬기라"

  1) 열성적이고 뜨거운 마음이 식어지지 말아야 합니다.
  ① 내가 봉사할 수 있는 일이 무엇인지 찾아서 해야 합니다.
  ② 교회 안에는 복음을 위해서 헌신해야 하는 일이 수 없이 많이 있습니다.
  2) 주님은 오늘도 우리를 쓰시겠다고 하십니다(마 21:3 눅 19:34).
  ① 주가 쓰시겠다고 하실 때에 사용되어야 합니다. 내일로 미루지 마십시오. 내일은 내 것이 아닙니다.
  ② 오늘 내게 있을 때에 헌신자가 되어야 합니다. 이것이 참된 주의 일꾼입니다. 눈, 코 뜰 사이 없이 바쁘다고 하는데 감기운 것은 죽은 자의 특징입니다. 일꾼은 눈을 뜨고 있어야 합니다.
    일꾼이 필요한 때에(마 9:38) 하나님의 참 일꾼으로서 승리케 되시기를 축원합니다.

결론 · 우리는 모두 하나님의 자녀로서 일꾼이 되어야 합니다. 바쁘다고 평계하지 말고 주의 일에 힘쓰는 것만이 영원히 내게 돌아오는 분깃이 됩니다.

주님께 칭찬 받은 사람들
누가복음 10:1~10

사람들 가운데는 여러 종류의 사람들이 지구촌을 이루며 살아갑니다. 피부나 인종적인 면에서도 분류되지만 생각이나 사상 내지는 이념적인 면에서도 분류할 수 있습니다. 그런데 사람들 중에는 사람들에게 유익을 끼치는 사람도 있고 해를 끼치는 사람도 있습니다.

그래서 프랜시스 베이콘(Francis Bacon)이란 사람은 세 종류의 인생을 세 가지 곤충인 거미와 개미, 꿀벌로 비유해서 설명하기도 했습니다. 사람들 가운데는 가룟유다(마 26:24, 요 17:12)와 같은 사람이 있고 다윗과 같은 인생도 있습니다(행 13:22). 예수님께서 세상에 계실 때에 칭찬한 사람들이 성경에 많지가 아니했지만 그 많지 않은 사람들 가운데서 몇 명이 있습니다. 예수님께서 칭찬하신 사람들은 어떤 사람들인가를 본문을 중심으로 살피면서 우리 자신들이 하나님께 칭찬 듣는 인생의 모습이 되고자 합니다. 칭찬받는 요소들이 어떤 것이 있습니까?

첫째, 올바른 믿음을 가지고 있었던 사람들이 칭찬을 받은 사람입니다.

예수님께서 칭찬을 하신 백부장은 올바른 믿음의 사람이었습니다.

1) 바른 믿음이 있을 때에 예수님이 칭찬하십니다.

믿음에도 여러 종류가 있는데 파선된 믿음(딤전 1:10~20)도 있고, 작은 믿음(마 14:31), 의심하는 믿음(약 1:6)들도 있습니다.

① 성경에서 칭찬 듣는 믿음들이 있는데 정상적인 믿음입니다(막 5:25~34). 12년을 혈루증으로 앓던 여인이 칭찬듣는 믿음을 가지고 있게 될 때에 칭찬을 듣게 되었습니다. (34절) "예수께서 가라사대 딸아 네 믿음이 너를 구원하였으니 평안히 가라 네 병에서 놓여 건강할찌어다" 하였습니다. (He said to her Daughter, your faith has healed you. Go in Peace and be freed from your suffering)

② 옥합을 깨뜨려서 예수님께 헌신한 여인은 믿음이 있다고 칭찬 듣게 되었습니다(눅 7:37~50).

③ (막 10:46~52) 여리고의 바디메오 역시 소경이었으나 예수님께 대한 바른 믿음이 있기에 칭찬을 듣게 되었고 소경에서 밝은 눈으로 떠지게 되었습니다. (52절) "예수께서 이르시되 가라 네 믿음이 너를 구원하였느니라 하시니 저가 곧 보게 되어 예수를 길에서 좇더라" 했습니다.
④ (요한3서 9~12) 교회 안에는 믿음이 없는 디오드레베가 있고 믿음이 있고 칭찬 듣는 데메드리오가 있습니다.
2) 그런데 예수님께 칭찬을 들은 믿음의 사람들은 모두가 큰 믿음의 소유자들이었습니다.
① 큰 믿음이 칭찬을 받게 됩니다.
(마 15:28) 가나안 여인의 믿음이 크다고 칭찬 받았습니다.
"이에 예수께서 대답하여 가라사대 여자야 네 믿음이 크도다 네 소원대로 되리라 하시니 그 시로부터 그의 딸이 나으니라" 했습니다. (Then Jesus answered. Woman, you have great faith. Your request is granted. And her daughter was healed from that very hour.) 바른 믿음 중에도 크게 가져야 합니다(마 14:31, 히 11:1~6).
② 칭찬 듣는 믿음은 믿을 수 없는 조건 중에도 믿었던 믿음이었습니다. 아브라함부터 시작해서(롬 4:18) 라합의 믿음(마 1:5)과 역시 이방 여인이었던 룻(마 1:5)이 그 좋은 예가 됩니다. 백부장 역시 믿을 수 없는 조건에서 믿고 바라보았던 사람입니다.

둘째, 남을 불쌍히 여기고 의로운 일에 열심 내는 사람이 칭찬 듣게 되었습니다.

백부장과 하인과는 거리가 먼 사람이었으나 백부장은 비록 하인이라도 불쌍히 여기는 의로운 사람이었습니다.

1) 성도는 의로운 일에 열심이 있어야 하겠습니다. 시기적으로 볼 때에 지금은 이기주의 시대입니다.
① 백부장이 그 대표적인 예로써 의로운 일에 힘썼습니다(눅 10:30~37). 선한 사마리아 사람의 예에서 그 대표성을 보게 됩니다. "이르시되 가서 너도 이와같이 하라" 하였습니다. (Jesus told him, Go, and do like wise) 행하는 의로움이 필요합니다.

② 백부장은 자기 하인을 위해서 열심이 있었습니다.
요즈음 세상에서도 불가했을 예인데 성경시대에 종의 제도가 사회화된 시대이기에 종을 위해서 열심히 예수님께 왔던 것은 칭찬 들을만합니다. 한국의 악덕 기업주들은 동남아 등지에서 돈 몇 푼 벌려고 이 땅에 온 외국 근로자들을 사기 치는 일이 종종 뉴스에 나온 사실은 반성하고 각성해야 할 일입니다.

2) 칭찬 듣는 믿음은 행함이 있는 믿음이 되어야 합니다.
① 행하지 않는 믿음은 칭찬을 받을 수 없습니다. 야고보 사도는 강력히 전했습니다(약 2:14).
② 행함이 있는 믿음이 있을 때에 성도가 빛이 나타납니다.
여기에서 예수님이 말씀하신 빛과 소금(Light and Salt)의 역할이 됩니다(마 5:14).

셋째, 겸손한 사람이 칭찬을 받게 됩니다.

백부장은 계급적으로 지위가 있는 사람인데 그의 하인을 위해서 예수님께 와서 간곡히 청하게 되었습니다. 겸손한 사람입니다.

1) 겸손한 사람이 칭찬받게 됩니다. 반대로 교만하면 대적하게 됩니다.
① (약 4:6, 삼상 25장에서 나발)
② 하나님 앞에서 겸손이 중요합니다.
현대인은 사회적 흐름과 함께 교만이 치솟는 시대입니다.
③ 예수님은 세례 요한을 칭찬하셨습니다(요 1:24). 여인이 나온 자 중에 큰 자라고 하셨습니다(마 11:11). 세례 요한은 예수님께 대하여 겸손한 사람이었습니다.

2) 그리스도인은 겸손해야 합니다.
성숙한 믿음을 가진 사람일수록 겸손하게 됩니다.
① 예수님은 겸손의 견본(Sample)이 되십니다(빌 2:5~11).
② 예수님을 닮은 성도는 겸손해서 칭찬을 듣게 됩니다.
익은 곡식은 고개가 숙여지게 되듯이 칭찬 듣는 믿음을 가진 성도는 겸손하게 되어 더 큰 은혜의 소유자가 됩니다. 백부장의 겸손한 신앙을 본받아서 우리 모두 칭찬 듣는 성도의 길을 걷게 되기를 축원합니다.

결론 · 우리는 예수님께서 칭찬하시는 사람이 됩시다.

고넬료를 배우라
사도행전 10:1~8

우리가 살아가는 인류 역사 가운데에는 사람의 종류가 많이 있습니다. 남녀를 분류하는 생물학적인 분류를 비롯해서 인종적인 것으로 분류하는 면도 있거니와 그 사람들이 살아가는 생활면에서 분류하는 도덕적으로 분류하는 일도 있습니다. 그래서 유명한 프랜시스 베이콘(Francis Bacon)은 인간을 개미나 거미, 그리고 꿀벌로 비유해서 설명하기도 했습니다. 주께서 재림하시기 위해서 세상은 더욱 악해지는데 사람이 얼만큼까지 악해지려나 할 정도로 악해지는 때에 우리는 또 한 해를 맞이했습니다.

본문에서 주인공인 고넬료는 군인이기 때문에 신앙생활하기가 어려웠겠지만 그래도 오늘날 우리에게 보기 좋은 신앙생활의 모범을 남겼습니다. 환경과 모든 일들을 초월해서 승리의 가정을 남긴 고넬료의 신앙과 그런 가정이 되기 위해서 본문에서 몇가지 진리를 배우게 됩니다.

첫째, 고넬료는 전천후적인 신앙생활을 보여 주었습니다.

신앙인들 가운데는 시험이나 어려움이 올 때에 "~ 때문에"라는 말을 합니다. 그러나 바른 신앙은 전천후적인 신앙이 되어야 합니다.

1) 우리 말세의 성도는 전천후적인 신앙이 필요합니다.
신앙생활에 장애가 많이 있지만 모두 이겨야 할 대상입니다.
① 고넬료는 직업상으로 볼 때에 군인이기에 어려운 사람입니다. 더욱이 요즈음같이 자유화된 시대도 아니고 로마시대에는 살아있는 신, 황제 숭배의 거대한 우상이 있는 때에 예수 믿는 군인이 얼마나 어려웠겠습니까? 그러나 고넬료는 그런 가운데에서도 모범적인 신앙을 보여 주었습니다.
② 바른 신앙은 환경과 배경이 관계없이 바르게 지켜 나가는데 이것이 전천후적인 신앙입니다.
아브라함은 믿음의 조상으로써 믿을 수 없는 중에 믿는 믿음을 보여 주었습니다(롬 4:18). (Against all hope, Abraham in hope believed and

so became the father of many nations. just as it had been said to him. "So shall your offspring be") 종교 개혁자 마틴 루터(Martine Luther)는 고난 중에도 오직 하나님의 영광(Soli Deo Gloria)을 외치면서 384장 찬송 중에 개혁을 승리했습니다. 이것이 요한 칼빈(J. Calvin)등의 개혁 신앙이 되었습니다.

2) 우리는 이 세대에 시대적 환경을 극복해 나가며 고넬료의 믿음을 배워야 합니다.
① 고넬료는 이 신앙 때문에 위급하고 어려운 일에 빠질지라도 끝까지 이 신앙을 지켜 나가게 된 사람이 되었습니다.
경건하게 살 때에 핍박은 있기 마련이기 때문입니다(딤후 3:12).
② 우리교회 모든 성도들이 전도에 힘써야 합니다.
세상을 구원하는 길은 오직 예수 복음 밖에 없기 때문입니다. 고넬료의 신앙으로 우리 모두 전 성도가 전도인이 되어야 합니다.

둘째, 고넬료는 온 가정이 함께 신앙생활했습니다.

가정의 교회화입니다. 가정은 최소한의 단위로써 교회가 되어야 합니다. 이 세대는 가정이 무너지는 시대입니다. 그래서 이혼율이 100쌍 중에 49.5%나 됩니다.

1) 현대 가정들에게 무엇이 중심이 되어 있습니까?
① 우리 가정에는 무엇이 핵이요 중심입니까?
소위 돈, 명예, 세상적인 것이 가득하다고 하더라도 가정 중심에 예수께서 계시지 않다면 문제가 생기게 됩니다. 그래서 현대 청년들이 가정을 만들기 위해서 결혼할 때에 잘해야 하는 이유가 여기에 있습니다.
② 우리 가정 속에 예수님 모시고 예수님 중심한 가정 교회화가 이룩되어야 합니다. 고넬료는 그런 가정을 이루었습니다. 설사 포도주가 모자라듯 문제가 생겨도 염려가 없는 것은 주님이 그곳에 계시기 때문입니다(요 2:1~11). 가정은 작은 교회로써 교회화가 되어야 합니다.

2) 고넬료의 가정은 작은 교회였습니다.
초대교회는 오늘날과 같은 맘모스형 대형교회가 아니라 가정에서부터 교회였고 두 세 사람이 모인 곳에 주님이 역사하셨습니다(마 18:19~20, 행 12:12).
① 고넬료는 온 집으로 더불어 경건된 가정 교회였습니다.

경건은 거듭남에서부터 시작됩니다. 또한 교회의 모습입니다.
② 온 집으로 더불어 하나님을 경외했습니다.
말세 때에 가정의 복음화를 위해서 기도해야 합니다. 아브라함은 롯을 위해서 기도했습니다(창 18장 19:29).
③ 구제했습니다. 교회가 하는 일은 구제입니다. 영혼구제입니다. 영혼을 구제해서 개인을 살리고 불우한 사람도 와서 살게 해야 합니다. 세상에는 주님의 양이 있고 염소가 있습니다(마 25장).
④ 기도하는 가정이었습니다.
교회든 개인이든 가정이든 기도가 살아있어야 합니다. 그리고 응답받게 되었습니다. 기도하는 곳에 응답이 있습니다.

셋째, 고넬료의 가정은 천국화가 된 집이었습니다.
예수님 승천 후에 베드로를 모시고 축복받은 가정이 되었습니다.
1) 우리 집이 예수님 모신 천국화가 되어야 합니다.
가정은 작은 천국입니다.
① 여기에는 응답이 있습니다(4절). 기도가 응답된 가정입니다.
② 베드로를 통해서 주의 말씀을 듣게 되었습니다.
③ 말씀을 들을 때에 성령이 임하게 되었습니다(10:44).
그리고 세례를 받게 되었으니 천국입니다(10:48).
2) 우리 가정들에게 이런 일이 있어야 합니다. 예수 안에서 천국화가 이루어져야 합니다.
① 기도와 함께 응답의 현장이 있어야 합니다.
② 말씀을 들을 때에 성령이 역사하시는 가정이 되어야 합니다.
③ 성령이 임하게 될 때에 세례와 함께 천국이 임해야 합니다.
금년에는 세상이 더욱 어려워지겠지만 예수님 모시고 더욱 승리가 있게 되기를 축원합니다.

결론 · 고넬료를 통해서 우리는 배우게 됩니다.

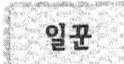

빌립과 안드레를 통한 교훈
요한복음 6:1~14

　기독교 신앙은 때때로 기적과 신비로 체험되는 신앙인데 그래서 기독교는 체험의 종교라고 말하게 됩니다. 실로 성경 66권 자체가 모두 신비로 쌓여있기에 받은 자, 체험자만이 알 수 있게 됩니다(계 2:17하). 그래서 기적과 신비들이 기록한 책이 성경이요 기독교 신앙입니다. 천지 창조에서부터 시작해서 신약에 이르러 동정녀 탄생을 시작으로 십자가 죽으심과 부활과 재림의 약속까지 모두가 신비로 가득 차 있습니다. 성경은 그 자체가 하나님 말씀이기에 살아 역사하는 능력이 있습니다(히 4:12).
　수많은 무신론자들이 성경을 없애 버리려고 했었는데 1778년에 죽은 불란서의 볼테르(Votaire)는 100년 내에 기독교가 사멸할 것이라며 예언했지만 그가 죽은 지 25년에 영국교회가 그의 무신론 서적을 인쇄하던 곳을 인수하여 성경을 무제한 인쇄 보급하였지 않았는가? 이는 실로 신비적 하나님의 역사가 아닐 수가 없다고 할 것입니다. 4복음서 가운데 요한복음은 특히 예수님의 신성에 대해 강조한 성경입니다. 본문에서 그 유명한 뱃새다 들녘에서 있었던 오병이어의 사건은 빌립과 안드레의 두 모습을 보여주면서 현대를 살아가는 우리에게 큰 영적 교훈을 깨우쳐 주고 있습니다.

첫째, 빌립의 모습을 통해서 얻어지는 교훈이 있습니다.

　본문에서 빌립과 안드레 두 사람이 등장하게 되는데 빌립과 안드레는 각기 다른 신앙의 모습을 나타내 보였습니다.
  1) 빌립은 철저히 꼼꼼하게 따지고 계산하는 계산적인 사람이었습니다. 현대 세상에서 계산이 필요하겠지만 주님이 요구하는 것은 계산적인 면이 아니었습니다.
  ① 주님이 빌립이나 우리들에게 요구하시는 것은 계산적이고 소위 인간의 잔머리를 굴리는 식의 신앙을 요구치 않으신다는 사실입니다. 이것은 모세의 기사에서도 마찬가지였습니다(민 11:17). "여호와의 손이 짧아졌느

냐 여호와의 손이 짧아지지 아니하였음에도 네게 보여주리라" 하시고 메추라기 떼를 주셨던 것입니다.
② "이는 빌립을 시험코자 하심이라" 했습니다. (He asked this only to test him). 빌립의 믿음을 시험하시고자 했던 주님의 질문이었습니다. 우리는 이 시험에서 합격해야 합니다. 하나님께서는 얼마든지 길을 인도하시기 때문입니다. 그런데 그 시험은 어려운 시험이 아닙니다. 왜냐하면 정신만 차리게 되면 길이 보이기 때문입니다(고전 10:13). 감당할 시험을 주신다고 하였고 시험당할 즈음에 피할 길을 내신다고 하셨습니다.

2) 빌립은 시험에서 다른 모습을 보였습니다.
예수님이 가지고 계신 계획을 빌립은 깨닫지 못했던 것입니다.
① 예수님의 계획에 맞지 않는 대답만 늘어놓았습니다.
(창 22:1~) 믿음의 조상 아브라함은 하나님의 시험에서 이겼던 인물이 되었습니다. (Some time later God tested Abraham. He said to him, "Abraham!") 결국 하나님은 이삭 대신 양을 준비하셨고 아브라함은 인정을 받게 되었습니다.
② 오늘 우리는 빌립이나 아브라함과 유사한 시험이 올 때에 어떻게 해야 하겠습니까?
(갈 3:9) "믿음이 있는 사람은 믿음이 있는 아브라함과 함께 복을 받느니라" 했습니다. 당황하거나 망설이지 말고 믿음으로 주의 뜻에 맞게 승리하는 성도가 되어야 하겠습니다. 물이 포도주가 되고(요 2:1~11), 38년된 병자가 낫고(요 5:8), 5000명을 먹이는 일은 잔머리 굴려서 되는 일이 아니고 믿음이 요구되기 때문입니다. 300데나리온이 있다고 해도 당장 급한 현실에서 어떻게 5000명의 허기를 해결하겠습니까. 우리에게 당면한 문제 앞에서 믿음이 요구되는 현실입니다.

둘째, 안드레의 모습을 통해서 얻어지는 교훈이 있습니다.

빌립의 모습과 안드레의 모습은 분명히 차이가 있습니다. 빌립은 불가능을 먼저 생각하였다면 안드레는 어렵지만 가능을 먼저 생각했던 사람입니다.

1) 주님은 불가능한 일을 가능케 하십니다.
주님 앞에서 가능케 하는 일이 무엇인지 생각하고 믿어야 합니다.

① 가능케 하는 방법은 작은 아이의 보리떡 다섯 개와 물고기 두 마리를 예수님 앞에 드리는 일이었습니다.
우리나라의 산업사회로 오는 길목에서 유명한 기업인들이 체험했던 이야기 속에는 불가능하다고 했던 일들이 가능케 되었던 체험들이 많이 있습니다. 그 가운데 하나가 H기업의 간척사업에서의 물막이 공사와 경부고속도로를 뚫을 때의 기적들이며 울산에 갯벌 위에다가 세계적인 조선소를 짓는 일이었다고 술회했습니다. 그래서 시련은 있어도 실패는 없다고까지 했습니다. 일반적인 신념에도 그러하건데 예수 그리스도 안에서 우리는 안드레식 믿음으로 세상을 승리해야 합니다.
② 우리는 평상시 믿음보다도 시험 앞에서의 믿음이 더 중요합니다.
시험에서 한 단계 더 올라가는 신앙이 필요합니다. 이것이 안드레의 믿음의 자세였습니다.
2) 주님의 뜻에 합하게 되는 방법이 있습니다.
① 빌립은 부족하지만 예수님께 보리떡 다섯 개와 물고기 두 마리를 드렸습니다. 이것이 비결입니다. 내가 가지고 있는 작은 것을 주의 손에 의탁해야 하겠습니다.
② 주님은 우리의 연약한 모습을 아시고 계십니다.
모세가 가진 것은 마른 지팡이였지만 하나님께서 그의 지팡이를 들 때마다 기적이 나타나게 했습니다(출 14:16, 민 20:11). 제자들은 약했지만 주님을 따를 때에 사도가 되었습니다(마 4:19). 나를 사용하시게 해야 하겠습니다.

셋째, 부족하지만 주님 손에 들려질 때에 기적이 나타났습니다.

보리떡 다섯 개와 물고기 두 마리가 결코 큰 것이 아니라 주님 손이 위대하신 것입니다(민 11:23).
1) 주님 손길은 지금도 역사 하십니다.
① 믿음의 사람은 현실만 보는 것이 아니고 주님을 보는 눈이 있습니다. 창조의 손이요 능력의 손이요 강한 손입니다(출 6:1).
② 주님 손만 거치게 되면 귀한 존재가 된다는 교훈입니다.
호화롭게 차린 한상이 아니었습니다. 작은 것이지만 위대하게 된 것입니

다. 5000명이 먹었고 12바구니가 남겨지게 된 것입니다.
2) 지금도 원리는 같은 작용으로 우리에게 교훈됩니다.
① 우리에게는 지구촌 60억이 있습니다. 저들에게 전해야하는 복음의 숙제가 있습니다. 바울은 가난 가운데서도 일했던 교회를 칭찬했습니다(고후 8~9장).
② 우리는 빌립과 안드레, 두 사람 중에 어느 편에 서 있습니까?
분명한 것은 주님 손에 우리가 드려져야 한다는 사실입니다. 우리 모두가 기적의 현장에 있게 되기를 축원합니다.

결론 · 지금 우리에게 주님이 묻고 계십니다.

# 두 아들을 통한 영적 교훈
마태복음 21:28~32

　　세상을 살아가는 모든 사람들은 구조학상으로 볼 때에 누군가에게 잘 보이려고 애를 쓰며 살아가게 됩니다. 하위직 사람은 상관에게 잘 보이려고 하고 청춘남녀는 상대방에게 잘 보이려고 합니다. 그래야 자기들에게 유익이 오기 때문입니다. 그러나 지나고 보면 세상의 그것들은 헛것에 지나지 않았던 일들이 많이 있기 때문에 무지개의 꿈(Dream of rainbow)에 그쳐 버리는 일들이 많이 있습니다. 그러나 우리는 영원히 변치 않는 만왕의 왕이시오 만주의 주님 되시는 하나님께 바르게 보이기를 힘써야 합니다. 왜냐하면 이 문제는 이 세상 뿐 아니라 영원한 세상에까지 연결되는 문제이기 때문입니다. 예수님은 본문에서 아버지가 두 아들에게 '오늘 나와 함께 포도원에 가서 일을 하자'고 하는 얘기에서 우리에게 교훈하셨습니다. 첫째 아들은 가겠다고 '예' 만 하고서 가지 아니하여 불순종자가 되었고 둘째 아들은 가지 않겠다고 한 후에 뉘우치고 가므로 순종자가 되었습니다. 이는 당시에 첫째 아들격인 바리새인과 둘째 아들격인 죄인되는 세리들에 관한 비유였습니다(눅 18:10~) 예수님은 말씀하시기를 세리들에게 하나님이 함께 하신다고 하셨습니다. 여기에서 우리는 몇 가지 교훈을 얻습니다.

첫째, 한 아버지 슬하에 두 아들에 대해서 생각해 봅니다.

　성경에서 포도나무와 교회, 포도나무와 지체된 주의 백성에 관한 말씀이 많이 있습니다(예 요 15:1).

1) 이 포도원은 오늘날 하나님의 교회를 상징합니다. 포도원은 언제나 일해야 할 일거리가 많이 있습니다. 바른 신앙을 소유한 사람은 주의 교회에서 열심히 일하는 성숙한 그리스도인이요 일꾼입니다.
① 교회에서 가시와 같은 신자가 있습니다. 빨리 성장해야 합니다(벧전 2:1~2).
② 교회 안에는 성숙한 그리스도인이 있습니다(엡 4:13).

우리는 주님의 몸된 교회 안에서 성숙한 그리스도인으로서 일꾼들이 되어야 하겠습니다.

2) 큰 아들은 알고는 있으나 행하지 않는 교인입니다. 아버지가 말씀한 때에 분명히 예라고 대답까지 했습니다.
① 대답은 좋았으나 행하지 않는 아들의 예입니다.
② 배우고 들어서 알고 지적인 요소는 풍부하나 행하지 않는 교인의 실례를 말씀했습니다
③ 지금은 포도원에 농번기와 같아서 영적으로 주의 교회가 매우 바쁜 때입니다(마 9:37, 20:2~). 그래서 예수님도 일하셨고, 아버지도 일하신다고 했습니다(요 17:4).

3) 큰 아들은 가겠다고 시원하게 서약하고서 가지 않았습니다.
① 아버지께 대답만 했습니다.
  하나님께 대답한 것은 반드시 지켜야 합니다(시 50:14, 전 5:4).
② 약속한 것을 지키지 않으면 유익이 없습니다. 예컨대 야곱은 창세기 28:20에서 벧엘 광야에서 하나님과 약속했지만 20년 동안 까마득하게 잃어버리고 숙곳에 머뭇거릴 때에 세겜 추장과 야곱의 딸 '디나'와의 문제가 생김으로 인해서 깨닫고 벧엘로 올라가게 됩니다.

4) 큰 아들은 처음보다 나중이 좋지 않은 사람의 예입니다.
① 성도는 처음보다 나중이 좋아야 합니다(계 2:4~5). 에베소 교회는 처음 사랑을 잃었을 때에 결정적인 책망을 받게 되었습니다.
② 우리의 신앙은 처음보다 나중이 더 좋아야 합니다(계 2:4~5). 두아디라 교회의 칭찬은 나중이 처음보다 좋은 것이었습니다.

둘째, 둘째 아들의 뉘우치고 아버지 말씀에 순종하는 모습에서 성도의 참 모습을 배우게 됩니다.

1) 둘째 아들은 아버지 말씀에 '아니요' 했으나 후에 포도원에 가서 일하는 일꾼이 되었습니다. 아더 핑크(Ather pink)는 말하기를 '두 악한 아들의 마음'이라고 말했습니다.
① 아들이 '아니요' 할 때에 아들 교육 잘못시킨데 대한 아버지의 무너져 내리는 마음에 생각해 보십시오. 여기에서 우리를 향하신 하나님의 마음

을 살펴야 합니다.
② 예수님만이 하나님 아버지의 마음을 순종한 분이십니다. 그래서 이땅에 계실 때에 하늘이 소리를 내기를 '이는 내 사랑하는 아들이요 내 기뻐하는 자라'(마 3:17) 했고 예수님은 기도하실 때에 내 뜻대로 하시지 마시고 아버지의 뜻대로 되어지이다(마 26:39)고 기도하셨습니다.

2) 인류의 모든 사람들은 둘째 아들과 같은 입장의 사람들입니다. 후에는 뉘우치고 갔으니 했습니다.
① 성경에는 두 종류의 사람이 기록되었습니다. 구약에서 사울과 다윗, 신약에서 베드로와 가룟 유다입니다. 이들은 죄인이나 하나는 회개치 않은 죄인이요 또 하나는 회개한 의인입니다.
② 둘째 아들은 다행히 뉘우치고 갔습니다. 우리는 용서받은 그리스도인이 되어서 주의 교회에 일꾼이 되어야 하겠습니다.

셋째, 두 아들의 비유에서 이방인이 된 우리 자신들을 생각해 봅니다.

우리가 전에는 둘째 아들이었습니다.

1) 전에는 죄에 살았고 불신앙 가운데 살았습니다.
① 하나님 몰랐고 말씀 순종도 없이 살았습니다. 사도 바울은 전했습니다(엡 2:1~). 마치 탕자와 같습니다(눅 15:11~).
② 그러나 긍휼이 풍성하신 하나님 아버지의 긍휼하심이 우리를 살리셨습니다(요 1:12, 롬 8:15). 천국 시민권자가 되게 했습니다(엡 1:11, 빌 3:20).

2) 이 사실을 깨달은 바울을 비롯한 수 많은 사람들의 생애는 충성뿐이었습니다(고전 4:1~2).
① 성경에는 수많은 사람들의 생애가 있습니다. 바울, 베드로, 요한 등을 보십시오.
② 교회사에서 수많은 사람들을 봅니다. 폴리캅, 마틴루터, 요한 칼빈, 언더우드, 아펜젤러와 같이 우리 모두 주 앞에서 바른 헌신 생활가운데 그 이름이 천국에 남게 되시기를 주님의 이름으로 축원합니다.

결론 · 큰 아들이 되면 곤란합니다. 둘째와 같이 뉘우치고 하나님의 뜻에 순종해야 하는 입장이 되어야 합니다.

하나님이 인도하시는 현장
민수기 9:15~23

신년

세상에서 제일 빠른 것이 있다면 그것은 시간이라고 생각합니다. 비행기나 어떤 로켓트(Roket) 보다도 시간이 더 빨리 갑니다. 그러기에 성경에는 "시간을 아끼라"(엡 5:15~16)고 했습니다. 신년 송구영신 예배를 드린 때가 어제 같은데 벌써 연말의 행사들이 또 돌아왔습니다.

한 해 동안도 지켜 주시고 함께 해 주신 하나님께 감사하면서 여기까지도 하나님의 인도해 주심에 의해서 왔겠지만 장차 다가올 새해나 미래 역시 하나님이 은총 하에서 인도 되어야 합니다. 여행을 하다보면 안내자(guide)가 반드시 필요합니다. 우리 인생의 안내자는 오직 예수 그리스도가 되시기에 예수님은 "내가 곧 길이요 진리요 생명이니"(요 14:6) 했습니다.

본문에서 하나님께서 이스라엘 백성이 애굽에서 나와서 광야 길을 가게 될 때에 구름기둥과 불기둥으로 함께 하셨다고 했습니다. 그런데 광야라는 곳은 가기가 쉽고 평탄한 곳이 아니라 가기가 어렵고 힘든 곳입니다. 이 세상은 마치 광야와 같습니다. 이런곳에서 또 새해가 온다해도 우리의 삶의 현장에는 하나님의 인도하심이 따라야 합니다.

첫째, 하나님은 이스라엘 백성들을 광야에서 인도해 주셨습니다.

애굽에서 나올 때부터 시작해서 언제나 하나님의 은총이 함께 하셨습니다.

1) 그 방법은 구름기둥과 불기둥이었습니다. 그 길은 어렵고 위험한 길이었습니다(신 8:15).

① 이 길은 위험한 길이었습니다. 불뱀들과 전갈들이 득실거리고 메마른 땅이었습니다(출 17:8). 이와 같은 세상에서 하나님의 인도하심이 요구됩니다.

② 대적들이 진을 치고 가는 길을 막는 곳이었습니다. 그래서 그들은 계속 전쟁을 해야 했습니다(출 17:8). 대적들이 일어날 때마다 하나님께서 이기게 하셨습니다.

③ 제일 큰 대적은 외부에 있지 않고 내부에 있었습니다.
그래서 때를 따라서 원망과 불평과 불신앙적인 대적들이 이스라엘을 망하게 했습니다(민 11:1~). 이런 때에도 하나님의 보호가 필요합니다.
2) 첨단과학이 발달된 현대에도 우리는 하나님의 인도를 받아야 합니다. 개인이나(잠 16:9) 국가나 가정사에도 하나님의 인도하심을 입어야 합니다(시 127:1).
① 신약교회에도 양떼를 해치려는 원수들이 많습니다(행 20:28).
② 그런데 중도에 하차하면 큰일입니다. 거울삼아야 합니다. (민 13:14, 딤전 1:19~20, 행 5:1) 기사들에서 보게 됩니다. 우리는 이 세대에 정신을 차리고 있어야 합니다.

둘째, 신약시대 역시 하나님은 우리를 인도하십니다.

1) 하늘에 떠 있는 구름기둥이나 불기둥이 아니라 신약시대의 방법은 우리에게 또 있습니다.
① 불과 같은 성령으로 인도해 주십니다. 그래서 보혜사 성령을 약속해 주셨습니다(요 14:1). 그 성령께서 불같이 임하시게 되었습니다(행 2:3). 지금은 성령으로 그의 백성들을 세상에서 인도하십니다. 개인도 교회도 성령충만 해야 하겠습니다.
② 하나님 말씀이 곧 구름기둥과 같습니다. 죄악이 만연한 시대에 우리가 사는 길은 오직 말씀입니다. 그래서 하나님께서는 말씀을 보내셨습니다(시 107:20, 147:15). 이 말씀은 곧 예수님이십니다(요 1:14). 이런 말씀으로 충만해야 합니다(마 4:4, 시 119:105, 렘 23:29, 엡 6:17, 시 19:10).
2) 앞으로도 계속해서 말씀의 인도와 성령의 역사 따라서 전진해야 합니다.
① 하나님은 우리를 앞서 행하십니다(출 13:21). 그래서 이스라엘은 성막 중심으로 살았듯이 성도들은 교회 중심으로 살아가야 합니다.
② 하나님의 명령 따라서 살아갈 대에는 성공했습니다. 신명기 9장에는 "하나님의 명령을 쫓아"라는 말씀이 8번 나오게 됩니다. 하나님 말씀을 떠나면 실패하게 됩니다. 새해에도 우리는 말씀 따라서 성공해야 하겠습니다.

셋째, 구름기둥 불기둥은 멈출 때에도 진행될 때에도 하나님의 임재의 현장이었습니다.

하나님의 인도하심은 지금도 같은 원리에 있습니다.

1) 진행할 때에도 함께 하시지만 멈추어 있을 때에도 함께 하십니다.
① 우리가 어떤 일이 잘 될 때에만 함께 하시는 것이 아니라 잘되지 않고 어려울 때에도 함께 하십니다.
② 왜 하나님께서 홍해 길로 인도해서 40년씩이나 걸리게 했습니까?(신 8:2) 하나님만 의지하게 하기 위해서입니다. 하나님께만 의지하게 하기 위해서입니다.

2) 성도에게 오는 시련과 시험 속에서도 함께 하심을 잊지 말아야 하겠습니다.
① 교만치 말고 하나님과 하나님만 바로 의지해야 합니다. 광야는 인생을 하여금 겸손히 하나님을 의지하게 합니다.
② 새해에도 거룩한 말씀만은 벗어나지 말고 믿음 위에 서야 하겠습니다(고전 4:6).
험한 세파가 밀려오는 광야와 같은 세상이지만 말씀위에 굳게 서서 승리하시기를 축원합니다.

결론 · 금년 한 해도 함께 하신 하나님께서 앞으로의 새해에도 함께 하실 줄 믿습니다.

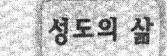

성도의 삶의 중심을 어디에 두어야 하는가?
누가복음 9:28~36

건물이나 어떤 구조물이 우뚝 서 있게 되는 것은 무게를 지탱해 주는 축이 든든하기 때문입니다. 만약에 그 축이 빈약하거나 다른 곳으로 치우쳐 있다면 무너지게 되는데 이와 같은 현상들을 우리는 다리나 아파트, 백화점이 무너지는 현장을 통해 많이 보았습니다. 사람이 세상을 살아갈 때에도 마찬가지인데 어디에 인생의 축을 두고 살아가느냐 하는 문제가 중요합니다. 다윗은 인생의 모든 축을 하나님께 두었습니다. 그래서 여호와는 나의 힘이시며 반석이시고 요새시며 산성이시요 목자가 되신다고 고백했습니다(시 18:1-4, 19:14, 31:3, 27:1, 46:1-).

본문 말씀은 마태복음 17장과 더불어서 그 유명한 변화산에서 일어났던 사건을 기록한 말씀입니다. 모세와 엘리야가 나타나고 세상에 옷을 세탁하는 사람도 그렇게 희게 할 수 없도록 희게 변화된 황홀하던 모습이 모두 사라지고 오직 예수 외에는 보이지 않더라 했습니다. 말씀에서 귀한 진리를 깨닫게 됩니다.

첫째, 성도의 삶의 중심은 오직 예수 그리스도가 되어야 합니다.

세상에서 살아가는 동안에 우리는 많은 사건과 일들 속에서 지내게 됩니다. 기분 좋은 일이나 황홀하고 찬란한 무지개빛의 사건이 있는가 하면 험악한 일들도 있습니다. 제자들은 변화산에서 황홀한 광경의 천국을 보았습니다. 처음으로 엘리야나 모세도 보았습니다.

1) 그러나 결과는 오직 예수 밖에 보이지 않았다고 하는 사실입니다.
   ① 화려했던 일들이 모두 지나가 버렸습니다. 우리가 세상에서 체험하게 되는 일입니다. 그러나 그 어떤 것도 내 귀중한 인생의 축이 될 수가 없습니다(軸 an axis). 잠시 잠깐 이후면 지나가 버리거나 무너지게 되기 때문입니다.
   ② 성경에서도 보게 되는데 이스라엘 백성들이 광야에서 지나는 동안 수많은 신비적 사건들을 보았으나 그곳에 축을 두지는 아니했습니다. 우리가

이 세상을 살아가는 동안 큰 교훈이요 거울이 되는 일입니다(고전 10:11).
③ 자기 개인적인 신념도 중심축이 될 수 없습니다. 환경에 따라서 변할 수 있기 때문입니다. 이것을 우리는 수제자 베드로를 통해서 보게 됩니다. 베드로는 본의 아니게 결심과는 반대로 예수님을 세 번씩이나 부인하는 결과를 초래하게 되었습니다.

2) 눈을 떠서 보니 예수님 밖에 보이지 아니했습니다.
① 예수님과 함께 하산해 보니 아수라장의 현장이었습니다. 예수 그리스도가 중심축이 될 때에 아수라장인 현장이지만 문제될 것이 없이 깨끗하게 해결되었습니다.
② 예수님이 인생 중심축이 되게 해야 합니다. 일곱 귀신 들렸던(눅 8:2) 막달라 마리아는 예수님이 중심축이 될 때에 부활하신 예수님을 첫 번째 뵙게 되었습니다(막 16:9). 사도들은 순교하면서까지 교회의 기둥이 됩니다(행 3:22, 12:2).

둘째, 성도들의 삶의 중심축은 매사에 신앙적이어야 합니다.

불신앙적인 일들도 많이 있는 세상사요 성도가 걸어가는 세상입니다. 눅 10:22에서 예수님은 너희 이름이 하늘에 기록된 것으로 기뻐하라고 하셨습니다. 이것이 신앙적인 일이요 태도입니다.

1) 삶의 중심축이 신앙적인 사람은 이런 사람입니다.
① 언제나 기도 중심에서 살아가는 사람입니다(28:29). 예수님이 산에 기도하시러 가신 사건입니다. 기도하시다가 이렇게 변화되신 모습입니다.
알 에이 토레이(R.A.Torrey) 박사는 말하기를 '예수님은 기도중심의 생애였다'고 했습니다(막 1:35, 마 14:23, 마 26장).
② 말씀 중심적인 사람입니다. 말씀이 들려 왔습니다. "이는 나의 사랑하는 아들이요, 내 택함받은 자니 너희는 저희 말을 들으라" 했습니다. 말씀만이 영원합니다(벧전 1:35).
③ 언제나 십자가 중심이어야 합니다. 엘리야, 모세가 예수님과 더불어 십자가에 대한 일을 말했습니다(31절). 바울은 십자가 중심이었습니다(갈 6:14, 마 16:24).

2) 성도가 신앙중심이 아니면 무너질 때가 옵니다.
① 성도는 자나 깨나 신앙을 벗어날 수가 없습니다.
② 예수님이 승리하셨던 것 같이 예수님 중심, 신앙중심에서 승리해야 합니다.

셋째, 자기 자신에게 지금 질문합시다.

성도여! 지금 나의 인생의 중심축이 어디에 있습니까?
신앙생활한다고 하면서도 다른 곳에 두는 사람들이 있기 때문입니다.

1) 예수님, 십자가, 신앙 중심으로 살아오셨습니까? 잘하셨습니다. 더욱 변치 말고 계속되어야 합니다.
① 중간에 변치 말고 끝까지 그 길로 가야 합니다.
② 목적지는 이 세상이 아니라 천국입니다.
2) 혹시 내가 중심축을 다른 곳에 두었다면 빨리 수정해야 합니다.
① 모든 것은 지나갑니다. 모세나 엘리야도 보이지 않았습니다.
(마 17:8) 제자들이 눈을 들고 보매 오직 예수 외에는 아무도 보이지 아니하더라.
② 세상 인생사가 그와 같습니다. 인생 삶의 중심축이 예수 그리스도에게 있는 사람들은 영원히 견고하게 서게 됩니다.
예수 안에서 견고하게 서게 되기를 축원합니다.

결론 · 예수님 중심으로 사는지 확인하십시오.

반석 위에 집을 건축하라
마태복음 7:24~29

세상 일에는 모든 되어가는 과정 속에서 그 원리(原理:principle)가 있기 마련입니다.
수학이나 과학의 원리만 원리가 아니라 자연 생태계를 비롯해서 살아가는 모든 일이 그 원리에 입각해서 살아갑니다. 집을 짓는 일을 비롯해서 건축물이 건축되어질 때에도 현대 과학적인 원리에 의해서 짓게 되는데 이는 토목 공사(engineering works)에 속합니다. 이 토목 공사에서 기초(foundation)가 중요한 것은 더할 나위 없는 얘기입니다. 공사 현장이나 이후의 사건들은 모두가 기초가 든든치 못했기 때문입니다.
마찬가지로 우리가 신앙생활하는 일에도 영적 원리(靈的原理:inspiration)가 있습니다. 모래 위에 집을 지을 때에는 짓기는 쉬울 수 있지만 결과는 곧 지은 것이 무너지게 된다는 사실입니다. 반석 위에 집을 지을 때에는 짓기는 힘들고 어렵지만 결과는 무너지지 않고 든든히 세워져 있다는 사실입니다. 예수님께서 본문에서 그 유명한 산상보훈을 말씀하시면서 우리의 영적생활을 집을 짓는 일에 비유하셨습니다.

첫째, 반석위에 집을 지은 사람은 관계(Relationship)가 바르게 되어 있는 사람입니다.

하나의 건축물에는 서로 그 속에서 연결되어 있듯이 관계가 중요합니다.
1) 먼저 하나님과 자신과의 관계입니다.
내가 하나님과 어떤 관계속에서 살아가는가? 하는 것입니다. 마태복음 5장에서 '복' 이란 말씀을 8번 하셨는데, 그래서 8복이라고 합니다. 그 팔복의 중심은 하나님과 나와의 관계가 가장 핵심 내용입니다.
① 내 죄를 회개하고 물과 성령으로 거듭난 사람입니다. 인생의 가장 중요한 기초 공사는 예수안에 있는가 하는 일입니다. 거듭나지 않으면 천국에도 들어갈 수 없기 때문입니다.

② 거듭나서 하나님의 자녀의 신분이 보장되어야 합니다. 믿고 거듭난 자에게 하나님의 자녀의 신분이 보장이 됩니다(요 1:12, 롬 8:14).
교회는 수양이나 하고 도덕적인 관계로 나오는 곳이 아닙니다. 그런 곳은 세상에 얼마든지 있을 수 있습니다. 교회는 예수 안에서 하나님과의 관계를 바로 맺는 곳입니다. 나와 하나님과의 관계 확신입니다(사 63:16, 신 32:6).

2) 세상을 어떻게 살아가야 하는가 하는 관계입니다. 이제 하나님과의 관계가 성립되었으면 사명이 있습니다.
① 소금으로서 사명 속에 살아가야 합니다. 소금은 맛을 내고 부패 방지에 중요한 역할입니다.
② 빛으로서의 사명 속에 살아가야 합니다. 빛은 어두움을 몰아냅니다. 밝혀줍니다(요 9:5,11).
이 빛과 소금(light, salt)은 그리스도의 생애입니다.
③ 그래서 빛과 소금이 되기 위해서는 녹아야 되고 희생이 필요합니다. 희생(a self sacrifice)이 반드시 동반되어야 합니다. 목적은 복음 전하기 위해서입니다.

3) 성경과의 관계입니다. 하나님 말씀인 성경과 내가 어떤 관계에 있습니까?
세상에는 소리가 많이 있지만 성경 말씀과는 다릅니다.
① 이 말씀은 누구나가 듣고 깨달아야 합니다. 쉽게 되어 있습니다(마 11:30).
② 이 말씀은 행하는 삶이 중요합니다. 들을 때에 믿음이 생기며 역사가 달라집니다(겔 37:1, 요 5:25, 롬 10:17, 마 4:4). 성경 말씀 속에서 살아가는 성도가 되어야 합니다. 그와 같은 인생은 영원히 무너지지 않게 됩니다.

둘째, 반석 위에 집을 짓는 사람은 정성을 다하여 행하는 사람입니다.

1) 말씀을 듣고 행할 때에 복이 있습니다.
① 행할 때에 힘이 들 때도 있지만 복이 됩니다(계 10:9).
② 행치 않으면 그 자체가 모래 위에 집을 짓는 것과 같습니다(약 1:22).

2) 집을 지을 때 정성(精誠)이 필요하듯 신앙도 정성입니다.
① 바울도 전했습니다(고전 3:10-15). 정성으로 집을 지어야 하겠습니다. 이것은 영적 집입니다.
② 자기가 살 집을 지을 때에 정성을 다하듯이 정성이 요구됩니다.
③ 설계도대로 지어야 하듯이 말씀 따라서 지어야 합니다. 노아의 방주, 성막, 솔로몬의 성전 등이 우리의 신앙의 예표입니다.

셋째, 영적으로 실패한 사람들이나 성공한 사람들의 예를 주시해서 보아야 합니다.

1) 실패한 사람들에게서 타산지석(他山之石)으로 삼아야 합니다. 타산지석입니다. (Let this he a good lesson to you this wise afford an cxcellent lesson to you)
① 가룟 유다의 실패입니다(행 1:8).
② 에서의 실패입니다(히 12:17).
③ 데마의 실패입니다(딤후 4:10).

2) 성공한 사람들의 예도 보십시오.
① 모세도 성공입니다(히 11:24).
② 베드로의 성공이 있습니다 (요 21:19).
③ 바울 사도의 성공을 보십시오(딤후 4:6-8).
이 땅위에 살았던 모든 성공적인 인물들을 보십시오. 언더우드, 아펜젤러의 선교역사를 비롯해서 신앙의 선구자들의 발자취가 교훈해 줍니다. 현재 내가 어디에 서 있는지 살피고 반석 위에 영적 집을 짓는 성도가 되시기를 축원합니다.

결론 · 반석은 곧 예수 그리스도입니다(고전 3:10).

| 성도의 삶 | # 예수를 잃어버리면
누가복음 2:41~52

어떤 일에 몰두해서 살아가다보면 중요한 일을 잃어버린채 살아가는 일이 종종 있습니다. 문제는 그 잃어버린 것이 다시 찾을 수 있거나 찾지 않아도 되는 것 같으면 별 문제가 되지 않겠지만 생사적인 것과 비교되는 일이라면 찾아야 될 것입니다. 이 문제는 흔히 있을 수 있는 버스나 전철에 우산이나 다른 물건을 놓고 내리는 문제와는 차원이 전혀 다른 문제입니다. 본문으로 돌아가서 성경은 우리에게 지대한 진리를 가르쳐 주고 있습니다. 유월절에 예루살렘에 올라갔던 요셉과 마리아가 돌아오는 길에 하룻길이나 왔는데 예수를 잃어버리게 된 것입니다. 아는 사람이나 친척중에 찾아도 찾지 못하였고 다시 3일을 가서 예루살렘에서 성전 안에 계신 예수님을 찾게 되는 사건입니다. 세상 일로 눈코 뜰 사이 없을 정도로 바쁘다는 현대인들에게 영적 큰 진리를 발견케 하고 큰 경종을 울려 줍니다.

첫째, 예수를 잃어버리면 돌이킬 수 없는 손해가 옵니다.

마리아와 요셉은 예수를 잃고 나서 3일간씩이나 막대한 댓가를 치루게 됩니다. 세상에 어떤 것을 가지고도 채울 수 없는 손해가 찾아오기 때문에 조심해야 하겠고 예수를 잃어버리면 가정의 교회화, 가정의 천국화는 그만두고 지옥화가 되어갑니다.

1) 예수를 잃어버렸을 때에 어떤 손해가 왔습니까?
예수를 잃어버리고 다시 찾을 때까지의 손실이 컸습니다.
① 심적인 손해가 와서 평안을 잃어버리게 되었습니다.
예수를 잃어버리면 먼저 평안이 없습니다. 그래서 예수님은 평안을 약속하셨고(요 14:27), 사도 바울은 예수 안에(in Jesus) 있을 때에 은혜와 평강을 강조 했습니다(롬 1:1-3). 예수 안에서만 평안이 약속되었습니다(요 14:27). (Peace I leave with you my peace I give you. I do not give to you as the world gives. Do not let your hearts be troubled and do not be afraid)

② 시간적인 손해가 왔습니다.
하룻길을 걸어와서 다시 예루살렘으로 3일간을 가게 되었으며 잃어버렸다고 생각된 곳까지 와서 3일 길을 걸어가야 한다면 얼마나 큰 손해가 되겠습니까? 요나서의 요나는 하나님을 잃어버리게 될 때에 육체적 정신적 시간적 손해가 왔습니다(욘 1장).
③ 물질적인 손해가 왔습니다.
오고 가는 왕래 길에서 길에서 쏟은 경제적 손실이 얼마나 손해였겠는가를 알 수 있습니다. 예수 잃은 그 자체만으로도 돈과 바꿀 수 없는 손해입니다.
④ 예수를 잃어버리면 영원한 천국을 잃게 됩니다.
예수 없이 다른 걸로 대신 천국을 갈 수 있다면 좋겠으나 천국 가는 길은 오직 예수 밖에 다른 길이 없습니다(요 14:6, 행 4:12). (Salvation is found in no one else. for there is no other name under heaven given to men by which we must be saved)

2) 그러므로 내 생활 속에 언제나 예수님을 모시고 있는가를 확인해야 합니다.
시편 기자는 하루 세 번씩 확인했습니다(시 55:17). 바울 역시 확인을 강조했습니다(고후 13:5).
① 예수님과 내 인생에 동행중에 있는가 확인해야 합니다.
예수 잃고 믿음 잃고 천국 잃고 후회하기 전에 확인해야 합니다.
② 예수님은 오늘도 이 시간에도 밖에 서서 기다리십니다(계 3:18).
세상의 모든 것을 얻었다하더라도 예수를 잃어버리면 모두 잃은 것과 결과가 초래됩니다.

둘째, 어디에서 잃어버렸는지를 생각하고 돌이켜 찾아야 합니다.

어디에서 잃어버렸을까요? 목수 생활에서 바쁜 일을 잠시 놓고 마리아와 함께 예수살렘 길에서 잃어버리게 되었습니다.
1) 제일 중요한 교훈은 동행 중에 있는 줄로 착각한다는 것입니다.
① 동행 중에 있다고 방심할 때에 문제가 생깁니다.
신앙생활은 언제나 점검하되 천국에 가서 마음 놓게 됩니다. 놀이공원에서 아이를 잃은 사건들이 종종 있는데 이것이 예수를 잃은 것이라면 더

욱 큰일입니다.
② 우리 집에 예수가 계신가를 확인해야 합니다.
우리 집에 예수님 모시고 살아갑니까? 예수를 잃어버린 가정이라면 다시 찾아야 합니다.

2) 어디에서 잃어버렸는지를 확인해야 합니다.
세상 생활에서 바쁘다보면 잃기 쉽습니다.
① 에베소교회는 처음 사랑을 잃었을 때에 회복할 것을 권고 받게 되었습니다(계 2:4-6). (Remember the height from which you have fallen! Repent and things you did at first)
② 예배당에 출석했어도 잃어버린 채 사는 사람들이 있음을 늘 생각해야 합니다. 그리고 다시 회복해야 합니다.

셋째, 예수를 잃어버렸다면 다시 찾아야 합니다.

하나님과 함께 일하는 자로서 권면합니다(고후 6:1).
1) 잃은 예수를 어디에서 찾겠습니까? 다른 곳에는 찾을 수 없습니다.
① 아는 사람이나 친척 중에서 찾을 수 없습니다.
현대인들은 정신적 구조를 바꾸고 생각을 바꾸어야 합니다. 오직 하나님 말씀안에서만 가능합니다.
② 세상에서 예수를 찾거나 행복을 찾을 수 없고 영생은 더욱 없습니다. 어느 목사님은 할아버지도 중이었고 아버지도 중이었는데 돌아와서 목사가 된 후에 간증하는 모습이 아름다웠습니다. 공산주의 속에서도 구원은 없습니다. 오직 하나님 말씀만이 있습니다.
2) 성전에서 찾을 수 있었습니다.
① 사흘 후에 성전에서 찾게 되었습니다.
② 성전은 "내 아버지 집이라"고 했습니다.
아버지 집에서만 예수님을 다시 찾게 됩니다.
③ 예수를 잃어버리게 되면 세상을 잃고 영생을 잃습니다. 그러므로 언제나 예수님과 동행할지언정 예수 잃지 않게 되기를 축원합니다.

결론 · 현대인들 중에 많은 교인들은 예수를 잃고 사는 사람이 많습니다.

예수님을 따르는 자의 자세
누가복음 9:57~62

성도의 삶

국가에 부름을 받고 군대에 입대하게 되면 처음으로 배우는 일이 차렷, 열중 쉬어, 앞으로 가, 뒤로 돌아 가, 우향 앞으로 가, 좌향 앞으로 가 등 모든 훈련의 기본자세에 돌입하게 됩니다. 왜냐하면 군으로서 막중한 일들이 모두가 기본자세에서부터 세워지기 때문입니다. 운동선수 역시 기본자세가 있습니다. 야구, 축구, 수영 등 많은 운동에는 그 종목에 따르는 기본자세가 되어 있을 때에 보는 이도 멋지게 보일뿐 아니라 최대의 효과가 나타나게 됩니다. 우리가 예수 믿고 천국에 갈 때까지의 생활 역시 성도의 기본자세가 바르게 되어 있을 때에 거기에서 멋진 신앙생활이 나오게 되고 천국의 주인공으로서 승리케 됩니다.

본문에서 세 종류의 사람이 등장하게 되는데 예수님은 세 종류의 사람을 통해서 우리에게 영적 교훈을 주셨습니다. 본문의 세 사람의 유형을 보면서 우리의 신앙생활이 바른 신앙의 자세로 교정(correction) 되기를 원합니다.

첫째, 예수 그리스도를 따르는 사람은 맹목적인 세속주의 자세로는 곤란합니다.

세 사람 중에 첫사람은 맹목적이고 세속주의적인 사람의 대표격입니다.

(57절) "길 가실 때에 혹이 가로되 어디로 가시든지 저를 좇으리이다" 할 때에 예수님은(58절) "여우도 굴이 있고 공중의 새도 집이 있으되 인자는 머리둘 곳이 없도다" 하셨습니다. 속담에 "이웃집 사람이 장에 가니 나도 빈 지게 지고라도 장에 간다"는 말이 있습니다.

1) 이 사람은 예수님이 거절하셨습니다. 왜냐하면 예수님을 따르는 기본적인 자세가 없습니다.
① 이 사람은 바리새인으로서 청년입니다. 바리새인은 당시에 지도자(Leader) 격이었으나 후에 예수님을 못 박는데 앞장서 있었던 사람입니다. 교회에서 맹목적이고 세속주의적인 사람은 때가 되면 변질될 사람입니다.

② 이 청년은 부자였습니다(눅 12:13-, 마 19:16-) 부자 청년이 예수님께 나왔으나 율법적이고 형식적이었고 예수께서 재산 팔아서 가난한 자를 주고 나를 따르라고 하실 때에 실망의 눈빛으로 도망가 버린 사람입니다. 교회 나와서 신앙 생활함이 청춘사업이나 하고 마음에 여유나 부리고 돈 버는데 축복이나 받고 보자 한다면 고쳐야 합니다. 왜냐하면 신앙생활 가운데에는 그 반대일수도 있기 때문입니다(합 3:17, 전 7:14).
③ 이 사람은 관원이었습니다. 후에 예수님은 관원들에 의해서 죽게 됩니다.
2) 맹목적이고 세속주의적인 자세에서 사나 죽으나 믿고 예수님을 따르기를 결심해야 합니다. 결심(decision)이 중요합니다.
① 환경이나 상황이 변해도 예수님을 통한 천국 소망이 변치 말아야 합니다(빌 3:8, 4:4, 11).
② 주변에는 그릇된 자세에 있는 사람들이 많이 있습니다. 바르게 교정해서 바른 믿음 가운데 세워야 합니다.

둘째, 예수님을 따르는 사람은 반신반의 자세는 곤란합니다.

예수를 따르되 장례식을 참석하고 세상일 다 하면서 예수를 믿고 따르겠다는 자세도 곤란합니다.

(60절) '가라사대 죽은 자들은 죽은 자들로 장사하게 하고 너는 나를 따르라' 하셨습니다.

1) 예수님께서 따르라고 하실 때에 믿음을 확실하게 해야 할 필요가 있습니다.
① 세상일이냐 하나님의 일(믿음)이냐에 갈팡질팡하면 곤란합니다(왕상 18:21). 결심이 중요합니다(왕상 18:39, 수 24:15).
② 바른 결단은 바른 신앙의 자세를 가지게 합니다. 그래서 바른 자세가 중요합니다.
2) 우리의 신앙의 선진들은 모두가 바른 자세로 결단을 했습니다. 세상에서 사업, 직장, 공직, 모두 중요한 일이지만 예수와 바꿔야 할 상황이라면 생각해야 합니다.
① 핍박시대 당시의 성도들의 믿음을 생각해야 합니다. 타협한 신앙이 아니었습니다.

② 믿음의 선진들이 걸어갔던 길을 가야 합니다.
시대가 혼돈된 시대이지만 하나님 말씀에서 바른 길을 확인해야 하겠습니다.

셋째, 예수님을 따르는 사람은 확실한 미래의 소망을 잃지 말고 걸어야 합니다.

미래(Future)가 중요합니다.
(62절) "손에 쟁기를 잡고 뒤를 돌아보는 자는 하나님 나라에 합당치 않다"고 했습니다(Jesus replied, "No one who puts his hand to the plow and looks back is fit for service in the kingdom of God.").

1) 바람직한 성도는 과거도 중요하지만 미래는 더욱 중요합니다.
① 뒤를 돌아보지 말아야 합니다. 롯의 처를 생각하라고 했습니다(눅 17:31-32).
② 뒷걸음치면 하나님이 기뻐하시지 않습니다(히 10:37). 그런데 말세 때에는 믿음과 사랑이 식어진다고 했습니다(마 24:12, 눅 18:8).

2) 과거 믿음의 선진들은 천국소망 가운데 앞만 보았던 사람이었습니다.
① 천국은 우리의 최후의 소망입니다.
② 천국을 상실한다면 제일 불쌍한 사람입니다. 예수님 잃지 말고 교회 잃지 말고 천국의 주인공들로서 승리케 되시기를 축원합니다.

결론 · 예수 믿는 자세를 확인해 보십시오.

성도의 삶

예수 그리스도가 중심인 사람
잠언 4:1~9

　세상에는 책들이 있는데 수많은 종류의 책들이 있습니다. 또한 그 책의 종류만 해도 분야별로 그 수를 헤아릴 수 없을 정도입니다. 유치부 아이들의 책을 비롯해서 전공 서적까지 책방마다 가득 채워져 있습니다. 그런데 책 중에 책은 성경입니다. 하나님 말씀을 기록한 성경은 세계 최대의 베스트셀러가 되었습니다. 최고 많이 판매되고 최고 많이 읽혀지는 책입니다. 이 성경에는 정치 경제 사회 법률 등 없는 것이 없지만 성경의 주제는 곧 예수 그리스도 자신입니다. 구약에도 예수 그리스도가 중심이요 신약에도 예수 그리스도가 그 중심입니다(요 5:39, 눅 24:27-32).

　세상에는 믿을 것이 아무것도 없지만 우리의 믿음의 대상은 예수 그리스도뿐입니다. 육체도 늙어지기에 믿을 것이 못됩니다(벧전 1:24). 로마의 씨져(Caesar, Gaius Tulius)는 27군데나 칼에 찔려 암살당하게 되는데 그 친한 친구 브루투스(Brustus)가 개입된 사실을 알고 세상에 믿을 것이 없다면서 죽었습니다. 우리나라 경제 건설 초석이 되었던 박대통령은 부하의 총탄에 죽었습니다. 세상에서 우리가 최고로 언제나 목표로 해야 하는 것은 오직 예수 그리스도뿐입니다. 본문에서 '지혜가 제일이니'라고 하면서 '그가' 라고 인격화시켜서 설명했습니다. 여기에서 예수 그리스도는 우리의 지혜라고 했습니다(시 11:2). 우리는 언제나 예수 중심적인 생애가 되어야 합니다. 찬송가 102장의 내용을 보면 예수 중심입니다.

첫째, 예수 중심적인 생애는 그 삶이 이와 같습니다(6~8).

　예수 중심적인 생애는 어떠하다고 설명했습니다.

1) 세상에 그 어떤 일이 있든지 예수를 버릴 수 없습니다(6절). '지혜를 버리지 말라'고 했습니다.
① 교부요 순교자인 폴리캅(Polycarp)은 잡혀가면서도 산채로 화형당하면서도 예수를 버리지 아니했습니다. 육신적인 일에 빠져서 예수를 버리고 교회를 버리는 때에 큰 교훈이 됩니다.

② 사도바울의 일대기에서 볼 때에 바울은 예수를 안 다음에 죽을 때까지 예수를 버리지 아니했습니다. 그러나 데마는 세상을 사랑하여 바울을 버렸고 데살로니가로 가게 되었습니다(딤후 4:10).
2) 세상에서 살 동안 예수 그리스도를 높여 드리며 사랑해야 합니다. 예수 중심적인 사람은 언제나 예수를 높여 드립니다. (6절) "그(예수님)을 사랑하라"했습니다.
① 성경은 살 동안 예수 그리스도를 높여 드리라고 가르쳐 줍니다(고전 10:31, 롬 14:7-9). 예수님만 사랑하며 높여 드리는 생애가 되어야 합니다.
② 믿음의 성공자들은 모두 그렇게 살았습니다. 예컨대 세례 요한은 "나는 그의 신들메를 메기도 부족하다"고 했습니다(마 3:11).
유명한 시인 찰스 렘브(Lamb chailess)는 "세익스피어가 들어오면 우리 모두 일어서야 하고 예수 그리스도가 들어오시면 우리 모두 그분 앞에 무릎을 꿇어야 한다"고 했습니다.

둘째, 예수 그리스도 제일 중심으로 살면 이런 일이 있습니다.

그리스도 안에 우리는 성도의 축복입니다.
1) 영원토록 보호해 주십니다(4:6-9). (6절) '보호하다'는 보살펴 주신다는 뜻입니다.
① 세상에 살면서 그 분의 보호가 반드시 필요합니다. 야곱에게 약속하셨습니다(창 25:15-).
이삭에게 약속된 약속입니다(창 26:24).
이사야에서 이스라엘에게 재차 확인했습니다(사 41:10).
예수님이 분명히 약속하셨습니다(마 28:20).
② 지켜주시는 축복이 약속되었습니다(6절).
'지켜주십니다'는 눈동자같이 지키시고(시 17:8) 풀무불에서도 사자굴에서도 지켜주십니다(단 3:17, 6:20). 사도요한은 기름가마 속에서도 독사굴에서도 보호하셨습니다. 마틴 루터는 교황 앞에서도 능히 개혁이 가능했습니다.
③ 높여 주시는 축복이 있습니다. (8절) '그리하면 높여 주시리라' 했습니다. 세계 모든 민족위에 뛰어나게 하실 것입니다(신 28:2, 13).

④ 상급을 약속했습니다. (9절) 세상에서 축복이요 천국에서 면류관입니다.
2) 이 일이 있기 위해서 해야 하는 일들이 있습니다.
① 믿어야 합니다(히 11:1).
② 인내해야 합니다(계 13:10, 14:12). 노아, 다니엘, 욥이 그랬습니다. 엘리야가 그랬습니다(왕상18).
③ 예수 중심적인 사람은 십자가 고난도 지고 가야 합니다(마 16:24, 롬 8:17). 예수 중심적인 사람이 되어야 합니다.

셋째, 우리가(내가) 바로 예수 중심적인 사람이 되어야 합니다.

이것은 누구의 이야기가 되면 곤란합니다. 내가 그 사람이 되어야 합니다. 그래서 기독교는 체험의 종교입니다.

1) 내가 본이 되어서 예수 중심적이어야 합니다.
① 내가 주체가 되지 않으면 나와는 관계가 없습니다. 언제나 성경을 이렇게 알고 신앙생활해야 합니다.
② 신앙의 주인공이 언제나 내가 되어야 합니다. (눅 10:37)' 예수께서 이르시되 가서 너도 이와 같이 하라 하시니라' 했습니다.
2) 우리는 이론적 신앙이 아니라 실제적 신앙이 중요합니다.
① 예수 중심적인 체험이 되시기 바랍니다.
② 세상과 나는 간데 없고 예수만 보여야 하겠습니다.
성경의 가르치는 바와 같이 언제나 승리자가 되시기를 축원합니다.

결론 · 예수 중심으로 살아가십니까?

성도의 삶 · 271

성도가 지켜야 할 신앙적 의지
다니엘 1:8~16

성도의 삶

　성도가 이 세상을 살아가면서 때때로 강한 의지(will)력이 필요합니다. 작심삼일로 모든 일에 의지가 약하다면 문제가 됩니다. 강한 의지력이 있을 때에 세상을 이기게 되고 바른 믿음을 지켜나가게 되기 때문입니다. 참고로 한국 교회 성도들은 감정이나 지적인 요소는 풍부한데 의지력이 상대적으로 빈약한 편입니다. 베드로는 예수님을 세 번씩이나 부인했던 약한 사람이었으나(마 26:32-) 오순절 성령 받은 이후에 달라지게 되었고 담대하며 강한 사람이 되었습니다(행 4:19).

　본문에서 바벨론에 포로 되었던 유다백성들 중에 생활상이 나타나 있습니다. 느부갓네살 왕이 몇 사람을 뽑아서 기름진 음식을 먹게 하였고 바벨론화 시키려는 작업을 시도하는 일이 있을 때에, 다니엘을 중심으로 한 세 친구들은 그들의 신앙에 강한 의지력을 발휘하게 됩니다. 그리고 10일동안 시험해 보았지만 결과는 역시 그들의 신앙이 승리로 입증되었던 사실을 보게 됩니다. 지금과 같이 의지가 빈약하여 세상으로 혼돈되는 시대에 다시 한번 말씀에서 힘을 얻게 됩니다.

첫째, 천하에 오직 하나님만 경외하겠다는 의지입니다.

　비록 국가가 망해서 타국에 포로 되어 왔으며 고난 가운데 있는 처지였지만 그 가운데서도 오직 비운에 그치지 않고 하나님 믿는 신앙만큼은 굳게 지키겠다는 의지를 보였습니다.

1) 범죄치 않기 위해서 뜻을 정하였습니다. 8절 "다니엘은 뜻을 정하여" 했습니다.
① 그 뜻은 왕의 진미나 왕이 마시는 포도주 등 우상 앞에 절한 부정한 음식을 먹지 않겠다는 뜻이었습니다. 또한 이들은 비록 풀무 불 가운데 들어간다 해도 우상 앞에 절하지 않는 뜻을 보였습니다(단 3장).
② 성도는 세상에 살아가면서 죄악 된 세상에 대하여 구별된 생활이 그 의

지적으로 나타나야 합니다. 왜냐하면 구원 받은 성도일지라도 아직 세상에 존재하기 때문입니다. 사도 바울은 전했습니다(롬 12:2). "너희는 이 세대를 본받지 말고 오직 마음을 새롭게 함으로 변화를 받아 하나님의 선하시고 기뻐하시고 온전하신 뜻이 무엇인지 분별하도록 하라." 했습니다. 소돔과 같고 노아의 때와 같은 때에 우리는 구별된 신앙적 의지가 요구됩니다. 성도의 진짜 신앙적 결심, 결단이 필요합니다. (We need determination of faith) 오직 이들에게는 천하에 다른 신이나 다른 율법이 필요 없었습니다.

2) 성도는 오직 하나님만 두려워하며 경외해야 합니다.

예수님은 말씀했습니다(마 10:28). "몸은 죽여도 영혼은 능히 죽이지 못하는 자들을 두려워하지 말고 오직 몸과 영혼을 능히 지옥에 멸하시는 자를 두려워하라" (Do not be afraid of those who kill the body but cannot kill the soul. Rather, be afraid of the One who can destroy both soul and body in hell)

① 오직 하나님만 경외하며 두려워해야 합니다. '경외하다' 는 말은 히브리어로 '야레' 인데 두려워하다, 존경하여 엎드린다는 것이었습니다. 또한 예배(worship)가 여기에 해당합니다.

② 믿음의 사람은 세상에 대하여 결심이 필요합니다. 그리고 그 결심한 바를 지켜 나가는 의지가 필요합니다. 왜냐하면 세상은 성도에 대하여 가지고 있는 하나님께 대한 믿음을 멸절시키려 다가오기 때문입니다.

③ 결과는 더 좋았습니다. 10일 동안 시험해서 왕의 진미를 먹지 않고 채소만 먹었는데 얼굴이 더 윤택하였고 아름다웠습니다(1:15). "열흘 후에 그들의 얼굴이 더욱 아름답고 살이 더욱 윤택하여 왕의 진미를 먹는 모든 소년보다 나아 보인지라" 했습니다. 이것은 성경적입니다(마 10:39).

둘째, 하나님의 계명만 지키고 순종하겠다는 의지입니다.

세상에는 양다리 걸치기식의 사람들이 많이 있습니다.

1) 신앙생활은 전인적(Total man)으로 해야 합니다.

① 하나님께서 요구하시는 것은 전인적 신앙입니다. 드로아(Troy)의 유두고와 같이 창문에 걸터앉아 있다가는 떨어지게 됩니다(행 20:7-).

② 이들은 뜻을 정하되 먹는 문제까지도 신앙적이었습니다. 사람이 먹는 문제만큼 큰 문제가 어디에 있겠는가. 더욱이 상황이 포로 중에 있지 않는가. 오늘날 성도들이 깨달아야 할 문제입니다(출 34:15).

2) 하나님 말씀에 순종은 평상시에 생활 속에서 나타나야 합니다.
① 성도는 생활 속에서 하나님 말씀에 순종하며 동행해야 합니다.
② 문제는 내 인생사에서 최우선적인 문제를 어디에 두느냐에 달려 있습니다. 의지력을 가지고 믿음 따라서 승리해야 합니다(시 128:1).

셋째, 거룩하신 하나님의 선민의 신분을 지켜 나가겠다는 순결성에 대한 의지입니다.

바벨론에 포로 중에 있지만 신분은 하나님의 백성입니다.

1) 우리가 비록 세상에 살지만 우리의 시민권을 하늘에 있습니다.
① 바벨론과 같은 세상에(계 18:2.10) 살지만 성도는 천국에 소속됩니다. 이것이 성경입니다(빌 3:20). 천국백성의 자존심을 지켜 나가는 의지가 필요합니다.
② 지금처럼 혼돈된 시대에 성도가 지켜야 할 영적 의지력입니다. 세상에 산다고 해서 세상에 모두 빼앗기면 곤란합니다.

2) 성도는 또한 예수님의 신부이기에 거룩과 순결을 지켜야 합니다.
① 세상에 살지만 언제나 자기를 지켜 나가서 바벨론과 같은 세상에 물들지 말아야 합니다(약 1:27, 4:4). 오리는 물 위에 떠 있지만 물이 침투하지 못합니다.
② 다니엘과 그 세 친구들은 오늘 우리에게 큰 교훈을 말합니다. 거룩한 순결 지키려다가 죽을지 모르지만 그러나 순결을 지켜 내겠다는 의지로 승리했습니다. 우리 교회 성도는 모두가 이 신앙으로 승리케 되시기를 축원합니다.

결론 · 세상에서 믿음의 요소 중에 하나가 의지력입니다. 의지적 요소로써 믿음을 굳게 지켜 나가야 하겠습니다.

성도의 삶 ## 좋지 못한 물을 변화시킨 소금
열왕기하 2:19~22

모든 생물들이 살아가는데 중요한 것 가운데 하나가 물(water)입니다. 그래서 지구외에 다른 천체에 물이 있는지 여부를 조사하는 과학의 노력을 엿볼 수 있습니다. 모든 육체의 70%가 물이기 때문에 금식하는 중에도 물은 섭취하게 됩니다. 우리나라는 예부터 삼천리반도 금수강산이라고 일컬어져 왔지만 근자에 와서는 모든 생태계가 파괴되고 지금도 세계에서 물 부족국가로 분류되어 있는 상태에 있습니다.

옛날 서양의 철학자 중에 탈레스(Tales)는 인간의 기원이 물이라고 했습니다. 화학기호 H_2O인 물은 사람 인체에 없어서는 아니 될 요소입니다. 성경에는 예수님께서 우리의 영적인 생명수라고 하셨습니다. 육신에는 자연물이 필요하지만 영적인 면에서는 예수님이 필요합니다(요 6:35-55, 요 4:13). 본문에서 이스라엘 백성들에게 물이 필요하게 될 때에 쓴물이 변해서 여호와의 기적 가운데서 단물로 바뀌어지는 광경이 기록되었습니다. 엘리사 시대에 있었던 이 사건을 통해서 몇가지 은혜를 받았습니다.

첫째, 여리고와 같은 이 세상에는 좋지 못한 물이 흐리고 있습니다.

하나님께서 창조하실 때는 심히 아름답고 좋게 창조하셨지만 타락 이후에 여리고와 같은 의미의 세상이 되었습니다(창 3:18). 여리고 지역은 땅은 아름다우나 물이 좋지 못한 곳이었습니다. 여기에 영적인 의미가 큽니다.

① 이 물은 저주의 물입니다(19절). 토산이 익지 못하여 떨어진다고 했습니다. 이 여리고는 저주의 곳이 되었기 때문입니다(수 6:26, 눅 10:36). 이 곳은 결실이 없습니다.
② 이 물은 죄악으로 오염된 물임을 상징해 줍니다. 세상에는 죄악으로 오염되었기 때문에 육신이 망하게 하고(약 1:15). 복된 길과 저주의 길로 나뉘어져 있습니다(시 1:1-6, 렘 17:1-7, 신 30:15).
③ 여리고 성과 같은 이 세상에는 비 진리의 물이 흐릅니다. 예수님만이 진리이신데(요 14:6), 비 진리의 물이 오염되게 했습니다(갈 1:8).

④ 이 물은 하나님이 없다고 하는 무신론주의와 비교됩니다. 이신론, 범신론이 이 세상에 가득합니다. 혹은 하나님이 없다는 어리석은 자들이 많습니다(시 14:1, 53:1). 니체나 공산주의 창시자인 칼 막스(Kar Marx)나 그 추종자들이 득실거리는 세상입니다. 공산주의는 제일 악한 존재입니다. 조심해야 합니다.

2) 내 백성아 이곳에서 나오라(계 18:4)고 했습니다.
① 이 여리고는 결국 망할 곳이기 때문입니다. 바벨탑이 무너졌듯이 (창 11장) 세상의 물은 망하게 됩니다.
② 이 곳에서 살았다면 돌아와야 합니다(딤후 3:1-5). '네가 돌아서라' (딤후 3:5) 했습니다.

둘째, 좋지 못한 물이 바뀌어지기 위해서는 소금이 던져졌습니다(왕하 2:21).

치료의 처방이 내려지게 되었습니다. 성경에는 소금과 비 진리와의 관계를 설명했습니다(마 5:13, 막 9:50, 눅 14:34, 대하 13:15, 겔 43:24).

1) 이 소금은 영적인 교훈이 매우 큽니다.
① 이 소금은 진리의 소금입니다(21절). 여호와의 말씀이라고 했습니다. 하나님 말씀이 들어가면 첨가 됩니다. 성경은 이렇게 기록했습니다(히 4:12, 요 5:39, 요 8:31, 요 1:1-3).
② 저주 받은 물이 소금으로 치유되었듯이 하나님 말씀이 들려지게 될 때에 죽은자가 살아나게 됩니다. 하나님의 아들 예수 그리스도는 생명입니다 (요일 5:12:13).

2) 이 소금은 고치고 치유의 역사가 있게 되었습니다(21절).
"여호와의 말씀이 내가 이 물을 고쳤으니"라고 했습니다.
① 소금은 방부제와 같기 때문입니다.
② 소금은 맛을 나게 합니다. 그래서 맛없는 인생이 변합니다.
③ 부패하고 썩은 세상을 하나님 말씀만이 치유됩니다. 예수님은 생명을 풍요롭게 하십니다(요 10:10).

3) 이 소금은 축복으로 바뀌게 했습니다(21절).
"다시는 죽음이나 토산이 익지 못하며 떨어짐이 없을지라" 했고

① 생명의 말씀 따라 갈 때에 축복이 있습니다(고후 8:9).
② 가난도 치유됩니다(신 1:11, 말 3:10). 세계 지도를 보십시오. 예수 안에 있는 나라가 선진국이요 축복 받았습니다.

셋째, 예수 그리스도는 희생으로써 생명의 축복의 소금이 되셨습니다.

예수님이 소금인 동시에 우리에게 소금이 되라고 했습니다(마 5:13).

1) 소금이 역할을 하기 위해서는 녹아야 합니다.
① 예수님이 십자가 희생하셨습니다.
② 예수님 외에 다른 길이 없습니다(고전 1:17).

2) 이 세대의 엘리사가 있어야 합니다. 그 엘리사는 곧 믿는 모든 성도들 입니다.
① 엘리사와 같이 썩은 세상을 향해서 역할을 해야 합니다.
② 우리 주변에 여리고와 같은 곳이 변하게 되기를 힘써야 합니다. 변화 받을 때에 쓴물이 단물이 되듯이(출 15:25) 무익한 인간이 유익하게 됩니다(몬 1:7).

이런 역사가 많아지게 되기를 축원합니다.

결론 · 이 세상은 여리고와 같은 곳입니다.

작은 아이의 헌신의 결과
요한복음 6:1~5

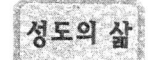

우리가 살아가는 세상에는 크고 작은 일들이 많이 있듯이 성경의 역사 가운데에도 크고 작은 일들이 많이 기록되어 있습니다. 본래부터 큰 국가와 민족이 아니라 처음에는 작게 시작하였고 본래는 작은 실낱같은 물줄기가 흘러서 나중에는 거대한 강줄기가 됨을 보게 됩니다.

그래서 성경 복음 역시 시작할 때에는 보잘것없이 예언되었고(사 53:2), 미약하게 시작 되었으나(욥 8:5) 나중에는 생명이 풍성한 큰 강을 이루게 되었습니다(겔 47:1-12). 느부갓네살이 보았던 거대한 신상을 때려 부수게 된 뜨인 돌은 태산을 이루게 되었고(단 2장) 거대한 나무도 처음에는 작은 씨(seed)에서 시작되었습니다. 예수님 복음 사역의 일대기 가운데에서 크고 작은 사건들 가운데서 오늘 본문의 말씀은 작은 아이의 도시락인 보리떡 다섯 개와 물고기 두 마리를 예수님께 드리게 되는 헌신에서부터 시작이 되었습니다. 5000명이 먹게 되었고 12바구니에 거두는 역사는 작은 아이의 헌신에서부터 나타난 결과입니다. 창조주 하나님의 역사를 보여주신 이 사건 속에서 몇가지 은혜의 말씀을 나누게 됩니다.

첫째, 예수님 생애의 사역 가운데 오병이어의 헌신은 하나님이 받으실 만한 제물이 되었습니다.

예수님은 하늘 보좌를 버리시고 이 땅에 오신 목적이 제물 되시기 위해서 오셨거니와 그 주님은 우리에게 제물이 될 것을 요구 하십니다.

1) 예수님 위해서 신구약 성경에서 볼 때에 제물된 사람들이 많습니다.
 ① (마 2:1-2) 예수님 탄생시에 동방박사는 아기 예수님께 황금과 유향과 몰약을 드리게 됨으로써 그것이 피난길에 오르신 예수님 첫 시련기에 큰 도움이 되었고 지금도 애굽에 가면 피난교회가 있으며 고대 애굽어를 사용하는 콥틱(coptic)인들이 신앙생활을 하고 있습니다.
 ② (요 11:12) 평상시에 예수님께 가까이 지낸 가정 가운데 나사로는 죽은

자 가운데서 다시 살기도 하였거니와, 그 집에서 잔치가 배설 되었을 때에 마리아는 값비싼 향유를 예수님의 발에 붓고 머리털로 씻게 됨으로써 예수님의 장례를 도움이 되었습니다. 예수님은 금요일 늦게 장례가 진행 되었기에 정식절차를 밟은 유대식 장례를 치를 수가 없게 되었고 약식 장례식이 되었던 것입니다.

③ (왕상 17장) 엘리야 시대에 사렙다 여인은 하나님의 복음 위해 일하는 엘리야를 위해서 헌신하게 될 때에 엘리야를 통한 하나님의 일이 크게 나타나게 되었으니 이는 헌신의 그림자요 예표입니다. 열왕기하 4장에서 수넵여인은 하나님 복음위해 일하는 엘리야를 위해서 헌신하게 되었으니 이것이 오늘 우리의 헌신의 예표요 그림자입니다.

④ 신약의 사도 시대에 수많은 헌신자들이 제물이 되었습니다(행 2:44). 믿는 무리가 서로 헌신의 제물이 되었고(행 12:13), 베드로가 옥에서 나와서 밤에 찾아간 집이 바로 헌신자의 집이었습니다(마 26:19-). 그곳이 또한 예수님의 최후의 만찬의 집이기도 합니다.

⑤ (마 21:5) 예수님이 십자가 지시기 위해서 예루살렘에 입성 하시게 될 때에 "주께서 쓰시겠다"는 말 한마디에 나귀를 내어 주었던 나귀 주인 역시 헌신자요 복음을 위한 제물이 된 사람입니다.

⑥ 초대교회 사도들이 잊지 못할 이름들이 많이 기록되어 있는데 이는 모두가 헌신자요 제물된 사람입니다(롬 16:1-16, 빌 4:16-25). 본문에서 오병이어를 바친 아이의 헌신은 예수님의 신성을 나타내 보이는데 크게 이바지 하였고, 배고픈 사람들을 해결케 했습니다.

2) 오늘날 부흥이나 복음 전도의 사건은 이 소년과 같은 헌신자에 의해서 나타나게 됩니다.

① 교회 부흥에는 반드시 헌신자들이 배후에 있습니다. 재물의 헌신자, 시간의 헌신자, 기도의 헌신자, 봉사의 헌신자들이 반드시 있기에 교회는 성장합니다. 전주 삼례의 어떤 교회에서는 눈까지 바치어 교회 건축을 했습니다.

② 작은 아이의 헌신은 예수님 생애에서 일대 큰 사건이 되었습니다. 안드레나 빌립과 같이 200데나리온 운운 할 사람이 아니라 적은 것이라도 헌신하는 행동이 요구됩니다. 이것이 한 알의 밀알의 교회입니다(요 12:24).

둘째, 예수님의 복음 사역에 경이로운 기적의 불씨가 된 헌신이 있었습니다.

기적과 사건에는 반드시 불씨가 요구 됩니다.

1) 이 작은 아이의 헌신의 불씨가 5000명을 먹이는 불씨가 된 것입니다.
① 이 작은 사건은 작은 아이의 헌신과 드림의 불씨에서 시작되었고 교회 부흥이나 기적에는 불씨가 필요합니다.
② 불씨는 작은 것이지만 나중에는 큰 불이 되듯이 복음의 원리에도 같이 적용됩니다. 천호동의 어떤 대형교회는 그 시작이 어떤 분의 퇴직금이 시작이 되어서 지금은 수만명이 모이는 교회가 되었습니다.

2) 우리교회에는 이와 같은 헌신자에 의해서 지금까지도 왔지만 미래에도 헌신자에 의해서 부흥되게 될 것입니다.
① 작은 것이라도 주님께서 쓰시겠다면 드리고 보는 것입니다. 작은 것이라도 주께서 사용하시어 크게 만들게 됩니다.
② 우리교회는 오병이어의 손길이 많아지게 됨으로써 더욱 주님의 역사를 만방에 전하게 될 것입니다. 예수님은 "이 보다 큰 것도 하리니"(요 14:12)라고 하셨습니다. 오병이어의 사건은 헌신과 드림에서 시작되었습니다. 요한 칼빈(John Calvin)은 하나님은 어떤 연장(Tool)없이도 하나님의 일을 하시지만 하나님은 인간을 사용하신다고 했습니다.

셋째, 예수님 복음 사역에 풍성한 축복의 열매를 맺게 했습니다.

이것이야 말로 작은 것이지만 큰 것으로 된 사건 중에 사건입니다.

1) 이만큼 큰 축복이 작은 아이의 헌신에서 시작된 것입니다.
① 하나님의 기적은 창조적이며 비교할 수 없을 만큼 크게 나타납니다. 예수님은 말씀했습니다. 30배 60배가 되느니라(마 13:8). 예컨대 이삭 하나에서 30~40알 60~70알 90~100개의 낱개가 수확이 된다고 합니다. 내가 주께 드려지게 될 때에 되는 사건입니다(요 11:40). "내 말이 네가 믿으면 하나님의 영광을 보리라" 했습니다.
② 주님의 기적의 사건은 일반 수학 공식과 같이 1+1=2가 아니라 1+1=a요 그 수을 알 수 없습니다.

2) 하나님의 능력의 역사는 지금도 유효합니다.
① 지금도 때를 따라서 역사하시는 주님이십니다. 그러기에 1인이 수백명을 전도하여 등록시키기도 했습니다.
② 우리 모두가 작지만 정성으로 드리고 헌신하는 헌신자가 되어야 하겠습니다. 나 밖에 모르는 이기주의 시대에 먼저 주님을 생각하고 드리는 헌신자들이 되시기를 축원합니다.

결론 · 우리가 주께 드림이 되면 주님이 역사 하십니다.

여호와의 산에 오를 자
시편 24:3~4

　옛부터 사람들은 산 가까이에서 생활하였습니다. 그래서 세계적인 바닷가나 강은 언제나 산을 끼고 있는데, 이런 곳에서 인류역사가 발달해 왔습니다. 성경에는 산에 대한 기록이 많이 기록되었는데 산을 중심으로 성경의 배경이 기록된 곳이 많이 있습니다. 노아가 방주를 짓게 된 곳도 산이요, 방주가 멈추게 된 곳도 아라랏산(창 8:4)입니다.
　아브라함에게 이삭을 드리라고 한 곳이 모리아 산이요(창 22장). 모세를 부르신 곳이 호렙 산이요(출 3:1). 아말렉을 이기기 위해서 모세가 손을 든 곳도 산입니다(출 17:9). 십계명을 받은 곳이 시내산이요(출 19:1), 솔로몬이 성전을 지은 곳이 모리아 산이며(대하 3:1), 엘리야가 불로 응답받은 산이 갈렙산이며(왕상 18:42), 신약에 와서 예수님이 산상보훈을 가르치신 곳이 산이며(마 5:1), 마지막 겟세마네 동산에서 최후 기도하신 곳 역시 산이었습니다.
　다윗은 오벳에돔 법궤 사건 이후에 배경을 두고 본문이 기록되게 되었는데 산과 신약시대의 교회와는 밀접한 관계가 있으며 영적인 신앙고백이 크게 작용하는 말씀입니다. "여호와의 산에 오를 자"라고 할 때에 하나님을 경외하고 믿음 가운데 서는 의로운 신앙인바 누가 여호와의 산에 오를 수 있겠습니까? 본문에서 몇가지 교훈을 크게 얻게 됩니다.

첫째, 하나님의 산에 오를 사람은 손이 깨끗한 사람입니다.

　(14절) "곧 손이 깨끗하여"라고 했는데 여기에서 손이 깨끗한 자란 무슨 뜻이겠습니까? 성경에는 손에 대한 말씀이 많이 있습니다.
　1) 손은 인간 행위에 대한 대표성을 나타내 줍니다(잠 24:19). 악한 자의 길은 결국 망하게 됩니다.
　① 손은 인간 행위에 대한 대표성을 띠게 됩니다. 그래서 이스라엘 백성들이 손이 더럽다고 했습니다(사 1:15, 사 59:1-3).
　② 그러나 예수 안에 있을 때에 죄문제가 해결되고 하나님과 화평이 이룩되

기 때문에 깨끗한 손이 되었습니다(엡 2:1-13). 예수 안에서는 손을 깨끗이 씻어 거룩하게 됩니다(엡 5:26, 히 9:13-22). 예수의 피밖에는 깨끗하게 할 수 있는 길은 없습니다.

2) 하나님의 거룩하신 새 예루살렘에 입성하기 위해서는 거룩한 손을 유지해야 합니다. 하나님의 산에 오를 자는 손이 깨끗해야 하기 때문입니다.

① 그런데 우리는 이미 목욕했기 때문에 발만 씻어도 깨끗하다고 했습니다(요 13:10). 성도의 특권이요 은혜입니다.

② 그리고 성도는 죄를 씻었으니 이제는 죄를 멀리해야 합니다. 검은 곳에 가면 검은 것이 묻게 되고 페인트 칠하는 곳에 가면 칠이 몸에 묻게 되기 때문입니다. 죄를 멀리하고 말씀을 따라가는 성도가 되어야 합니다.

③ 여기에는 성경의 도우심이 필요합니다 왜냐하면 작심삼일이 되기 쉽기 때문입니다(베드로의 예에서 우리는 보게 됩니다. 행 4:9).

둘째, 여호와의 산에 오를 자는 마음이 깨끗하여 허탄한데 그 마음을 두지 않는 사람이라고 했습니다.

하나님은 속 중심을 보시기 때문에 속임수는 없습니다. 간첩 이수근이가 국민들을 속일수는 있었겠지만 인간이 하나님을 속일 수는 없습니다.

1) 성산에 오를 자는 마음이 깨끗해야 합니다(마 5:8).

① 하나님과의 영적인 교통이 있어야 합니다.

② 영적인 세계가 밝아지며 천국의 소망이 넘쳐야 합니다(엡 12:18). 사도 바울도 디모데에게 "…네 자신을 정결케 하라"(딤전 5:22)고 했습니다.

2) 허탄한데 뜻을 두지 않는 사람입니다.

'허탄한데'는 히브리어로 (쇠웨)라고 합니다. 이는 곧 무너질 세상에 첫발을 내딛지 말라는 의미입니다.

① 이 세상은 잠시 지나가는 곳입니다. 그래서 그 영광이 헛것 같습니다(전 1:2, 벧전 1:24, 히 12:12-17).

② 믿음으로 하나님께 소망을 두어야 합니다 다윗은 하나님께 소망을 든든하게 두었습니다(시 18:1-3). 바울도 위엣것을 생각하라고 외쳤습니다(골 3:2).

중국의 서안에 가면 진시황제의 병마총이나 이집트의 피라밋들은 세상 꿈의 헛됨의 증거들입니다. 구라파의 나폴레옹도 센트헤레나섬에서 세상영화의 헛것을 역설했습니다.

셋째, 여호와의 산에 오를 자를 거짓 맹세치 말아야 합니다.

(4절) '거짓 맹세치 않는 자' 라 했습니다.

1) 성산에 오를 자는 입이 바르게 생활해야 합니다. 입단속이 중요합니다.
① 야고보 사도 역시 외쳤습니다(약 1:19).
② 사망은 거짓으로 가득차 있습니다. 그래서 속이는 자가 많고 거짓이 많습니다. 마귀는 본래 거짓말의 아비입니다(요 8:44).

2) 그래서 성경에는 입에 대한 경고가 많이 있습니다.
① 성경의 예를 보십시오(잠 10:8, 시 141:3).
② 세상은 거짓과 술수와 음모가 많이 있지만 그들은 천국에 들어갈 수 없습니다.
우리교회 성도들이여! 여호와의 산에 오를 수 있는 바른 신앙 가운데 서게 되기를 축원합니다.

결론 · 우리는 여호와의 산에 오를 사람들입니다.

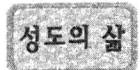

위대한 영적 승리의 현장
여호수아 6:1~11

인생사는 곧 '전쟁사'라는 말이 있습니다. 인간이 살아온 역사가 곧 전쟁사로 얼룩져 있기 때문이요. 지금도 그 전쟁은 계속 됩니다. 그런데 전쟁은 무조건 이겨야 됩니다. 지는 전쟁은 할 수 없습니다. 전쟁은 이기는 것이 그 목적입니다. 성경에는 전쟁에 관한 기사가 많이 기록되었습니다. 그 전쟁들은 신약시대에 와서 모든 교회들과 성도들의 영적 전쟁의 그림자요 승리의 표상이기도 합니다. 하나님 중심적인 전쟁에는 언제나 승리하게 되었지만 사람의 지혜나 힘을 의지할 때에는 패했던 것이 성경입니다. 그 좋은 예가 여호수아 7장에서의 아이성 전투였습니다.

그러나 하나님 중심일 때에는 승리했습니다(대하 14장, 삿 7장). 시편 127:1에서 여호와께서 집을 세우셔야 되고 성을 지키셔야 된다고 하였습니다. 본문에서 이스라엘 백성들이 가나안에 입성하게 되었는데 첫 번째 성인 여리고 성에서의 대 승리가 기록되어 있습니다. 이 위대한 승리는 교회의 승리요, 성도의 승리가 되어야 합니다. 난공불락의 성같이 보였던 여리고성이 함락되었듯이 거대한 세상에서의 승리를 하기 위해서 본문에서 큰 교훈을 얻게 됩니다.

첫째, 하나님 말씀을 순종하고 따른 결과입니다.

이스라엘 백성들의 역사는 굴곡이 많은 역사였는데 이기고 승리했을 때에는 언제나 하나님 말씀을 순종하고 따를 때였습니다. 반대로 내려가는 굴곡일 때에는 불순종의 때이었습니다. 사울 왕이 망한 것도 이 때문이었습니다. (삼상 15:22-23) "사무엘이 가로되 여호와께서 번제와 다른 제사를 그 목소리 순종하는 것을 좋아하심 같이 좋아 하시겠나이까 순종이 제사보다 낫고 듣는 것이 수양의 기름보다 나으니 이는 거역하는 것은 사술의 죄와 같고 완고한 것은 사신 우상에게 절하는 죄와 같음이라" 하였습니다. (Samuel replied "Does the LORD delight in burnt offerings and sacrifices as much as in obeying the voice of the LORD? To obey is better than sacrifice, and to heed is better than the fat of rams. For rebellion is like the sin of divination, and arrogance like the evil of idolatry Because you have rejected the word of the LORD, he has rejected you as king")

1) 난공불락의 성(城)이 말씀을 순종할 때 무너지게 되었고 대 승리가 왔습니다. 40년간 광야 생활에서 지칠대로 지친 상태였으나 말씀 순종하게 될 때 이 성을 정복할 수 있었습니다.
① 말씀에 대한 신뢰(trust confidence) 순종(obedience) 밖에 다른 길이 없습니다. 여호수아 군대가 승리한 원인입니다.
② 성경에는 전쟁사가 많이 나오는데 하나님 말씀대로 따를 때에는 이겼습니다. 예컨대 사사기 7장에서의 기드온의 승리에서 볼 수 있었습니다. 불과 300명 용사로써 메뚜기 떼와 같고 바닷가에 모래알처럼 많은 적을 이기게 되었습니다. 사람의 생각과 하나님의 생각은 분명하게 다릅니다(사 55:8). 다윗의 승리…여기에 있었습니다(삼하 8:6, 14).
2) 내 생각과 계산적인 생각보다 하나님의 말씀에 순종해야 합니다(신 28:1-14).
① 하나님의 역사는 기적으로 나타나는바 계산에 의해서 나타나는 것이 아닙니다.
② 개인적인 전투에서 교회 부흥하는 전투에는 언제나 하나님 말씀을 앞세워 나가야 합니다.

둘째, 하나님께서 역사해 주심을 믿는 믿음의 결과입니다.

우리가 천국에 갈 때까지 이 세상에서 반드시 필요한 것이 믿음입니다.
1) 여호수아를 중심한 그들은 하나님을 믿었습니다. 믿음에는 바라는 것들에서 실상이 나타납니다(히 11:6).
① 믿고 따라 갔습니다. 가나안에 주인공은 믿음의 사람들이었습니다(민 13:14-).
② 예수님은 기적을 베푸실 때마다 믿음을 강조했습니다(막 2:5, 5:34, 마 8:26, 14:31).
2) 하나님은 지금도 우리에게 믿음을 요구하십니다. 믿음이 없이는 하나님을 기쁘시게 할 수 없습니다(히 11:6).
① 말세 때에는 사랑도, 열심도, 믿음도 약해지는 때입니다(마 24:12, 눅

18:8, 히 10:24). 심지어 결혼한 새 가정이 100명이라면 49.5%가 1년에 이혼하는 세태를 살아가고 있습니다. 그러나 성도는 언제나 믿음 안에 살아야 합니다.
② 성경대로 믿음 안에 있을 때 구원이 있고 승리가 옵니다(벧전 1:9). 여기에는 기적과 축복이 있습니다. 교회의 참된 일꾼이 되는 비결도 믿음입니다.

셋째, 하나님 말씀 안에서 여호수아를 중심으로 온 백성이 하나 되고 일치된 결과였습니다.

여호수아가 전해 주는 말씀 안에서 일치되었습니다.
1) 하나가 될 때에 큰 힘이 나타나게 됩니다(전 4:11-12).
① 여호수아를 중심으로 온 이스라엘이 한 소리, 한 목소리를 냈습니다. 하나가 되어 외치게 되었을 때 무너지게 되었습니다.
② 일치되지 않을 때에는 하나님의 진노가 있었습니다. (민수기 13장, 14장에서 정탐꾼들을 보내서 아십니다. 부정적으로 하나 되지 못했을 때에 진노가 있었습니다).
2) 하나님은 우리에게 믿음의 일치를 원하십니다. 사도행전에서 보게 됩니다(행 4:32). "믿는 자가 한 마음과 한 뜻이 되어"(the group of believer was one in mind and heart)

세상이 난공불락과 같이 버티고 있을지라도 교회가 하나되고 성도들이 하나가 될 때에 큰 역사가 나타날 줄 믿습니다. 우리교회는 모두 이렇게 승리케 되기를 축원합니다.

결론 · 우리는 지금 영적 전쟁 중에 있습니다.

성도의 궁극적인 푯대
빌립보서 3:10~16

어떤 일에 시작이 있는가 하면 마침표가 있기 마련입니다. 운동 경기에도 시작하는 시간이 있으면 끝이 나는 시간이 있습니다. 아무리 긴 노랫말도 시작이 있으면 끝이 있고 학교에도 입학이 있으면 졸업이라는 끝이 있습니다. 그래서 솔로몬 왕은 일찍이 시작과 끝에 관하여 논했습니다(전 3:1-2).

본문에서 대 사도 바울은 달려가는데 있어서 과거의 것은 잊어버리고 앞에 있는 푯대를 향하여 달려간다고 전했습니다. 푯대라는 말은 헬라어에서 스코포스인데 목표, 또는 결승점이라는 뜻입니다. 상식을 벗어나서 토끼와 거북이의 경주에서 누가 보아도 토끼가 이기고 거북이가 지는 것이 상식이지만 상식을 벗어나서 토끼가 패자요 거북이가 승자로 이야기 가운데 전해지는데 여기에서 얻어지는 교훈이 매우 크다고 할 것입니다. 사도 바울은 본문 뿐 아니라 디모데후서 4:7-8에서 마지막 승자의 고백으로써 후대 성도들에게 큰 교훈을 남겼습니다. 바울이나 믿음의 선진들과 같이 우리는 승리의 개선가를 부르기 위해서 본문에서 몇 가지 큰 뜻을 발견하게 됩니다.

첫째, 성도들은 신앙의 푯대를 분명히 정해야 합니다.

세상을 살아가면서 사람들은 어떤 목표들이 있음을 봅니다. 돈이 목적인 사람, 학문이 목표인 사람, 권력이 목표인 사람 등… 많은 부류의 목표들이 있습니다. 그러나 한줄기 풀이요 꽃과 같다고 성경은 증거 해주었습니다. (벧전 1:24). "All men are like and all their glory is like the flowers of the field the grass withers and the flowers fall . but the word of the Lurd stands forever" And this is the word that was preached to you) 세계적으로나 국내적으로나 한 때에 성공했다고 했던 정치인, 경제인들이 굴비 엮듯이 감옥에 가는 모습을 볼 때에 어떤 것이 과연 성공인가를 생각해 봅니다.

1) 성도의 분명한 푯대는 예수 그리스도가 되십니다.

성도가 세상에 살아가면서 어디에 푯대를 두어야 합니까?

① 푯대가 분명해질 때에 그 사람의 인생관, 가치관이 달라지게 되기 때문에 중요합니다. 바울은 예수를 안 다음에 모든 것을 배설물로 여겼습니다(빌 3:7-9).
② 예수를 발견한 이후에 생각이 바뀌고 가치관이나 인생의 삶에 대한 목표가 달라지게 된 것입니다.

204장 찬송을 부른 화니 제인 크로스비(F.J.Crosby 1820-1915) 역시 그랬고 찬송이 나오게 되었습니다.

2) 목표가 예수 그리스도인데, 예수 그리스도 안에서 우리에게 약속한 것들이 분명합니다.

약속한 것들이 한두 가지가 아니겠지만 분명한 사실들이 있습니다.
① 예수 그리스도 안에서 약속한 생명의 부활입니다.
예수 그리스도 안에는 생명의 부활의 약속이 있습니다 (요 11:25, Jesus said to her I am the resurrcction and the life). 오늘 본문이 말합니다(10:11). 생명의 부활의 약속은 예수 안에서만 확실한 약속입니다(롬 4:25).
② 성도가 천국에서 얻은 영원한 영화의 축복입니다.
세상에서의 영화는 잠시 동안 꿈에 불과하지만 천국의 영광은 영원합니다. 영원한 영화가 준비되어 있으니 이것이 푯대요 목표입니다.
③ 성도는 천국에서 얻은 영원한 상급이 있습니다.
썩지 않고 쇠하지 않는 기업이 준비되었고(벧전 1:4), 주님이 약속했습니다(계 22:12, 계 2:10, 벧전 5:4, 딤후 4:7-8, 고전 9:25, 살전 2:19, 마 16:17). 우리교회 성도들이여 분명한 영적 푯대가 세워져야 하겠습니다.

둘째, 푯대가 분명한 사람은 생활이 또한 분명해야 합니다.

바울은 달려가는 일을 향방 없이 하지 않는다고 했습니다(고전 9:16).

1) 푯대가 분명한 사람은 생활의 방향이 분명합니다.
푯대가 정해져 있기 때문입니다.
① 여기에는 희생이 따라 옵니다.
(12절) "좇아가노라"라고 했는데 헬라어 디오코는 희생이란 단어에 속합니다. 열매를 맺기 위해서 가지치기가 필요하듯이 우리 생활 역시 가지

차기가 필요합니다.
② 또한 세상적이고 육적인 것은 잊어버려야 합니다.
운동선수가 실수한 것에 발목 잡혀 있으면 성공할 수가 없듯이 신앙생활 역시 잊어버리는 일이 있을 때에는 잊어야 합니다. 그리고 바라보아야 합니다(히 12:2).
2) 우리의 목표는 중간지점이 아니라 최후 목표인 천국입니다.
① 내가 현재 어디에 있든지 그대로 달려야 합니다.
② 영적 경주장에는 유혹하는 길도 많이 있기에 조심해야 합니다.
그래야 천국의 영화에 성공할 수 있습니다(딤후 4:10, 딤전 1:20, 왕상 13:11-32, 마 21:24).

셋째, 성도의 궁극적 목적지는 천국이요 영생입니다.

1) 분명히 달려가는 이유는 천국입니다.
① 바울은 우리의 시민권은 하늘에 있다고 했습니다(빌 3:20).
② 복을 말할 때에도 천국에 속한 신령한 복입니다(엡 1:3).
이것은 영원히 사는 생명의 복입니다.
2) 성도는 천국의 주인공이 되기 위해서 달려야 합니다.
구경꾼이나 나그네가 아닙니다.
① 주인공은 무엇이 달라도 다릅니다. 주인공 신앙이 되시기 바랍니다.
② 우리는 뒤로 물러가 침륜에 빠질 자들이 아닙니다(히 10:39). 주인공 신앙으로 승리한 성도들입니다.
우리교회 모든 성도들이 푯대가 분명히 승리하시기를 축원합니다.

결론 · 믿음의 선진들은 푯대를 정하고 잘 달려간 사람들입니다.

성도의 삶

최후까지 길이 참는 자
야고보서 5:7~11

　신앙의 요소 가운데 중요한 요소는 인내하고 참아낸다는 것입니다. 신앙이 아니더라도 만약에 세상사 모든 일에 참지 못하고 문제가 있을 때마다 일을 만든다면 이 세상은 지금보다 훨씬 더 난장판이 될 것입니다. 요즈음은 짧은 옷이 유행이지만 옛날 딸을 시집보낼 때에는 12폭 치마를 해서 입혔습니다. 결혼 생활에 덮을 것은 덮으면서 참아야 한다는 우리 선조들의 지혜라고 할 수 있습니다.
　미국에서는 시집가는 딸에게 진주(pearl)를 준다고 합니다. 이 진주는 일반적인 진주이지만 이 때의 진주는 "얼어 붙은 눈물"(Frozen tears)이라는 뜻을 가진 진주라고 합니다. 왜 그럴까요 그것은 결혼 생활이야말로 참고 또 참아야 되기 때문인데 진주가 만들어 지기 위해서는 심해에서 조개가 티끌이 속살에 파고들 때에 그것을 참고 이기면서 만들어 내는 것이 진주입니다. 여기에서 이기지 못하면 조개는 썩어서 죽게 되지만 이기면 자기도 살고 진주도 생산해 낸다는 진리입니다.
　우리가 신앙생활에서 배울점이 크다고 봅니다. 성경은 우리에게 인내하라고 분명히 말했습니다(딤후 3:12, 계 14:12). (계 14:12). "성도들의 인내가 여기 있나니, 저희는 하나님의 계명과 예수 믿음을 지키는 자니라" 했습니다. (This calls for endurance on the apart of God's people, those who obey God's commandments and are faithful to Jesus) 우리는 요셉의 믿음과 인내로써 배우게 됩니다(창 37:50).
　본문에서 인내(endurance)를 욥에게서 배우라고 가르칩니다. 욥의 불굴의 인내에서 우리의 믿음을 배우면서 우리도 승리해야 하겠습니다. "선을 행하되 낙심하지 말지니 피곤하지 아니하면 때가 이르매 거두리라"(갈 6:9)했습니다.

첫째, 욥에게서 인내하는 신앙을 배우게 됩니다.

　세상의 모든 직업들이 인내해야 하는 직종이지만 특히 농부(a farmer)는 인내해서 수확을 얻는 직업이기에 우리에게 큰 교훈을 얻게 합니다(7절).

1) 이 세대에 모든 신앙인들이 같은 공통점이 있습니다.
그래서 성경은 여러 직업을 소개로 신앙을 교훈했습니다(딤 2:1-).
① 군인의 인내에서 신앙의 인내를 배우게 됩니다.
  군인이야말로 인내의 사람이 되어야 하기 때문입니다. 우리는 영적인 군인이요, 십자가 군병들입니다.
② 운동선수로서 인내를 배우게 됩니다.
  운동선수야말로 인내와 끈기가 있을 때에 마침내 메달을 목에 걸게 되듯이 신앙생활도 그러합니다(히 12:1-2).
③ 본문과 같이 농부의 인내야말로 신앙인들에게 무엇이 인내인가를 배우게 합니다. 쌀 한톨이 그냥 생산되는 것이 아닙니다. 쌀미(米)자는 십자가 위로 밑으로 한문 여덟팔자를 쓴 것으로 풀이 되는데 쌀을 얻기 위해서 농부는 88번의 손이 간다고 합니다. 가히 인내의 한계를 고훈해 주는 대목입니다.

2) 성령의 사람은 능히 인내할 수 있습니다.
① 성령의 사람은 인내할 수 있기 때문에 예수님은 성령받을 때까지 예루살렘에서 기다리라고 했습니다(행 1:4).
② 기도할 때에 인내할 수 있습니다. 밤새워 잠을 잤던 베드로는 인내하지 못했고 칼을 뽑아드는 모습을 봅니다(마 26:52).

둘째, 선지자의 인내를 배우게 됩니다.

(10절) "형제들아 주의 이름으로 말한 선지자들로 오래 참음의 본을 삼으라"(My brothers, remember the prophets who spoke in the name of the Lord. Take them as examples of patient endurance under suffering) 전에 있던 선지자들을 이같이 핍박하였느니라(마 5:11)했습니다.

1) 선지자들에게 배우게 됩니다.
① 이사야 선지자는 4명의 왕정 밑에서 선교했습니다. 인내로써 달려간 선지자입니다.
② 예레미아는 눈물과 인내로써 시련을 이겼습니다. 그래서 눈물의 선지자라고 부르게 됩니다(렘 20:8-9).
③ 다니엘은 사자굴에서 승리했습니다.

2) 다니엘은 세대의 선지자적으로 살아야 합니다.
① 선지자이기에 인내로써 이겨야 할 일이 많이 있습니다.
② 각종 시험은 참아야 합니다(약 1:21). 예수님은 시련이 올 것까지 예고했습니다(마 10:22). 그리고 끝까지 참으라고 하였습니다(마 24:13).

셋째, 본문에서 욥의 인내를 배우라고 소개했습니다. 욥은 인내로써 승리한 승리자입니다.

(11절) 욥이 처한 전후 모든 사정을 생각해 봅니다. 인내가 아니면 이길 수 없었던 상황이었습니다.

1) 시련과 환난 가운데에서도 참고 인내로써 이겼습니다.
① 그리고 욥은 신앙의 견본입니다.
   하나님을 믿고 섬기는 사람은 욥과 같이 인내해야 합니다.
② 하박국의 예는 또한 우리에게 좋은 예가 될 것입니다(하박국3:17). 오직 하나님 한 분만 바라보고 나가는 믿음입니다.

2) 현재 우리의 영적 상태는 어떠합니까?
① 참고 견디는 자만이 승리가 가능합니다(시 37:28).
   (시 34:19) 그래서 성경은 우리에게 교훈해 줍니다.
② 하나님은 인내했던 욥을 다시 회복시켜 주셨습니다. 진주가 진주되는 것은 그냥 되지 않습니다. 우리는 진주되는 신앙으로 인내로써 이겨 나가는 고난에서의 성공자가 되어야 하겠습니다. 그렇게 되시기를 주님의 이름으로 축원합니다.

결론 · 끝까지 참는 자만이 천국의 주인공이 됩니다.

제단에 불이 꺼지지 않게 할지니
레위기 6:9~13

성도의 삶

우리가 사용하는 불의 역사는 인간 역사 만큼이나 장구하고 긴 역사를 가지고 있습니다. 또한 인간은 냉혈동물이 아니라 따뜻함을 요구하는 몸의 구조 때문에 언제나 36.5도의 체온이 유지되어야 건강하게 살수 있습니다. 우리가 지금은 취사할 때에나 겨울에 난방할 떼에 깨끗한 연료를 사용하기 때문에 간편하지만 얼마전까지만 해도 석유나 연탄을 사용해서 사고가 많이 일어났고 산에 나무를 베어다가 사용했기 때문에 온 집안이 까맣게 그을은 자욱이 많았습니다. 이 불은 인간 역사에만 필요한 것이 아니라 영적인 문제에도 이 불이 반드시 요구 됩니다.

모세를 부르실 때에 불 가운데 부르셨고(출 3:2-4) 엘리야는 불로 응답 받게 되었습니다. 이 불이 반드시 요구 됩니다.

모세를 부르실 때에 불 가운데 부르겼고(출 3:2-4), 엘리야는 불로 응답 받게 되었습니다(왕상 18:38). 그러나 이 불은 인위적인 불이 아니라 하나님께 주신 불로 잘 사용해야 합니다(레 10:1). 성막 안에 모든 시설에서 불이 사용되었는데 번제단, 떡상, 촛대, 향단 모두가 불과 관계가 있습니다. 본문에서 하나님께서 모세에게 말씀하시기를 이 불이 꺼지지 않게 하라고 세 번씩이나(9, 11, 13) 강조했습니다.

지금은 영적인 불이 꺼져가는 시대에 우리는 말씀으로 돌아가서 영적인 불을 확인해야 하겠습니다.

첫째, 모든 예배시에 불과 관계가 있습니다.

물론 인위적인 불이 아니라 하나님께서 명하시고 주신 불입니다.

1) 이 불은 여호와의 불인데 이 불로써만 예배했습니다. 모든 예배에는 불과 관계가 있습니다.

① 불은 태우는 역할을 합니다. 날것은 익히게 되고 태우는 역할이 불이 하는 속성입니다.

번제단에서 제물을 태웠고 소제물이 익혀지게 해서 하나님께 드렸습니다. 하나님의 교회에 이 불이 꺼지지 않게 해야 합니다. 번제단의 예배이기 때문입니다(레 4:33). 번제물뿐 아니라 번철에 부치는 소제물도 불로써 익히게 됩니다(레 2:5,9). 익지 않으면 곤란합니다(호 7:8).
② 본래 하나님께 드리는 예배는 흠이 없는 것으로 드려야 했습니다.
이것이 성경에 계속 지적되었습니다(시 1:3, 10, 3:6, 4:3,28,32, 5:15, 6:6). 그런데 이스라엘은 부패해서 책망을 받게 되었습니다(사 1:14, 말 1:2). "하나님은 영이시니 예배하는 자가 신령과 진정으로 예배할찌니라" (God is a spirit and they that worship him must worship him in spirit and in truth)했습니다.

2) 불이 꺼지거나 인위적인 불이라면 큰일입니다.
하나님께 예배하는 자는 온전한 불이 요구됩니다.
① 하나님께서 본래 주신 불을 간직해야 합니다.
그래서 언제나 이스라엘 백성들은 광야에서 향로에 불씨를 가지고 다니면서 그 불로써 예배 행위를 했습니다. 우리는 개인이나 교회에 하나님 주신 불이 꺼지지 않게 해야 합니다.
② 더욱이 다른 불은 용납할 수 없습니다(렘 10:1). 나답과 아비후가 다른 불을 드리다가 즉사했습니다.
오늘날은 다른 불을 원하시지 않습니다.
오늘날 교회들이 다른 불들이 있기 때문에 영혼이 죽어 있거나 사경을 헤매이는 지경이 되었습니다(겔 37:1-10).
우리교회는 성령으로 드려지는 예배와 함께 살아 있어야 하겠습니다.

둘째, 예수님은 이 땅에 불을 붙이러 오셨습니다(눅 12:49).

"내가 불을 땅에 던지러 왔노니 이 불이 이미 붙었으면 내가 무엇을 원하리요" 했습니다. (I am come to send fire on the earth and what will I if it be already kindled) 말라기 시대 이후에 세례 요한까지 400여년 동안 암흑기였습니다. 예수님은 이 땅에 오셨고 불을 붙이러 오셨다고 했습니다.

1) 이 불은 인간과 하나님 사이에 끊어진 불입니다.
예수님은 십자가에 죽으심으로써 꺼진 불을 붙이러 오셨습니다.

① 예수님을 통해서 하나님께 껴졌던 예배의 불을 다시 붙여야 합니다. 구약에도 신약에도 예수님을 통한 예배의 불로써 하나님은 영광을 받으십니다. 그러므로 우리는 예수 안에서 예배의 성공자가 되어야 하겠습니다. 예배의 실패자는 신앙의 실패자가 됩니다. (가인; 창 4장, 히 11:4)
② 하나님은 예배 속에서 역사 하십니다.
이스라엘을 애굽에서 이끌어 내실 때에도 예배하기 위해서입니다(시 50:5).

2) 성령께서 불로써 역사하십니다.
예수님께서 구속의 역사를 완성하시고 승천하신 이후에 불로써 성령께서 역사하셨습니다.
① 성령은 불로써 역사 하셨습니다(행 2:7). "불의 혀같이 갈라지는 것이 보여 각 사람 위에 임하여 있더니" 했습니다.
② 불같은 성령을 받을 때에 신앙생활의 매사가 뜨겁습니다(롬 12:11). 열심이 있습니다(갈 5:16). 성령을 따라 행하게 됩니다. 이 성령불이 언제나 뜨겁게 역사 되어야 합니다.

셋째, 말세 교회들이 불이 꺼지기 쉬운 때에 처해 있습니다.

성경에 불이 꺼지지 않게 하라고 하셨는데 말세 교회의 특징은 불이 꺼지기 쉬운 환경에 있다는 것입니다.

1) 우리교회는 성령 불이 언제나 뜨겁게 붙어 있어야 합니다.
① 기도의 성령불이 언제나 뜨거워야 합니다.
② 전도의 성령불이 언제나 뜨겁게 타올라야 합니다.
③ 선교의 성령불이 활활 타올라야 합니다.

2) 이 불이 붙게 하기 위해서는 예배의 불이 꺼지지 않아야 합니다.
① 이것이 말세 때의 우리교회의 사명입니다.
특히 저녁 예배에 제일 많이 모여서 예배하는 교회가 됩시다.
② 서로 사랑으로 권면해서 모여 드는 교회가 됩시다(히 10:24).
우리교회는 이 불이 언제나 뜨겁게 타오르는 교회가 되시기를 축원합니다.

결론 · 불꺼진 교회는 죽은 교회입니다(계 3:1).

성도의 삶

스데반이 보았던 것처럼
사도행전 7:54~60

인체의 기관 중에 중요하지 않은 기관이 없겠지만 그 기능(function) 가운데 눈의 역할은 매우 중요시됩니다. 모든 기능의 장애중에 눈이 보이지 않는 것은 최대의 장애가 될것입니다. 그래서 예수님께서 세상에 계실 때에 많은 장애자들 중에 소경의 눈을 뜨게 한 일이 성경에는 많이 기록되었습니다(요 9:1-, 막 10:46-, 요 5:2-). 특히 누가는 복음서를 기록하면서 이사야 선지서를 인용해서 (눅 4:18-19) 예수님의 사역을 말함에 있어서 "눈먼 자에게 다시 보게함을"이라고 전했습니다. 문제는 우리가 육적인 소경만 소경이 아니라 영적인 소경이 있다는 말씀입니다. 바리새인들이 "우리도 소경인가?" 라고 할 때에 "예수께서 가라사대 너희가 소경 되었더면 죄가 없으려니와 본다고 하니 너희 죄가 그저 있느니라"(요 9:40-41)했습니다. (Jesus said if you were blind, you would not be guilty of sin; but now that you claim you can sed, your guilt remains)

초대교회 주님의 신실한 제자 스데반 집사님이 순교하면서 돌에 맞아 죽게 되는 그 순간에도 하늘 문이 열리는 것과 예수님께서 하나님 보좌에서 일어서신 것을 보게 되었다고 했습니다. 영적인 눈이 흐려지고 세상적인 것만 치우치는 이 세대에 본문 말씀을 통하여 은혜받고자 합니다.

첫째, 성도는 세상에서 어려운 때일지라도 하늘 문이 열려있는 모습을 볼 줄 알아야 합니다.

돌에 맞아 온 몸이 피투성이가 되었어도 그의 얼굴이 천사의 얼굴과 같았다고 했습니다(행 6:15).

1) 성도가 어려운 현실이 있다고 해도 돌에 맞아 죽는 순교의 현장과는 비교가 될 수 없을 것입니다. 스데반은 그런 상황에서도 하늘문이 열리는 모습을 보았습니다.
① 순교자들이 생활을 생각해서라도 현재 어려움 앞에서 주를 바라보는 눈이 열리어 있어야 합니다. 야곱은 루스(황당하다는 뜻)에서 잠이 들었을

때에 하늘문이 열리는 꿈을 꾸었고 그곳이 벧엘(하나님의 집)이 되었습니다.
② 어렵다고 해서 땅을 바라보고 살면 땅에 속한 사람이 됩니다.
우리는 땅에 속한 사람이 아니기 때문에 어려움 속에서도 주를 보는 눈이 열려 있어야 합니다(골 3:1). "그러므로 너희가 그리스도와 함께 다시 살리심을 받았으면 위엣 것을 찾으라 거기는 그리스도께서 앉아계시느니라" (Since, then, you have been raised with Christ, set your hearts on things above, where Christ is seated at the right hand of God) 육신을 위해 심으면 육신으로부터 썩어질 것만 거두기 때문에 어려운 중에도 주를 바라보아야 합니다(갈 6:7-9)

2) 성도들에게는 어떤 어려움도 감당할 수 있습니다.
언제나 천국문이 열리는 사람에게는 그 어떤 문제도 이길 수 있습니다.
① 시험이라도 감당할 수 있을만큼 주십니다(고전 10:31-).
그러므로 어려운 문제 앞에서 낙심이 아니라 주를 보는 눈이 열려야 합니다. 시험을 참는 자는 복이 있다고 했습니다(약 1:12).
② 스데반 집사님은 돌무더기 앞에서도 당당하게 순교하여 이기는 영적 승리자가 되었는데 그 순간에도 시야가 주님께로부터 떨어지지 아니하였고 주를 보았기 때문입니다.
우리교회 성도들이여 환난과 어려움 속에서도 언제나 주를 보고 생명의 면류관의 주인공들로 살아가시기를 바랍니다.

둘째, 성도는 이 세상에서 어려운 때에 예수 그리스도만을 바라보고 살아가는 시야가 열려야 합니다.

세상에서 누구를 바라보겠습니까? 오직 예수 밖에 없습니다.

1) 스데반 집사님은 순교시에도 예수만 바라보았습니다.
(56절) "인자가 하나님 우편에 서신 것을 보노라" 했습니다.
(Look... and the Son of Man standing of the right hand of God)
① 성도는 세상에서 예수님만 바라보아야 합니다.
이 시야가 열려있어야 합니다. 히브리서 저자는 기록했습니다(히 12:2). "믿음의 주요 또 온전케 하시는 이인 예수를 바라보자 저는 그 앞에 있는

즐거움을 위하여 십자가를 참으사 부끄러움을 개의치 아니하시더니 하나님 우편에 앉으셨느니라" 했습니다.
② 성도는 이 세상 어떤 상황에서도 예수님께로부터 시야가 떨어지지 않게 해야 합니다. 특히 어려운 때일수록 주를 보아야 합니다.
2) 믿음의 성도들이 역사적으로 이렇게 알려져 왔습니다.
믿음의 주님을 바라보는 눈이 밝을 때에 예수님 바라보고 승리합니다.
① 주기철 목사님을 비롯해서 수많은 이 땅의 순교자들이 이를 증언합니다.
② 우리는 현실적인 문제들 앞에 서 있을 때가 많이 있습니다(왕상 18:21-). 하나님이냐 바알이냐 하는 세상입니다(계 14:12). 성도들의 인내가 여기에서 밝혀지게 됩니다.

셋째, 성도는 언제나 이 세상에서 천국의 소망과 하나님의 영광을 바라보는 눈이 열려져 있어야 합니다.

1) 스데반 집사님은 고통 중에서 하나님의 영광을 바라보았습니다.
① 하나님의 영광을 바라볼 때에 이기게 됩니다.
(55절) 하나님의 영광과… (saw the glory of God) 천국의 영광을 바라볼 때에 천국의 영광과 함께 세상을 승리하게 됩니다.
② 사도 베드로는 핍박을 인해서 흩어진 나그네들에게 강조했습니다.
(벧전 1:1-4) 하늘에 속한 신령한 복이며 산 소망이 있게 하십니다.
2) 이기는 사람은 매사에 절제하며 승리합니다.
① 썩지 않는 면류관을 위해서도 절제 합니다(고전 9:25-). 우리는 천국 면류관을 위해서 절제합니다.
② 우리는 스데반은 아니지만 스데반과 동질의 믿음을 가지고 있어야 합니다. 세상에서 산다고해서 이질적 믿음 가운데 살아간다면 곤란합니다. 우리 모두 영적 동질성과 함께 영원하신 천국을 바라보며 주 안에서 승리케 되기를 축원합니다.

결론 · 스데반 집사님은 순교의 자리에서도 주를 바라보고 승리했습니다.

육체의 남은 때의 생활관
베드로전서 4:1~11

성도의 삶

옛날 사람들은 지나가는 세월의 빠른 정도를 표현할 때에 유수와 같다고 하거나 화살 시위를 벗어나 목표를 향해 날아가는 살과 같다고 하였지만 요즈음은 총알과 같은 빠른 세월이라고 할 것입니다.

이솝 이야기에 나오는 대목 가운데 야자수 나무 밑에서 잠을 자던 토끼가 쿵하는 소리에 놀라 급히 뛰기 시작했습니다. 지구의 종말이 왔다는 것입니다. 모든 짐승들이 따라서 뛰다가 갑자기 생각했습니다. '우리가 왜 뛰어야 하느냐' 할 때에 토끼에게 까지 오게 되었고 결국 토끼가 잠자던 곳까지 왔는데 그것은 지구의 종말의 소리가 아니라 야자수 나무 열매가 떨어진 소리였습니다. 의미도 모른채 정신없이 달려만 가는 인생들에게 다시 한번 깨우쳐 주는 철학적 한마디라고 하겠습니다.

헬라인 철학자 디오게네스가 공원에서 석양을 바라보고 있을 때에 공원지기가 와서 질문했습니다. "당신은 어디에서 와서 어디로 가시는 분입니까?" 이 때에 디오게네스가 답하기를 "내가 그것을 알면 왜 여기에 앉아 있는단 말이요. 그것을 모르기 때문에 답답한 일이라오" 했다고 합니다. 성도의 육체의 남은 때를 어떻게 살아야 하겠습니까?

첫째, 육체의 남은 때의 성도는 죄를 멀리하여 살아야 하겠습니다.

지금까지 살아온 생애를 뒤돌아보면 오점투성이요, 잘못된 부분이 있음을 고백하면서 회개하고 이제는 영적 결심 가운데서 죄를 멀리해야 하겠습니다.

1) 죄는 어두움입니다.
하나님께서는 어두움의 죄를 미워하십니다.
① 성도는 언제나 죄에서 벗어나서 깨끗한 생활을 힘써야 합니다. 사람들과의 관계에서의 윤리적 죄(Guilt)도 죄이지만 하나님께 대한 죄(Sin) 역시 무서운 일입니다.
   헬라어로 '하말티아' 라는 말인데 빗나간 화살이란 뜻입니다. 하나님의 뜻에 바른 길에서 벗어난 것이 죄입니다. 성도는 언제나 하나님 편에서

살아야 합니다.
② 죄짓는 일은 이제는 과거로 족합니다.
　　죄가 있는 곳에 은혜도 넘치겠지만 그렇다고 해서 일부러 죄를 짓게 되면 곤란합니다(롬 6:1). 그럴 수 없습니다(벧전 4:2). "그 후로는 다시 사람의 정욕을 좇지 않고 오직 하나님의 뜻을 좇아 육체의 남은 때를 살게 하려 함이라" 했습니다. (As a result, he does not live the rest of his earthly life for evil human desires but rather for the will of God.) 육체의 남은 때를 바르고 깨끗한, 성결된 삶으로 달음질해야 합니다.

2) 죄들을 멀리하되 이런 죄들을 멀리해야 합니다.
　사람들은 세상적이고 육체적인 목적을 위해서는 수단과 방법을 가리지 않고 살아가려고 하지만 성도들은 구분되어야 합니다(벧전 1:5-16). "오직 너희를 부르신 거룩한 자처럼 너희도 모두 행실에 거룩한 자가 되라 기록하였으되 내가 거룩하니 너희도 거룩할찌어다" 했습니다 (But just as he who Called you is holy, so be holy in all you do for it is written: Be holy because I am holy) 이 말씀의 배경은 레위기 11장에 있는데 먹을 수 없는 것과 먹을 수 있는 것의 분리에서 시작되었습니다.
① 영적이고 신령한 면에서 구분해야 합니다.
　　세상 사람들이 살아가는 일이며 우리 믿는 사람들의 옛 구습들입니다(3절) 음란과 정욕과 술취함과 방탕과 연락과 무법한 우상 숭배를 하여 이방인의 뜻을 좇아 행하는 옛날 것들 입니다. 이런 것들이 종말 때에 더욱 더 극성을 부리게 될 것입니다.
② 이 모든 것을 버리고 말씀 따라 진리 따라서 살아야 하겠습니다. 성도가 말씀에 귀를 기울이지 않고 성령의 도우심이 없이 산다면 여전히 죄의 노예가 되게 됩니다. 우리의 싸움은 혈과 육의 싸움이 아닙니다(엡 6:12).

둘째, 육체의 남은 때를 기도하며 살아야 하겠습니다.

　그 기간이 얼마나 남은 시간인지는 알 수 없으나 살아 있을 때에 기도하며 살아야 하겠습니다.
1) 성도는 기도생활이 생명으로 살아 있어야 합니다.
　살아있는 사람은 언제나 숨을 쉬듯이 영적으로 살아있다면 기도 생활은 필수 요건입니다.

① 신앙의 선진모두가 기도했던 사람들입니다(왕상 18장).
　　엘리야는 기도로 승리했습니다(약 5:15-17).
　　칼빈(Calvin)은 "기도는 하나님과 통신수단이다" 했습니다.
② 기도 가운데서 천국문이 열린 사람들이 있습니다.(행 7:59).
　　스데반은 기도 가운데 순교했습니다.
　　보수주의 신학자 그레이샴 메시첸(Gresham Mechen)은 기도 가운데 "하늘 문이 열리는구나" 하며 소천했습니다.
　　기도하다가 소천하시는 행복한 분들이 종종 많이 있습니다.
2) 이렇게 기도해야 하겠습니다.
① '정신을 차리고 기도하라' 했습니다. (be clear minded) 정신 차려서 기도해야 합니다. 예수님도 기도 했습니다(막 1:35).
② 근신하며 기도해야 합니다.
　　'근신하여 기도하라' 했습니다. (self-controlled so that you can pray) (벧전 1:13) '마음에 허리를 동이고' 했습니다.

셋째, 육체의 남은 때에 사랑하며 살아야 합니다.

성도는 사랑을 받고 태어났으니 사랑하는 자가 되어야 합니다.

1) 성도가 성도를 사랑해야 합니다.
① 인간 관계 속에서 사랑해야 합니다.
　　사랑만이 허물이 덮어지게 됩니다.
② 특히 그리스도인들은 언제나 사랑으로 살아야 합니다.
　　이것이 빛 가운데 있는 생활입니다(요일 2:9-11).
2) 사랑하기 때문에 하나님께 봉사 헌신도 나오게 됩니다.
① 하나님을 사랑하면 교회에 봉사하는 것으로 나타나게 됩니다.
　　입으로 사랑하는 것이 아니라 행함으로 사랑해야 합니다.
② 육체의 남은 때에 할 일은 주님 사랑뿐입니다. 이것만이 영원히 남게 됩니다(고전 15:58).
　　예수 안에 영원히 안전한 보험이 바로 하나님 사랑입니다. 이 축복 받기를 축원합니다.

결론 · 육체의 남은 때가 얼마인가?

성도의 삶

하나님께서 우리와 함께 하시는 방법
신명기 32:9~12

하나님의 백성들이 메마른 광야에서 40년간의 긴 세월 동안 승리할 수 있었던 것은 하나님께서 그들 속에 함께 해 주셨기 때문인 것 같이 마치 광야와 같은 이 세상에서 우리가 세상을 이기고 승리할 수 있는 것은 하나님께서 함께 하실 때만이 가능합니다. 마태복음 1:21에 '임마누엘'(Immanuel)이라는 말씀이 있습니다. 임마누엘이라는 것은 하나님께서 우리와 함께 계시다는 뜻인데 이 말씀은 이사야서 7:14에서 남쪽 유다가 북쪽 이스라엘과 아람나라가 협공해 와서 제일 어려울 때에 남쪽 유다 백성들에게 하나님께서 함께 하시겠다는 증표로 보여주신 말씀에 임마누엘이라는 말씀의 뜻입니다. 하나님께서 지금도 우리와 함께 하시는데 짧아지지 않은 하나님의 손길(민 11:23)로 함께 하시며 구름기둥과 불기둥으로 함께 하시는 하나님이십니다(출 40:36-38, 민 9:15-23).

본문에서 우리 하나님께서 광야 같은 세상에서 함께 하시는 역사를 몇 가지 소개합니다.

첫째, 하나님께서는 나를 눈동자같이 보호하시며 함께 하시겠다고 약속해 주셨습니다.

10절 "여호와께서 그를 황무지에서 짐승의 부르짖는 광야에서 만나시고 호위하시며 보호하시며 자기를 눈동자같이 지키셨도다" 했습니다. (He found thom wandering through the desert a desolate, wind-swept wilderness, he protected them and cared for them)

다윗은 "나를 눈동자같이 지키시고"(시 17:8) 했습니다.

1) 눈동자같이 보호하시며 함께 하시겠다는 말씀의 뜻이 무엇일까요?
① 세밀하게 함께 하십니다.
② 늘 가까이에서 함께 하십니다.
③ 눈동자와 같이 알뜰하게 함께 하십니다(눅 13:34).

2) 하나님께서 자기 백성을 훈련하실 때에는 그 어떤 것보다 보호하시며 사랑하십니다.
① 손바닥에 기록해 놓으셨다고 했습니다(사 49:13).
② 고아나 과부 같이 의지할 곳 없도록 버려두시지 않겠다고 하셨습니다(요 14:18).

3) 이스라엘 백성들과 광야에서 이렇게 함께 하셨습니다.
① 만나와 메추라기 떼를 먹여 주셨습니다.
② 구름기둥과 불기둥이 언제나 함께 동행했습니다.
광야 같은 이 세상에서 지금은 우리 하나님의 손길이 눈동자와 같이 이렇게 함께 해 주십니다.

둘째, 하나님께서 성도들을 독수리가 그 새끼를 훈련시키듯이 연단하시며 함께 하십니다.

11절 "마치 독수리가 그 보금자리를 어지럽게 하며 그 새끼 위에 너풀거리며 그 날개를 펴서 새끼를 받으며 그 날개 위에 그것을 업는 것 같이" 했습니다.
(Like an eagle teaching its young to fly, catching thom safely on its spreading wingo, the cord kept Israel from falling)

1) 성도는 훈련받는 것도 하나님의 사랑에 속합니다. 사랑하시기 때문에 성도를 강하게 훈련하십니다.
① 광야에서 훈련 시키셨습니다.
② 독수리의 날개를 업는 것 같이 인도해 주셨습니다(출 19:4).
말세 때에 성도와 교회도 역시 독수리 날개와 같이 보호해 주시겠다고 약속해 주셨습니다(계 13:14).

2) 독수리의 날개는 여호와를 앙망하는 자에게 주십니다.
① 하나님을 부르시기 바랍니다(사 55:6).
② 새 힘을 주시겠다고 약속해 주셨습니다(사 40:27).
새 힘을 얻게 될 때에 이기고 나가게 됩니다.

셋째, 하나님께서는 결국 원하시는 목적지까지 인도하시며 함께 하십니다.

12절 "하나님께서 홀로 그들을 인도하셨고 함께 한 다른 신(神)이 없었도다" 했습니다. (The Lord alone lad his people without the help at a foreign god)

1) 우리에게 어떤 일이 있든지 결국 그 일을 아름답게 인도해 주십니다.
① 할 수 있도록 도와주십니다.
② 창조주 하나님이시기 때문입니다.

2) 지나고 나면 현재의 역경은 결국 아름다운 결과로 인도해 주십니다.
① 이스라엘 백성의 역사는 우리의 거울입니다.
② 결국 인생의 생사화복이 하나님께 있음을 보여줍니다.
   지금도 하나님께서 나와 함께 하심을 믿고 현실을 극복해 나가게 되시기를 축원합니다.

결론 · 광야 같은 이 세상에서 하나님은 우리와 함께 하십니다.

죽은 자를 다시 살리시는 바람
에스겔 37:1~10

성도의 삶

세상에는 바람이 많이 있습니다. 자연적인 바람도 있고 인위적인 바람도 있습니다. 일하는 사람들에게 더위를 식혀 주는 바람도 있지만 태풍 토네이도 같은 바람은 그 위력에 있어서 상상을 초월하는 힘을 발휘합니다. 어느 사람이 바닷물을 휘져어 놓을 수 있겠습니까마는 바람은 바다도 움직여서 생명체가 풍성해지게 만드는 힘이 있습니다. 바람을 인용해서 굴삭기며 많은 기계들은 움직이는 힘을 내기도 합니다. 미국에 가면 팜스프링(Palm spring)이란 곳이 있는데 이곳은 1년내내 바람이 잘 불기 때문에 풍력발전소가 유명한 곳이 되었습니다. 그래서 바람을 이용해서 많은 전력이 생산됩니다.

본문은 에스겔 골짜기의 백골들에게 하나님 말씀을 전하게 될 때에 다시 살아나는 유명한 사건입니다. 살아났지만 생기는 아직 없을 때에 생기에게 명할 때에 생기가 그들 속에 들어가자 곧 일어나서 극히 큰 군대가 되었다고 했습니다. 성경에는 바람을 생명으로 상징해서 말씀할 때가 많이 있는데 이때에 바람은 헬라어 '푸뉴마' 라고 하고 히브리어 '아흐아' 라고 합니다. 흙으로 인간을 창조하시고 그 코에 생기를 불어 넣으실 때에 그때 사용한 용어입니다. 지금 모두에게 필요한 바람은 성령 바람입니다.

첫째, 에스겔 골짜기에 부는 바람은 이스라엘 민족을 살리는 소망적인 바람이었습니다.

냉동고와 같은 겨울이 지나고 봄 바람이 불 때에 얼었던 모든 곳이 생명의 약동이 일어나듯이 이스라엘이 바벨론 70년 생활 속에서 마치 죽은 지 오래된 해골과 같은 저들에게 이 바람은 다시 민족을 살리는 바람이었습니다.

1) 죽은 지 오래된 것과 같은 유대 민족에게 소망을 주는 말씀이요 영적인 바람이었습니다. 70년 동안 죽은 민족에게 이 바람이 살리게 했습니다.
① 성경에는 바람이 불 때에 절망에서 소망이 생기는 역사적 현장들이 많이 보입니다.

(행 2:1) 초대교회에 오순절 때에 불던 성령바람은 죽은 인류를 살리는 성령바람이었습니다.
(창 8:1) 홍수 후에 강풍이 불게 하사 물이 증발하게 하셨습니다.
(출 14:21) 홍해 바다를 갈라지게 한 것도 바람이었습니다.
② 에스겔 골짜기의 바람이 죽은 지 오래 된 것과 같은 이스라엘 민족을 살리는 바람이 되게 했습니다.
2) 그때 그 바람이 이 나라 이 민족에게도 불게 해야 합니다. 이 민족이 살고 국가가 살 길은 이 바람입니다.
① '능히 살겠느냐' 했습니다. 이는 하나님의 신(슥 4:6)으로 밖에 할 수 없습니다. 하나님만이 이 국가를 소망있게 하실 수 있습니다.
② 우리는 지금 반미운동의 어려운 난세와 북한 핵문제에 국내외적으로 압박해 오는 어려운 문제들이 산적해 있는데 제일 큰 문제는 교회들이 영적인 힘을 잃어버리고 있다는 안타까운 현실에 놓여 있습니다. 일본 36년과 6.25 전쟁 때에도 살려주신 하나님께서 이 나라에 이스라엘 골짜기의 바람이 불게 하시기 위해 기도해야 하겠습니다.

둘째, 죽은 곳이 다시 살 수 있는 비결은 성령(생기)의 바람이 불어야 합니다.

1) 이 바람은 생명을 다시 살게 하는 바람입니다.
① 이 바람은 성령바람이요 하나님의 기운입니다(창 2:7). 욥 역시 이 기운이 내 속에 있다고 했습니다(욥 27:3). 사람은 하나님의 기운이 떠날 때 벌써 죽은 존재입니다.
② 성령이 불어서 개인이 소생하게 될 때에 하나님 앞에서 사람다운 생명을 유지할 수 있습니다. 직분자는 직분자로서 바르게 사명을 완수할 수 있습니다. 예컨대 제자들이 성령받기 전과 후가 당연히 달랐던 모습을 상기해 봅니다. 그래서 그리스도의 영이 없으면 그리스도의 사람이 아니라고까지 했습니다(롬 8:9).
2) 이 세대에 죽은 곳을 살리기 위해서는 성령바람이 불어야 합니다.
① 역사적으로 이 성령 바람이 불 때에 죽었던 곳을 살리는 모습을 요한 웨슬레의 역사, 요한 칼빈의 역사, 마틴 루터의 역사를 통해서 보았습니다.

② 이 나라가 살기 위해서는 깨져가고 약해져 가는 성령바람이 다시 곳곳마다 불게 해야 합니다. 정치 경제 사회 곳곳마다 그리스도의 계절이 오게 해야 합니다. 전 그리스도인들이여 성령 바람이 불도록 기도해야 할 때입니다. 특히 성장하는 자녀들에게 성령으로 자라게 해야 합니다.

셋째, 죽은 지 오래된 에스겔 골짜기에 이 바람이 불 때에 힘이 있고 권세가 있으며 권능이 있게 되었습니다.

초대교회에 불던 이 바람은 지금까지 계속 불어 왔습니다.

1) 이 바람은 개인 차원에서 능력이 있게 했습니다.
① 개인이 변화되었고 개인이 능력 있는 주의 사람으로 살아나게 했습니다. 예컨대 사울이 바울 되었고(행 9:15) 무익한 사람 오네시모가 변화되어서 유익한 존재가 되었습니다(몬 1:7, 골 4:9).
② 겁 없이 전도하는 전도자가 되게 했습니다. 이 바람만이 국가의 장래 소망이 있습니다.

2) 성령 바람이 불 때에 각종 능력이 나타납니다. 예수님 당시에만 능력이 나타난 것이 아니고 성령 바람이 불 때에 교회사는 계속 역사했습니다.
① 이미 예수님이 말씀하셨습니다(막 16:17). 예수님보다 더 큰 것도 할 수 있다고 했습니다(요 14:12).
② 개인이 살고 국가가 살고 세계인이 사는 비결은 이 바람이 불어야 한다는 것입니다. 그런데 지금 우리 모두 이스라엘의 입장에서 에스겔과 같이 세계를 향해서 쓰임 받아야 하겠습니다.

바람과 같이 역사하시는 하나님께 쓰임받게 되시기를 축원합니다.

결론 · 에스겔골짜기의 뼈들이 보이십니까?

성도의 삶

그리스도께서 주신 자유
갈라디아서 5:1

새장 속에 갇혀져 있는 새들은 창공을 마음껏 날 수가 없고 자유가 속박되어 있기 때문에 불쌍한 존재입니다. 일제의 강점기에 독립투사들은 "자유가 아니면 죽음을 달라"고 외쳤습니다. 한평생 살아가면서 정치적 자유는 매우 귀하기 때문입니다. 천부의 자유(natural liberty), 신앙의 자유(freedom of the worship)들은 자유가 보장되지 않고는 부자유한 일들입니다. 세상에서의 정치나 이념적 차이에서 오는 부자유도 육신이 괴롭고 힘들지만 더 큰 문제는 영적 자유(靈的自由)는 더욱 소중합니다. 예수님은 유대인들에게 로마의 정권하에서의 정치적 자유도 중요시 하였지만 더욱 중요한 일은 영적 자유를 말씀하셨고 진리가 너희를 자유케 할 것이라고 하셨습니다(요 8:32). 이제 우리는 예수 안에서 완성된 영적 자유 안에서의 생애를 살게 되었습니다. 이 자유를 얻게 되었으니 이제는 종의 멍에를 메지 말라고 말씀하셨습니다.

첫째, 하나님을 떠난 모든 죄로부터의 자유입니다.

아담 안에서 모든 사람이 하나님을 떠났고 죄에 빠지게 되었습니다. 죄에서 태어나고 죄의 멍에를 매고 살아가 죄 가운데 망하는 인생입니다. 아인슈타인(Einstein)이 독일에서 히틀러에 의해서 박해받다가 미국으로 망명에 올라 지은 책이 '나치스에 대한 항쟁'이란 책인데 여기에서 '나는 가능한한 법률 앞에서 전시민의 정치적 자유, 관용, 평등이 보장된 나라에서 살고 싶다'라고 하면서 나치스에 항쟁을 했습니다. 그런데 예수그리스도도 우리 믿음의 성도들에게 영원한 생명의 자유를 가져다 주셨습니다.

1) 모든 인간은 죄의 지배 하에 있고 속박(束縛)되어 있습니다. 예수 외에 다른 길로써는 이 속박에서 벗어날 수가 없습니다.
① 대 사도바울은 한 때 고민을 외쳤습니다(롬 7:24-). 그것은 사망에의 죄에서의 속박이었습니다. 그러나 예수 안에서 자유를 깨닫고 환희의 찬송을 불러 나가게 되었습니다(롬 6:17-18, 롬 8:1-3).

② 죄의 속박 하에서는 사망만이 기다림이요 여기서는 예외가 없습니다. 오직 사는 길은 하나님의 사랑 안에 들어올 때만이 살길이 있고 영원한 해방입니다(요 1:12, 요 3:16, 요 16:31). 여기에는 보장된 자유와 생명이 있다고 했습니다(요 5:24). (I tell you the truth, whoever hears my word and believes him who sent me has sternal life and will not be condemned; he has crossed over from death to life)

2) 여러 증인들이 또한 이 사실을 증언했습니다. 신구약성경과 역사의 무대에서 증언한 사람들이 수없이 많습니다.
① 장로교 창시자라 불리는 요한 칼빈(J. Calvin)은 이 같은 사실에 대해 보다 확고하게 증언했습니다.
② Westminster Confession (웨스터민스터 신조)에도 분명히 인간의 타락과 죄에서의 자유는 예수뿐이라고 말했습니다(히 9:27).
③ 인간은 전인적(Total man)으로 만신창이가 되었습니다. 그러나 예수 그리스도는 십자가 위에서 우리에게 자유를 선포하셨습니다(요 19:30).

둘째, 인간으로서는 완전히 행할 수 없는 모든 율법으로부터의 자유가 선포되었습니다.

1) 계명은 600여 가지가 넘지만 요약해서 십계명(Ten Commandments)이지만 완벽하게 지킬 자는 없습니다.
① 구원에 이르도록 지킬 자가 없기에 사도 바울은 율법주의를 배격하였습니다(갈 1장). 종교 개혁자 마틴 루터(Martin Luther) 역시 율법이나 행함이 아닌 믿음으로 구원 받는다는 진리를 말했습니다(롬 1:16).
② 율법은 성경이 우리에게 가르치듯이 몽학선생일 뿐이요(갈 3:10). 우리는 이제 예수그리스도 안에서의 율법에 대해서 참 자유를 얻게 된 신율주의(神律主意)에 있습니다.

2) 예수님은 우리에게 자유를 주셨고 자유에 대한 감사로써 부족하지만 더욱 하나님께 나가게 되었습니다.
① 이제는 율법이 아니고 은혜의 복음 안에서 있게 되었습니다. 이것은 예수 안에서만 가능한 일입니다.
② 이제는 더욱 감격스럽게 하나님께 나아가게 되었습니다. 십자가 위에서

외치신 선포요 축복입니다.

셋째, 예수 안에서 영원한 사망으로부터의 자유가 있습니다. 이른바 참자유입니다.

1) 죄의 결과는 영원한 사망이었습니다. 육신의 죽은 법에서 다시 낫게 되어 사는 사람들의 공통점은 다시 살아가는 것에 대한 감사였습니다.
① 그러나 이제는 정죄함이 없습니다(롬 8:1). 사도 요한도 외쳤습니다(계 21:8). 사도 바울도 외쳤습니다.
이것은 죄에서부터의 자유의 선언이요, 승리의 선언이 되었습니다(고전 15:55-58). 이제 우리도 영적 자유가 있습니다. 예수 안에서의 참자유입니다.
② 그러나 아직은 예수 밖에 있는 사람은 여전히 죄의 멍에 아래 있기 때문에 불쌍한 일입니다. 이 자유가 세상에서 제일 큰 복임을 말해 줍니다. 왓슨(T. Watson)은 "지옥에는 최다수의 고통이 있을 것이다(벧후 2:4)." 라고 했습니다.

2) 예수 안에 살아가는 것이 복 중에 복입니다.
① 모든 것에서 자유 얻고 천국 백성이 되었기 때문입니다.
② 영원한 참생명을 얻은 성도들이여, 믿음 안에서 영원한 소망 가운데 승리하시기 바랍니다. 세상적이고 육적으로 비교해서 낙심치 말고 영적 자유 안에서 받은 축복을 품에 안고 승리해 나가게 되시기를 축원합니다.

결론 · 예수 그리스도는 우리에게 십자가 위에서 영원한 참 자유와 생명을 주셨습니다.

하나님께 인정받은 룻의 봉사

룻기 1:15~18

성도의 삶

　지금 세상은 모든 것이 경제화로 나아가는 현실입니다. 옛날에는 이웃이나 아는 사람사이에 정도 있었고 훈훈한 사랑이 있었지만 현대에 와서는 모든 것이 돈과 연관됩니다. 이와 같은 얼음과 같은 관계가 교회에까지 들어와서 교회 봉사의 헌신 역시 다른 현실을 보게 됩니다. 그래서 옛날 '땡그랑 땡' 하면서 종치던 시절에 4계절 시간에 따라 종치던 교회 종치기와 같은 시절이 그리워지는 때라고 하겠습니다. 교회 봉사는 이해관계를 떠나서 순수하게 주님을 사랑하는 마음으로 해야 합니다.

　오늘 본문에서 떡집이란 이름의 뜻을 가진 베들레헴을 떠나서 모압에 살던 엘리멜렉 가족에 이야기에서 나오는 교훈입니다. 엘리멜렉과 두 아들 기론과 말론이 죽고 세 과부만 남게 되었을 때에 나오미는 다시 베들레헴으로 돌아오게 되는데 오르바는 친정으로 돌아가게 되지만 룻은 끝까지 나오미를 따라서 베들레헴까지 오게 되었고 나오미를 봉사합니다. 이 시간에는 효부 룻의 차원이 아닌 봉사자의 차원에서 조명해 봅니다. 영적으로 볼 때에 룻이 일한 밭은 교회요 주인 보아스는 교회 주인이신 예수 그리스도의 예표요 룻은 모든 성도의 그림자요 시어머니 나오미는 보아스와 주의 종의 역할로써 성경은 예표하고 주의 종을 뜻하기도 합니다. 룻의 헌신에서 영적이고 신령한 면을 생각해 봅니다. 아무런 희망도 없던 나오미를 따라서 베들레헴에 까지 따라온 룻이 복이 있습니다.

첫째, 세상적인 이해관계를 떠난 순수한 봉사를 배웁니다.

주님의 교회 안에서 이해관계를 떠난 봉사가 되어야 합니다.
1) 세상의 모든 일은 수지 관계 속에서 일하게 됩니다. 서두에서 언급했듯이 매사에 경제와 연결합니다.
① 회사에 취직해도 옛날과 같이 평생직장이 아니라 이해관계에 따라서 변화합니다.
　심지어 사랑이 중요한 결혼문제까지도 이해관계 속에서 결혼이 성립되거

나 파산되기도 합니다. 부자지간에도 경제적 능력에 따라서 좌우됩니다.
② 여기에는 생명의 존엄성이나 인간적인 사랑은 점점 밝은 것으로 취급되는 시대에 살아갑니다. 그런데 성경은 돈을 사랑함이 일만 악의 뿌리라고 했습니다(딤전 6:10).
2) 룻이 봉사한 모습에서 볼 때에 참 성도는 주님의 교회에서 이해관계를 떠나서 봉사해야 함을 가르쳐 줍니다.
옛날 독일의 철학자 가운데 임마누엘 칸트(Immanuel Kant)는 순수이성비판(純粹理性批判)으로 그의 철학이론을 펼쳐 나가게 되었는데 참 그리스도인이야 말로 순수한 봉사가 따라야 합니다.
① 나오미에게 어떤 육신적 이해관계가 없었습니다.
전통적인 이스라엘 법대로 나오미에게 룻의 남편될 아들이 없었기에 기다리는 이유도 없었습니다.
나오미에게 재산이 있었던 것도 아니었습니다. 가난해서 모압까지 왔는데 초상 세 번 치루었으니 남은 것이 무엇이 있었습니까?
② 룻이 나오미를 끝까지 따라 가겠다고 결심하게 된 이유는 신앙 때문이었습니다. 영적이고 신령한 면에서의 이유가 전부입니다.
그러나 룻이 나오미를 끝까지 따라 가겠다고 결심하게된 이유는 신앙 때문이었습니다. 영적이고 신령한 면에서의 이유가 전부입니다.
나오미집에 이방 여인이 와서 하나님을 만나게 되었기 때문입니다. 나오미는 이교도였으나 이 집에 와서 하나님을 만나게 되었습니다. 그런 관계로 그와 같이 나왔습니다.
이교도인 만큼 우상만 섬기던 여인이었지만 이 집에 와서 하나님을 만나게 되었고 우상을 버리게 되었습니다(1:16-17). "어머니의 하나님이 나의 하나님이 되고……."
③ 우리가 하나님께 충성한다는 것은 교회에서 예수를 만나 영원한 생명을 얻었기 때문입니다. 영생의 축복을 받은 사람은 충성을 하게 됩니다. 일곱 귀신이 들렸던 막달라 마리아는 무덤에 까지 예수님을 따라 가게 될 때에 부활의 주님을 만나게 되었습니다(막 15:9-10). 이것이 예수님을 만난 사람들의 순수한 헌신이요 봉사입니다.

둘째, 룻은 힘을 다하여 땀흘리며 봉사했습니다.

베들레헴에 온 저들은 나오미는 고향이었으나 룻에게는 낯설고 물설은 곳이었습니다. 그런 곳에서 룻은 충성했습니다. 처음 교회에서 열심을 내시는 분들이 때때로 룻의 입장입니다.

1) 룻은 나오미를 위해서 열심히 일했습니다.
① 이삭줍기부터 일했습니다. 이 일이 소문이 났듯이 성도는 교회에서 소문난 사람이 되어야 합니다. 좋고 아름다운 소문이 나야 합니다(룻 2:11).
② 교회는 일이 많이 있는 곳입니다. 하나님의 구속사역에 동참해서 봉사하는 일입니다. 모두가 참여해야 합니다. 일하기 싫거든 먹지도 말라고 경고했습니다(살후 3:10).

2) 참 성도는 예수님을 체험한 사람이기에 교회 안에서 좋은 일이든 궂은 일이든 상관없이 봉사해야 합니다.
① 예수님은 나 위해서 십자가의 죽음을 당하셨습니다.
바울은 예수를 안 다음에 생애를 관제와 같이 헌신했습니다(빌 2:17, 딤후 4:6).
② 젊은층일수록 교회 일에 기피하는 경향이 있으나 연령이 낮건 높건간에 예수이름으로 구원받은 사실은 같습니다.

3) 룻의 봉사는 자발적이고 기쁨을 하는 일이었습니다.
① 하나님의 교회일은 자발적이고 기쁨으로 해야 합니다. 강요해서 되는 일이 아니고 억압으로 되는 일이 아닙니다(출 25:2, 고후 9:6-7).
② 세상에는 자기 직업에 만족해하는 사람이 많지 않지만 우리는 누구나 예수안에서 주의 일에 기쁨으로 해야 합니다.

셋째, 룻의 봉사는 칭찬 듣고 축복의 결과를 가져왔습니다.

어느 날 나타나는 이 룻의 베들레헴의 화제의 주인공이 되었듯이 교회의 칭찬의 주인공이 되시기 바랍니다.

1) 우리의 신앙은 칭찬 듣는 신앙이어야 합니다.
① 서머나교회와 빌라델비아 교회는 칭찬을 들었습니다. 계시록 2-3장에서 두 교회를 주목해야 합니다.

② 칭찬이 없더라도 문제의 사람이 되지 말아야 합니다. 후매데오와 알렉산더는 곤란합니다(딤전 1:20).

2) 룻은 분명히 결과적으로 축복받은 사람이 되었습니다. 성도는 구원의 축복은 물론이고 영원한 천국의 상급이 약속되어 있습니다(계 22:12).

① 예수님의 그림자인 보아스의 칭찬과 신임을 받게 되었습니다. 성도는 주님의 칭찬을 들어야 합니다.

② 보아스를 남편으로 맞이해서 다윗의 증조모가 됩니다. 인생일대기 전체가 축복을 받게 됩니다.

결론 · 룻과 같이 순수한 봉사의 신앙을 닮아야 하겠습니다.

내가 원하노니 깨끗함을 받으라

마태복음 8:1~4, 누가복음 5:12~13

성도의 삶

세상에는 죄가 관영하여 어두운 만큼이나 여러 가지 질병들이 많이 있습니다. 의학이 발달해서 의술이나 병원에 시설이 발달된 만큼 더 병들이 세상에 득실거리며 인간들을 위협하는 현상을 봅니다. 현대에도 불치의 병은 격리수용하는 나환자의 현실은 성경에도 많이 기록되어 있습니다.

문둥병(leprosy)에 관한 기사는 신 구약성경에 많이 기록되어 있습니다(왕하 5:1-14, 민 12:1-16, 레 13:1-59, 눅 17:11-14, 마 8:1-4). 이 문둥병에 걸리게 되면 육신적인 고통은 물론이고 정신적인 병에 까지 큰 타격으로 입혀지게 됩니다. 본문은 예수님께서 산상보훈(the sermon on the M.T.)을 하시고 산에서 내려 오셨을 때에 어떤 문둥병자가 예수님의 발앞에 엎드려 절하게 되었고, "주님이 원하시면 저를 깨끗하게 하실 수 있나이다" (Sir, If you can make me clear) 이 때에 예수님께서 그 나환자에게 말씀했습니다. "내가 원하노니 깨끗함을 받으라" (I do want to "he answered be clean") 그때부터 이 나환자가 깨끗하게 되었다고 했습니다. 성경에서 비단 나환자만이 아니라 병든 몸을 가지고 예수께 나올때에 깨끗하게 된 사건들이 많이 있습니다.

첫째, 예수께 나오면 문제의 해결책이 열리게 됩니다.

문둥(나환)병과 같은 인생의 불치의 병까지도 해결하는 주님이십니다.

1) 세상에 나환자만큼 더러운 질병이 성경시대로 들어가 볼 때에 또 어디에 있겠습니까?

① 그런데 이 나환자는 문제를 가지고 예수께 나올 때에 해결이 되었습니다. 예수께 나오면 영과 육의 문제들이 해결됩니다. 왜냐하면 예수께서는 창조주요, 권능자이시기 때문입니다(사 9:6).

② 나환자가 낫는다는 것은 결코 쉬운 문제가 아니며 또한 나환자 자신이 예수님께 나온다는 것 역시 쉬운 일이 아니었습니다.
당시에는 정상인과 50미터 거리에 있으면 돌로 때렸습니다.

주석가 중에 윌리암 바클레이(William Barclray)는 주석하기를 '문둥이를 보고는 인사도 하지 말며, 여섯자 거리 이내로 접근하지도 말아야 하며, 바람부는 곳에 환자가 있을 경우에는 백오십자거리로 물러나야 하며, 또한 그 환자가 지나간 거리에서 구입한 달걀조차 먹지 말아야 하고 돌을 던져 환자를 가까이 오지 못하게 하였다' 고 했습니다.

2) 그런데 이 환자는 예수님께 용기를 내어 왔습니다. 정상적으로는 접근할 수가 없습니다.
① 예수님께 나오다가 맞아 죽은 한이 있어도 죽겠다는 각오로 나오게 되었습니다. 예수님께 나올 때에 체면이나 환경등을 따진다든지 계산할 것 모두 한 가운데는 나올 수 없습니다. 죽을 각오하고 나와야 살게 됩니다.
② 우리의 신앙은 어떻습니까?
죽으면 죽으리라는 에스더의 신앙이 있습니까? 예수님은 사람을 두려워 말고 하나님을 두려워하라(마 10:28)고 했습니다. 여기에 기적이 일어나게 되었습니다.

둘째, 나환자가 낫기를 예수님께서 원하셨습니다.

"내가 원하노니 깨끗함을 받으라" (I do want to "he answered be clean")

1) 나환자가 예수님께 나오기 전에 예수님께서 먼저 아셨습니다.
① 내가 문제가 있을 때에 예수님께서 먼저 아십니다. 그리고 예수께 문제를 가지고 나아오기를 기다리십니다. 나다니엘은 무화과 나무 밑에 있을 때에 보았습니다(요 2:46). 그리고 더 큰일을 보여 주겠다고 하셨습니다.
② 예수님은 나의 모든 상황을 먼저 아시는 분이십니다. 그리고 이 소원을 주님께 나와서 아뢰기를 기다리고 계십니다. 그리고 나올 때에 응답해 주십니다.

2) 그런데 문제는 내가 가지고 온 것이 주님이 원하시는 문제인가 하는 것입니다. 대개 주님의 뜻과는 관계없는 자기 개인의 욕망이나 뜻이 아닌가 생각해야 합니다.
① 내 뜻대로가 아니라 하나님의 뜻에 맞추어야 합니다. 주기도문 가운데도 "뜻이 하늘에서 이루어지는 것 같이 땅에서도 이루어지이다" 했습니다. 이 문둥병자는 예수님이 원하셔서 치유되었습니다.

② 하나님의 뜻과 내 뜻과 큰 차이가 있습니다(사 55:8-9).
어떻게 해야 주님의 뜻을 알게 될까요? 먼저 내 뜻을 정해 놓고 기도할 것이 아니라 주님의 뜻을 위해 기도해야 합니다. 내 기분이나 의지가 아니라 주님의 뜻에 촉각을 세워야 합니다. 인내하며 기도해야 합니다. 결국 이 세상에는 주님의 뜻이 이루어지게 될 것입니다.

셋째, 예수님은 성도들의 문제해결 받기를 원하십니다.

그래서 문제를 가지고 나오라고 했습니다(마 11:28).
1) 예수님께 나와서 그냥 돌아간 사람이 없습니다.
① 믿는 자에게는 능치 못할 일이 없다고 했습니다(마 17:17, 막 16:17). 예수님께 믿음으로 나와서 인내로 구해야 합니다(눅 18:1).
② 교회사에서나 수많은 증인들의 간증에서도 말해주고 있습니다. 지금도 역시 살아계셔서 역사하시는 하나님이십니다.
2) 당신은 주님께 무엇을 가지고 나왔습니까?
① 변치 않고 역사하시는 하나님께 나오십시오. 주께서 원하시면 깨끗하게 하십니다.
② 믿음이 약해지지 말고 더 가까이 주께로 나아가야 합니다. 그리하면 가까이 해 주신다고 했습니다(약 4:8).
"하나님께 가까이 하라 그리하면 너희를 가까이 하시리라" (약 4:8).
(Come near to and he will come near to you)
주님께 문제를 가지고 가까이 나와 주님을 만나기를 축원합니다.

결론 · 문제가 있을 때는 주님을 만나는 기회가 됩니다.

성도의 삶

골짜기에 개천을 많이 파라
열왕기하 3:13~20

세상에는 사람의 생각과 계산에 맞는 합리론적(合理論:Rationality)인 일만 있는 것이 아닙니다. 사람이 아무리 계산하고 생각해 보아도 이치에 맞지 않는 기이한 일들이 많이 존재합니다. 역사적으로 헬라인들은 지혜와 지식을 구하고 유대인들은 기적을 구하지만 바울(Paulus)은 오직 십자가에 못박히신 예수 그리스도만 전한다고 했습니다(고전 1:22-23). 그리고 예수 그리스도의 십자가 대속적 죽으심과 부활이야말로 기적중에 기적이며 능력중에 능력이 된다고 역설했습니다. 예수님 자신도 또한 유대인들이 기적을 찾으나 요나(Jonas)의 기적 외에는 보여줄 표적이 없다고 했습니다(마 12:39). 본문은 구약시대의 수많은 기적의 사건 중에 엘리사 시대에 나타난 사건입니다. 북쪽 여로보암(Jeroboam)의 아들 여호람(Jehoram) 왕 때에 모압왕과 전쟁이 벌어지게 되었는데 물이 없게 되었습니다. 싸움을 도우러 온 남쪽 유다의 여호사밧(Jehoshaphat) 왕의 요구대로 선지자 엘리사(Elish)를 찾게 되었고 엘리사는 개천을 많이 파 놓으라고 처방을 내리게 되었는데 그날 밤에 물이 흘러 내려와서 파놓은 개천에 가득하게 채워지게 되었고 결국 전쟁에 대승을 거두었다는 내용입니다.

첫째, 위기 때에 여호와를 찾으라는 교훈이 강하게 보여 줍니다.

전쟁과 같은 위기 때에 여호와를 찾았다는데 큰 뜻이 있습니다.
1) 문제를 가지고 하나님께 나아와야 합니다. 곤경에 빠져 있을 때에 (3:11) "여호와께 물을 만한 여호와의 선지자가 없느냐" 했습니다. 전쟁시에도 여호와를 찾았습니다.
① 문제가 있다는 것을 하나님을 찾고 하나님께 나아가는 절호의 기회요, 기적 체험의 기회이기 때문입니다.
  성경은 문제가 있을 때에 하나님께 오라고 했습니다(마 11:28, 시 118:5). 그리고 문제를 가지고 나올 때에 해결 받은 사건이 성경에는 가득합니다 (왕하 4:1, 막 5:25).

② 개인이든 국가든 사는 길은 하나님께 있습니다. 성경은 기본적으로 이와 같은 사실을 분명하게 가르치고 있습니다(시 127:1, 암 5:4). 우리나라는 지정학적인 위치에서 볼 때에 우리나라를 도우실 분은 하나님 밖에 없음을 알고 하나님의 도우심을 요청해야 합니다. 왜냐하면 긍정적으로 이 나라의 소망은 살아계신 하나님 한 분이시기 때문입니다.
2) 하나님을 찾고 나가면 살길이 열리게 됩니다. 본문에서도 모압이 쳐들어오게 되었지만 하나님께서 구하게 될 때에 처방이 내려지게 되었고 결과적으로 전쟁에 이기는 것은 물론이고 많은 양의 전리품도 얻게 되었습니다.
① 성경에는 이런 기적들이 많이 있습니다(대하 14:9). 남쪽왕 아사왕 때에 구스왕이 일백만의 군사를 대동하고 쳐들어 왔지만 하나님을 구할 때에 이겼습니다.
② 다윗(David)은 골리앗(Goliath)과의 싸움에서도 하나님의 도우심으로 대승을 거두게 되었습니다(삼상 17:45).
③ 지금시대는 생존 경쟁이 보이지 않는 전쟁의 시대입니다. 총성 없는 전쟁의 시대 안에 하나님의 도우심이 반드시 요구됩니다.

둘째, 여호와의 기적이 골짜기에서 일어났습니다.

성경에서 골짜기는 어떤 교훈이 있습니까?(3:8-10)

1) 성경에는 골짜기에 관한 교훈이 종종 나오게 됩니다.
① 많은 골짜기들을 보십시오(겔 37:1). 백골이 가득한 에스겔 골짜기(시 23:4), 사망의 골짜기(욥 3:5), 고통의 골짜기(시 84:6), 눈물의 골짜기(바카 골짜기)들이 있는데 사망과 죽음의 골짜기들입니다.
② 인생들이 살아가는 세상이 바로 이런 골짜기와 같고 언제나 위험이 있는 골짜기입니다. 여리고로 내려가다 강도를 만나는 골짜기입니다(눅 10:30).
2) 이 싸움의 골짜기는 어떤 골짜기였습니까? 전쟁 중에 물이 없는 삭막한 골짜기였습니다.
① 이 골짜기는 예수의 생명이 없으니 죽음의 골짜기와 비교됩니다. 예수 없는 골짜기는 삭막합니다(요 4:10). 예수님은 생명의 문이십니다(요

6:35). "나를 믿는 자는 영원히 목마르지 아니하리라"(he who believes in me will never be thirsty)했습니다.

② 이 골짜기는 예수 없는 슬픔과 목마름의 골짜기에 비교됩니다. 여호와 하나님이 계시지 않으면 슬픔이 옵니다(욥 3:10, 렘애 1:1). 그러나 하나님께 나아오게 될 때에 문제가 해결되었으니 하나님을 찾을 때에 도우십니다(대하 16:9, 20:20). 인생들은 이 사망의 골짜기, 전쟁의 골짜기에 살기에 하나님께 나아가야 살길이 열리게 됩니다.

셋째, 생수가 필요하기에 개천을 많이 파야 합니다.

"이 골짜기에 개천을 많이 파라"(3:15-16) 했습니다.

1) 이 개천은 영적으로 큰 뜻이 있습니다.
① 성도는 언제나 말씀에 귀를 기울여야 합니다. 즉 말씀의 개천입니다(16절). "여호와의 말씀이라고 했습니다". 예수 그리스도는 생명의 말씀이십니다(마 4:4, 신 8:3, 시 1:3, 렘 17:7). 강변에 뿌리를 내린 나무와 같은 인생이 되어야 합니다.
② 찬송의 개천입니다. 그리고 찬송을 많이 불러야 합니다. 이른바 찬송과 기도의 개천입니다(15절). "거문고를 탈 자를 부르라"했습니다. 찬송중에 역사가 나타나게 됩니다(삼상 10:5, 대하 25:1-3, 행 16:25).

2) 지금 시대는 바카 골짜기와 같은 시대입니다.
① 성도들은 말씀과 기도와 찬송 속에서 세상을 정복해 나가야 함을 교훈해 주십니다.
② 어떻게 영적 전쟁에서 삭막한 세상을 이길 수가 있을까요. 방법은 하나님께 돌아와 말씀과 기도와 찬송 중에 역사는 일어나게 되었습니다. 우리교회 성도들이 이 전쟁에서 언제나 승리케 되시기를 축원합니다.

결론 · 골짜기와 같은 세상에 개천을 많이 파야 합니다.